高校英语教师
跨校互动发展团队的行动研究

The Cross-university Interactive Development Project
for EFL Teachers: Action Research

顾 问　文秋芳

主 编　常小玲　李春梅

外语教学与研究出版社
FOREIGN LANGUAGE TEACHING AND RESEARCH PRESS
北京 BEIJING

图书在版编目 (CIP) 数据

高校英语教师跨校互动发展团队的行动研究 / 常小玲，李春梅主编 . — 北京：外语教学与研究出版社，2015.11 (2016.11 重印)
ISBN 978-7-5135-6887-6

I. ①高⋯　II. ①常⋯　②李⋯　III. ①英语－教学研究－高等学校　IV. ①H319.3

中国版本图书馆 CIP 数据核字 (2015) 第 302880 号

出 版 人	蔡剑峰
责任编辑	毕 争　金 玲
封面设计	郭 子
出版发行	外语教学与研究出版社
社　　址	北京市西三环北路 19 号 (100089)
网　　址	http://www.fltrp.com
印　　刷	北京九州迅驰传媒文化有限公司
开　　本	650×980　1/16
印　　张	19
版　　次	2015 年 12 月第 1 版　2016 年 11 月第 4 次印刷
书　　号	ISBN 978-7-5135-6887-6
定　　价	56.90 元

购书咨询：(010) 88819926　电子邮箱：club@fltrp.com
外研书店：https://waiyants.tmall.com
凡印刷、装订质量问题，请联系我社印制部
联系电话：(010) 61207896　电子邮箱：zhijian@fltrp.com
凡侵权、盗版书籍线索，请联系我社法律事务部
举报电话：(010) 88817519　电子邮箱：banquan@fltrp.com
法律顾问：立方律师事务所　刘旭东律师
　　　　　中咨律师事务所　殷　斌律师
物料号：268870001

前　言

　　"北京市高校英语教师互动发展团队建设"项目在北京市教委和外语教学与研究出版社共同资助下，2011年3月启动，2013年1月结束，前后历时两年。本项目总策划为中国外语教育研究中心主任文秋芳教授，项目成员包括中国外语教育研究中心的专职研究人员和来自北京6所高校（北京联合大学、中国政法大学、北京林业大学、北京工业大学、北京化工大学和首都医科大学）的53名中青年一线英语教师。

　　本项目的开展基于文秋芳教授的前期论证与先导研究，在设计理念和实施方式上都具有鲜明的特色。针对当前我国高校英语教学与教师发展研究中存在的普遍问题，包括对课堂教学实际关注不够、与一线教师需求脱节、教师与研究者不是平等合作等，本项目的设计理念突出体现在三个方面。第一，聚焦关键问题。项目扎根于课堂教学，服务于课堂教学。通过对课堂教学中的关键问题进行分析、讨论、反思和研究，逐步找到解决或改进的方法，从而提升课堂教学质量，提高教师教学能力。第二，基于行动研究。整个项目引导教师经历了一个确定问题、思考问题、研究问题并积极寻找解决问题对策的行动研究过程，使教师的专业能力和综合素质不断提高，逐步从经验直觉走向科学规范的教学研究。第三，实现互动发展。在项目构建的合作团队中，有研究者与一线教师之间的互动、不同高校团队之间的互动、经验丰富教师与新教师之间的互动，各方取长补短，相互促进，在项目中共同提高和成长。

　　在上述设计理念的指导下，本项目的实施过程分为四个阶段：预热阶段（2011.3—2011.7）、以课堂教学为主的阶段（2011.9—2012.1）、课堂教学与行动研究并重的阶段（2012.2—2012.7）、以行动研究为主的阶段（2012.9—2013.1）。本项目每月集中组织一次跨校团队活动，项目成员利用周末或节假日克服困难前来研修与交流。同时，各校本团队在各自学校每月分散活动两次。通过这一系列活动，团队成员熟悉项目要求，录制课堂教学录像，观摩互评录像，撰写反思日记，阅读研究文献，草拟和汇报行动研究方案，撰写和修改行动研究论文，并在学习、交流和分享的过程中不断加深了解，相互鼓励，合作提升。在此过程中，文秋芳教授精心策划、耐心指导，全体项目成员认真思考、热忱参与。每一位教师都是主动的行动研究者和知识构建者，每一位研究人员都是积极的参与者、沟通者和指导者。经过环环相扣、循序渐进的四个阶段，教师个人的教学能力、教学研究能力和反思能力得以提高，各校团队的凝聚力与合作精神不断增强，整个项目也实现了预期目标，收获了融合辛劳与智慧的教学和科研成果。

为推广项目经验，交流项目成果，本书特别收录"北京市高校英语教师互动发展团队建设"项目6所高校的团队总结和18位项目成员的行动研究论文。在6篇团队总结中，各校团队负责人不但回顾了本校团队的项目实施历程，还分享了项目收获和研究成果，反思了未来可继续提高的方面。6个团队普遍反映教师在教学中的反思意识和科研能力显著提升，教师合作发展的共同体逐渐形成，团队在课题、论文、示范课程等方面成果丰硕；更重要的是，在专家和同行的影响下，教师在教学信念、治学精神和人生态度上深受启迪，领悟了"踏踏实实做研究"的重要性。同时，由于6所高校具体情况不同，其收获也各有特色，比如：有的高校通过项目进一步确定了团队的合作研究方向，并制定了下一步深入研究和出版专著的计划；有的高校恰逢大学英语教学改革，针对课堂教学的行动研究为贯彻新的教学理念、探索新的教学模式和实现新的教学目标提供了有效途径；有的高校青年教师多，经过项目的系统训练，其专业素质和团队精神都有了较大提高。这也进一步说明，聚焦关键问题、基于行动研究的教师互动发展模式能够为不同特色的高校提供改革发展思路和解决问题的路径。

由项目成员撰写的行动研究论文是本项目的核心成果。本书共收录18篇论文，每个团队3篇。其中每一篇论文都凝聚着作者及项目团队两年多的思考与探索：课堂教学观摩，聚焦关键问题，开展行动研究，探索解决问题的有效途径，分享教学成果，撰写和修改论文。论文选题紧密围绕大学英语或英语专业教学以及教师发展中的实际问题，涵盖词汇教学、写作教学、口语教学、听力教学、合作学习、学生口头报告、教师反思能力发展等方面，基于不同的语言教学理论和教学方法，体现了作者对课堂教学或教师发展中疑难问题实施的行动研究及思考。这些论文视角多样，各具特色，能够从教学、教学研究和论文写作等方面为高校英语教师提供借鉴和帮助。从英语教学的角度看，论文为解决课堂教学中的常见问题（如学生基础薄弱、应试压力过大、口头报告质量不高等）提供了新思路和新方法；从英语教学研究的角度看，这些论文遵循了行动研究"聚焦问题—提出方案—实施方案—评价成效"的循环过程，结合相关语言教学理论，采用多样的数据收集方式及呈现方式，以不同方法提高研究的信度和效度，对从事教学研究的教师有所启示；从行动研究论文写作的角度看，18篇论文提供了按行动研究阶段或按行动研究主线撰写论文的不同范式，老师们可以依据各自研究的特点选择撰写方式。我们相信，这些理论联系实际的论文既能作为开展行动研究和撰写研究论文的丰富范例，也能对广大高校英语教师优化教学方法和提升研究能力有所启迪和帮助。

回顾"北京市高校英语教师互动发展团队建设"项目的设计理念与实施过程，阅读一篇篇团队总结与行动研究论文，我们能够深刻体会到这一项目的实践意义、理论意义和社会意义。在实践层面上，本项目针对高校英语教学与教师专业发展中的问题，聚焦课堂教学，关注教师成长。两年的团队活动以课堂教学问题为出发点，以提高教学质量为目的，以有理据的行动为解决问题的方案，全面提高英语教师的集课堂教学能力、教学行动研究能力、反思能力和合作能力于一体的教师自我发展能力。在理论层面上，本项目是对文秋芳教授所构建的"高校外语教师互动发展新模式"的验证与完善。新模式所倡导的聚焦课堂关键问题、建设研究者—教师合作团队、注重团队建设中的情感互动与认知互动等理念为新形势下的高校英语教师专业发展研究注入了新的活力，将有力推动我国英语教师发展研究的理论与范式创新。与此同时，本项目在整个过程中体现的人本精神与人文关怀又使项目具有深远的社会意义。如果说教育的最高境界是对人精神的引领，那么项目所传递的对理性思考的尊重和对精神生活的关怀无疑是对每一位教育工作者最深层的引领。两年的潜移默化与耳濡目染，能够提升一个人的思想境界，改变一个人的人生态度。在现代社会的快速发展和激烈竞争中，这样的传承尤为值得珍视。

在此衷心感谢文秋芳教授对本项目高瞻远瞩的引领和对团队春风化雨的影响。她对每一次活动严谨周到的安排、对每一篇文献细致入微的指导和对每一位成员发自内心的关爱都令人难忘。感谢任庆梅教授在项目全程中的热情支持与中肯建议。感谢来自6所高校的老师们认真投入的参与和风雨无阻的坚持，以及团队负责人和院系领导的关心、鼓励和支持。由于本项目全部是在项目成员正常教学或科研工作时间之外完成，对每一位成员的精力和毅力都是巨大的挑战。同时也感谢外语教学与研究出版社李淑静和张毅为本项目提供的全力帮助。

从项目启动、项目实施到成果出版，"北京市高校英语教师互动发展团队建设"项目已划上圆满句号，但作为"高校外语教师互动发展新模式"的探索才刚刚开始。在全球变革的大背景下，在我国高校英语教学改革创新的关键时期，在英语教师即将面临更多新挑战的情况下，我们真诚希望本书的出版能够为各高校的英语教学改革与教师团队建设贡献一臂之力，并为广大英语教师开展教学中的行动研究、撰写行动研究论文、不断提升自我发展能力提供实质性的帮助。

常小玲　李春梅

外语教学与研究出版社

2015年7月

目　录

北京联合大学团队行动研究

团队总结

行动研究

中国政法大学团队行动研究

团队总结

行动研究

北京林业大学团队行动研究

团队总结

行动研究

北京工业大学团队行动研究

团队总结

行动研究

北京化工大学团队行动研究

团队总结

行动研究

首都医科大学团队行动研究

团队总结

行动研究

北京联合大学团队行动研究

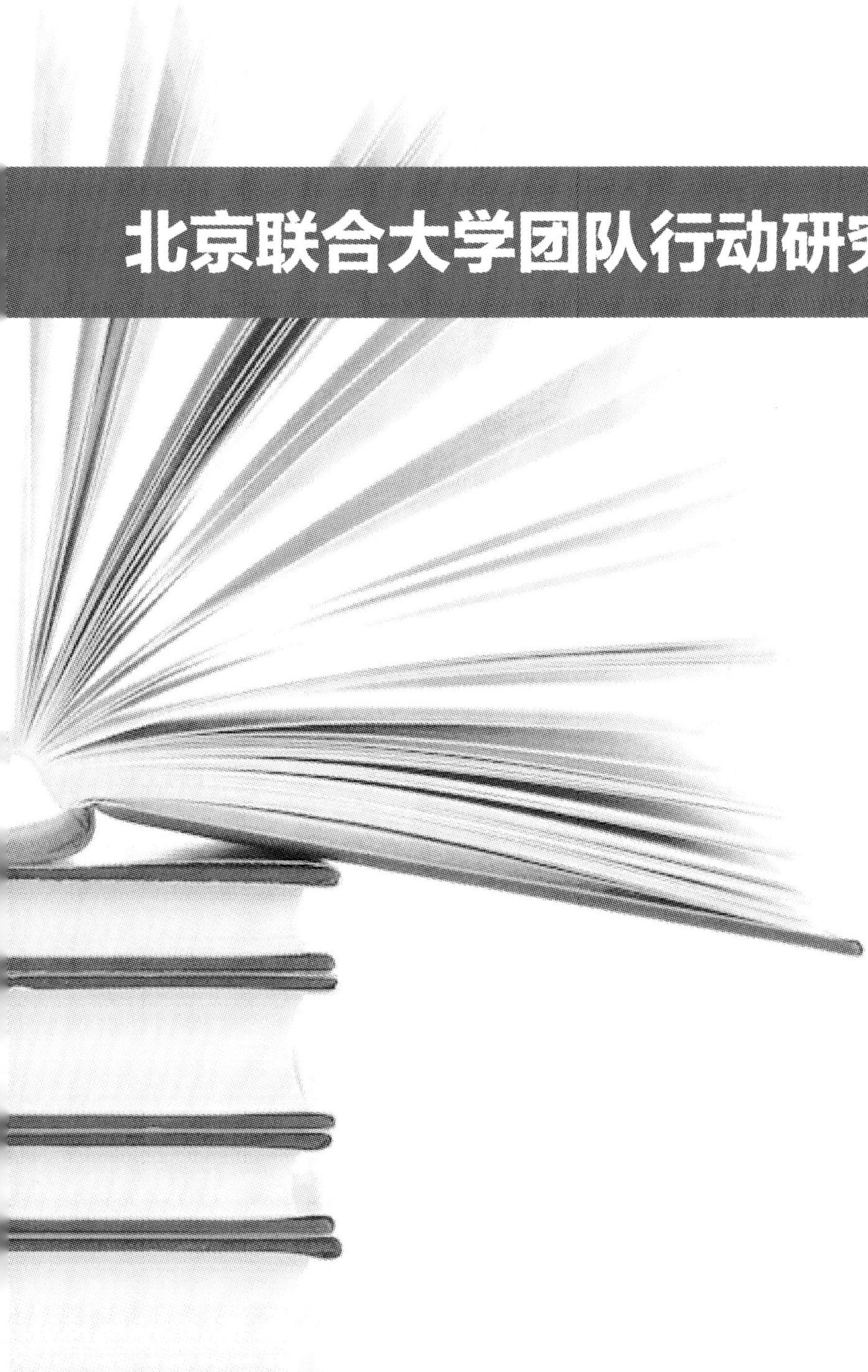

来源于课堂教学，扎根于课堂教学，服务于课堂教学

——参加跨校英语教师团队建设课题研究的回顾总结

谢职安

北京联合大学

1. 课题研究回顾

由北京外国语大学中国外语教育研究中心主任文秋芳教授组织的涉及北京市6所高校的跨校英语教师团队建设课题于2011年3月开始立项，到2013年1月12日，以"北京市高校英语教师互动发展团队建设研讨会"的成功举办为标志，圆满结束。

北京联合大学有幸成为这6所高校中的一个。我校共12位教师积极报名参加了此项目。作为团队负责人，我很骄傲也很荣幸把我们团队带入到这样一个高层次的学术平台。两年前，同事们对行动研究还不甚了解，两年后的今天，同事们不仅对行动研究有了较深入的认识，而且已经热火朝天地在日常英语教学工作中开展起行动研究，这是一个了不起的飞跃！

尽管在这两年里我们的团队成员非常辛苦，牺牲了无数的节日和周末时间，每人写了近万字的反思日记，付出了大量辛勤的劳动，但这一切付出都是非常值得的！按我们团队成员的话说就是"痛并快乐地收获着"。两年来，我们每个月组织两次小团队活动，同时还参加了一次6校大团队活动，风雨无阻。每次小团队活动都有讨论主题，每次大团队活动之后大家都写反思日记。我们所有成员从始至终坚持做下来了，钦佩之余，我也很受感动。

团队成员所做的工作大体分为三类：个人活动、校本团队活动和跨校团队活动。个人活动主要包括读文献、写反思日记、录制课堂教学录像、互相观摩听课和撰写行动研究论文等；校本团队活动主要包括讨论本团队成员教学情况、集体阅读讨论和为本团队成员的教学及研究提建议等；跨校团队

活动包括讨论各校教学录像、讨论各校教学行动研究方案和讨论行动研究论文等。每次跨校大团队活动时，文教授总是会给出高屋建瓴的点评，让人有"听文老师一次点评，胜读十年书"的感觉。

整个课题研究集中关注了两点：课堂教学和教师发展。教师对大学英语课堂教学开展行动研究，同时关注教学和研究的过程是帮助教师成长的绝佳途径。

文秋芳教授对两年的工作做了周密的规划：第一年工作以引导6所高校团队教师讨论真实的课堂教学为主，第二年以做行动研究，撰写、评价和修改论文为主。整个过程细分为四个阶段：预热阶段、以课堂教学为主的阶段、课堂教学与行动研究并重的阶段和以行动研究为主的阶段。每一个阶段各有侧重。这其实是一个由易到难、循序渐进的过程，一步一步、手把手地带领大家学习做基于课堂教学的行动研究。

随着研究的进行，大家越来越认识到参加这个项目有深远的好处。通过行动研究，我们的教师将教学和科研融为一体，不再觉得做研究是遥不可及的。其实，行动研究是大学英语教师盼望已久的。它来源于课堂教学，扎根于课堂教学，服务于课堂教学，切实解决教师们在教学实践中普遍存在的问题，有助于教师更加有效地开展教学活动。行动研究彻底改变了教学和科研两张皮的状况，把教学与科研很好地结合在一起。

2. 团队收获

我们从这个项目中得到的收获有太多太多，远远超出了我们参加之前的预期。下面我只提最重要的几点：

2.1 大幅度提升了团队中教师的专业素养

通过跟随文教授做这个课题，我团队所有教师的专业素养均得到了大幅度提升，成为我们外语部的骨干和中坚力量。在教学方面，她们的教学能力得到了提升，教学理念得到了更新，教学更受学生欢迎，且教学效果良好；科研方面，团队的每一位教师都撰写了至少两篇关于课堂行动研究的论文，这些文章大部分已经正式发表。其中一名教师成长为副教授，两名教师正在向教授或副教授冲刺。这些喜人的成绩在很大程度上要归功于受到文教授这个项目的引领和在这个项目中得到的历练。

2.2 锻炼了团队的毅力

我们团队的老师平时都要承担繁重的工作任务，每周上十几节课，加上行政或班主任兼职和家庭负担，本来就已经很忙碌了，但是她们都坚持参加每一次活动和讨论，不论录课、写反思日记还是阅读并撰写论文，她们都克服了很多困难，全程一次不落地参与。我相信，以后她们做事情会更加坚韧和执着。

2.3 凝练了团队的研究方向

通过跟文教授学习如何做行动研究，我们团队成员对科研尤其是行动研究有了进一步的认识，并都在课堂教学中切实开展了行动研究，也积累了一些经验，成员们行动研究的能力有所提高，而且对做研究有了更多的反思和感悟。团队成员对行动研究及教师发展研究领域产生了浓厚的兴趣，打算今后在这两方面做更多的研究。

2.4 形成了教师共同体合作发展的机制

我们团队成员觉得还有一个很大的收获，就是大家通过一起做这个课题，提高了团队成员的合作能力。大家经常在一起讨论教学方法和研究方案，交流心得，在极大程度上促进了彼此之间的交流。各校教师之间也有了交流经验的机会，促进了协同发展。实际上，我们形成了一个开放的学习共同体，大家互相提好的建议，互帮互助，平等交流，共同提高教学能力和科研能力。

2.5 更深入认识了教学与研究的关系

教学和研究是高校英语教师的两项重要工作。有时教师们是为了完成科研任务而做研究，未必能对教学有促进作用。

文教授强调一定要为提高教育质量而研究，研究要"接地气"，要有实际意义，要为推动教学而研究，不要只是为发表文章而研究；做科研离一线教师并不远，教师应成为研究者。在文教授的熏陶下，现在我们团队的教师对教学与研究之间的关系有了更深刻的认识。

3. 后续研究计划

在参加完文秋芳教授为期两年的项目后，我们团队所有成员在教学理论与实践方面都有了长足的进步，发表了数篇论文（含两篇核心期刊论文）。大家不仅是在教学和做行动研究方面有所收获，更大的收获是学到了文教授带领大家踏踏实实做研究的坚决态度和坚韧毅力。

我们认为应该抓住这个契机，提升团队骨干力量，增强教学和科研能力，拓展新的平台。我们决心带领我校团队把课题研究继续做下去。目前我们正在酝酿撰写关于高校英语教师专业发展的专著。文教授的项目虽然结束了，但我们这本书可以看作是这个教师团队发展项目的延续，也是把文教授提倡的"踏踏实实做科研"付诸实践，落到实处。这本书也有向文老师致敬的意向：感谢她给我们指明了前进的方向。我们希望通过撰写这本书更进一步锻炼队伍，提升教师的研究能力，促进我们团队的教师发展，保持团队成员持续发展的良好势头。

我们建议：希望文教授的这种教师团队合作的研究以后能继续开展下去，可以从不同的角度、层次继续挖掘，让更多的教师参与进来。

4. 衷心致谢

在此我代表我们团队的所有成员，表达我们对文秋芳教授最诚挚、最衷心的感谢！我们有机会参加这个项目，得到文教授的亲自指导，是我们团队的荣幸，而且确实收获颇丰。文老师是我们在学术道路上的领路人。

同时，我们感谢任庆梅教授、李春梅博士，她们总是给我们提供很有用的研究或论文修改建议。我们还要感谢一起参加本项目的其他5个院校的所有教师，是他们坦诚的互动交流给了我们更多向同行学习的机会。最后，我们要感谢外研社的大力支持，为我们的团队项目提供了必要的经费资助和场地支持。我们北京联合大学团队全体成员向他们表达由衷的谢意！

最后，我们想说：文教授跨校团队课题的结束并不是真正意义上的结束，它标志着我们自己研究之路的崭新开始。我们会沿着文教授给我们指引的学术道路继续走下去，希望看到我们团队中的教师有更大的发展！

提高基础薄弱大学生英语词块
运用能力的行动研究

智玉琴

北京联合大学

提　要： 本文通过对 70 名非英语专业大学二年级学生进行为期 16 周的行动研究，探讨在阅读中强化词块输入，提高英语基础薄弱学生词块运用能力的方法，以解决学生运用词块过程中语法错误多、词汇缺乏多样性等问题。在此次行动研究中，教师以词汇中心教学法为主要教学方法，采取输入输出五阶段学习法培养学生的词块意识和使用词块的能力。研究分为三个阶段：第一阶段针对学生基础知识薄弱的问题，利用多种形式，提高词块使用频次，以解决学生可理解性词块输入量不足的问题；第二阶段针对学生上课注意力分散的情况，尝试通过分段式课堂教学方法，提高学生注意力，强化输入和吸收；在前两个阶段的基础上，第三阶段加强运用词块的练习。通过改变测试方法，加强整合和输出训练。学生作业表明，该方法对基础薄弱学生的词块运用能力有较大影响，主要体现在语言呈现多样性、语法错误减少和文章逻辑结构较清晰等方面。

关键词： 大学英语；行动研究；词汇中心教学法；基础薄弱生；词块运用

1. 引言

1.1 课程及研究对象简介

　　笔者所教授的是非英语专业的大学英语课程。该课程每课时 45 分钟，单周每周 4 课时，双周每周 6 课时，其中包括每周 1 课时听说课。教学周为 16 周。所用教材是《21 世纪大学英语读写教程 3》和《新视野大学英语听说 3》。本学期前 8 周进行课程教学，后 8 周为四级考试辅导周。

　　本研究的研究对象是 70 名（两个班）二年级非英语专业本科生。在大一入学时参加的"北京市大学生入学英语分级测试"中，两个班的平均成绩分别是38.7分和33.8分（满分100分）。由此可以看出，这两个班同学的英语基础较薄弱，在英语学习中遇到的困难比较多。

笔者在二年级时接手了三个教学班的大学英语教学任务，并于第一学期在"以词汇为中心"的教学方法指导下，对其中的一个教学班（A班：共31人，入学平均成绩为60.1分）的学生进行了以读促写的行动研究。行动研究结果显示，以词汇为中心的教学法对基础较好的学习者的词块运用能力有促进作用。但在同一个教学班中，虽然基础较薄弱的学生寻找和学习词块的意识增强，并且能使用一些新学词块，但是在习作中效果不明显。教师反思自己的课堂教学，认为可能是因为课堂节奏较快、课堂某些教学步骤没有特别针对这部分学生，教学要求也偏高；同时学生的兴趣和习惯也是影响学习效果的可能因素。

另外两个班（B班和C班）的学生在二年级下学期需要参加全国大学英语四级考试。当被问及"你认为英语学习中最大的困难是什么？"时，听力、写作、背单词、语法位列学生选择的前四项。在回答"听力和写作哪个更容易？"时，56%的学生认为写作较容易，其中92%的学生认为只要背点范文就可以应付写作。当再被问及"如何背范文？"和"背了范文就一定能写好作文吗？"时，许多学生的回答模棱两可。一方面学生不知道该选择哪些范文背诵，另一方面，长篇范文中生词太多导致学生背不下来。因此，虽然学生认可背范文，但事实上，学生也明白背范文对他们来讲有很大难度，是一种不可行的方法。在对问卷进行反馈时学生意识到，记忆词块比背诵整篇文章容易得多，而且通过词块可以解决令学生头疼的语法问题。在看了A班同学上学期的习作后，多数同学觉得这种方法可能对写作会起到一定作用。因此笔者在第二学期对基础较薄弱的学生尝试运用以词汇为中心的教学方法，并针对学生课堂注意力不集中的情况进行分段式教学，以提高学生的课堂学习效果和词块运用能力。

1.2 词汇为中心教学法

词汇中心教学法主要是相对于以语法为中心的教学法提出的。Lewis（1993）在《词汇中心教学法》[1]中强调："语言是由语法化的词汇构成，而不是由词汇化的语法构成。"这种以词汇为中心的教学方法主张以词块（lexical

---

1. 根据许家金《词汇中心教学法的交际观——理论溯源与反思》一文，将the Lexical Approach译为"以词汇为中心"，这是为避免将其误解为有关词汇教学的教学法。

chunks）学习为主，让语法化身于词汇组块中，注重将词项（lexis）放在更大的篇章背景下进行处理。Nattinger和DeCarrico（1993）指出：语言表达的流利性不是取决于大脑中存储的语法规则的多少，而是取决于词汇组块存储的多少。也就是说，学习者掌握的词汇组块越多，其语言表达就会越流畅。

　　词块分类虽有些不同，但总体上都把学习英语的单位从单个词汇扩大到了词汇组块。这种扩大从形式上是词汇数量多了，从意义上更趋于约定俗成的可以接受的固定或者半固定形式。如：Lewis（1993）从结构和功能上将英语词汇组块分为四类：（1）多词词（polywords），由两个或两个以上的单词组成。这样的组块构成成分固定不变，语义不能从构成短语的每个单词的意思中推测出来；（2）高频搭配组合（high frequency collocations），即在自然语言中频繁使用的词汇组合；（3）惯用语或者固定表达（fixed expressions）；（4）半固定表达（semi-fixed expressions）。Nattinger把词组定义为已具有语用功能的搭配（collocation）。他认为词组包括两种类型：能产型（productive）和非能产型（non-productive）。能产型是指概括出来的结构，具有具体指定的句法或者语义特征，并具有语用功能；非能产型词组中的词汇不能被替换。笔者认为Lewis的分类更适用于本研究，所以本文中所指词块采用了Lewis的分类方法。

2. 行动研究方案

2.1 第一阶段（1—4周）

2.1.1 问题聚焦

　　问卷结果已经显示出学生的困惑，而且在第一学期课堂段落写作练习中，一些同学能写出来只言片语，但言不达意；更有一些学生上交的作文是空白。显然，知识储备不足导致了学生下笔无言。和学生交流时，学生表达了对英语无兴趣，多年积累的问题太多，对英语学习很无奈等想法。学生坦言，许多单句使劲看也不一定能看明白，何况让自己写？遇到运用词汇的情况时只有一个感觉：无从下笔；只有一个想法：想睡觉。针对这些情况，教师在本阶段预尝试利用阅读材料，提高学生的词块意识和寻找词块的能力，在阅读中提高学生学习和使用词块的能力，以解决学生基础知识储备量不足的问题。

2.1.2 计划与实施

　　Krashen的语言输入假说（Input Hypothesis）认为，足够的可理解性输入是获得语言知识的唯一方式。而Swain提出的输出假说（Output Hypothesis）是对输入假说的批评和补充。他认为光有大量的输入还不足够，学习者只有进行大量的语言输出练习，才能促进语言使用的"自动化"（文秋芳，2010）。笔者认为，足够的输入佐以有效的输出才是学习者学好英语的较佳办法。Schmitt和McCarthy（2002）认为对词汇的深层次处理可以提高学生的学习效果。也就是说，学习者接触某些词汇的频率越高、越深层次地使用这一词汇，该词汇从接受性词汇转为产出性词汇的可能性就越大。但是，如果教学只集中于单个词汇，枯燥的词法和繁杂孤立的单词又会使学习者觉得心有余而力不足。词汇中心教学法有效地解决了以语法为中心的语言教学所遇到的尴尬和不足。

那么如何做到让学生有足够的可理解性输入，并在此基础上对词块进行深层次处理，提高学生对这些可理解输入的使用频率以达到输出自动化呢？Gass（1988）在研究学习者口语教学时认为，从输入到输出有五个阶段：被感知的输入（apperceived input）、被理解的输入（comprehended input）、吸收（intake）、整合（integration）和输出（output）；而在此过程中，互动（interaction）又起了重要的作用。她发现，那些同时采用输入和互动方法学习的学习者在学习某些语法知识时，比那些单纯使用输入或者互动方法学习的学习者进步更快。由此，教师计划在本学期分几个阶段，在阅读中强化词块输入，并通过多频次使用帮助学生吸收所学词块，并在写作输出中使用所记忆词块。笔者制定了第一阶段的行动研究计划（表1），并在课堂中分步骤实施。

表1

阶段（教学周）	教学内容	教学目的	记忆重点和要求
第一阶段（1—4周）	Unit 1 & 2 Text A & B 快速阅读/仔细阅读	1.了解篇章结构和大意；2.被感知的输入+被理解的输入，为词块积累打基础。	多词词块和高频搭配为主；固定和半固定表达为辅；要求学生自选记忆。

首先，教师采取了快速阅读配合引领式阅读的方法，帮助学生了解文章大意，感知词块。

笔者把本学期学习内容中每个单元的A篇文章首先用来做快速阅读。这样做的目的如下：（1）感知文章篇章结构，让学生对谋篇布局有大致的了解；（2）掌握文章大意；（3）感知词块；（4）训练学生快速阅读的技巧。

由于看到 A 班学生习作的进步明显，而且面临考试，学生对词块学习产生了兴趣。多数学生按要求准备了笔记本，上课过程中眼睛都盯着老师。教师也觉得这是个令人欣慰的起点。教师以第一单元课文为范例，简单进行了快速阅读方法的指导，如：从标题猜测大意；读主题句了解论述结构，跳过事例；遇到生词先跳过，影响理解再猜测等。随后学生在规定时间内进行快速阅读，并完成十道阅读理解题。虽然教师在第一学期也进行过相应辅导并让学生进行了练习，但三分钟后，教师发现一些学生有放弃练习的迹象。学生直言，需要跳过去的词太多，读不下去。教师鼓励学生，告诉学生也许跳过去的某些地方正是文章的新词和难点，不认识属于正常现象。这样，学生有了继续看下去的信心。当更多学生面露难色时，教师把自我快速阅读改成引领式阅读。利用题目和主题句，帮助学生在三分钟内阅读完整篇文章，了解了文章的大意。然后通过题目中的关键词确定题目的相关段落，鼓励学生自己找到答案。在搜寻答案的过程中，学生对某些词块稍微有些感知，但是提到使用，学生还是有畏难情绪。

其次，为了让学生对词块有更清晰的认识，培养学生寻找词块和学习词块的意识，除了讲解和示范外，教师还鼓励学生以同伴合作（peer cooperation）的方式进行自主互助学习。此做法旨在为学生创造相对轻松的学习氛围，帮助学生主动积极学习知识。学生面对同伴而不是老师，这消除了他们的紧张感。Gass 认为被感知的输入受到四个因素的影响：输入的频率、原有的知识、情感因素和注意。为了提高输入的频率，教师把此环节安排在快速阅读之后。鼓励学生说出课后阅读题的答案后，教师并不急于给出正确答案，而是就文章提出一些问题，在提问和回答的过程中，有意识地重复可能影响理解的词块或新出现的词块。并且鼓励同学 2—3 人一组，通过问答的方式寻找或者巩固答案，力争发挥同伴学习中的小组巩固的作用（group reinforcement）。

在此过程中，教师会特别强调一些新出现的或者重点的词块，通过同伴自由问答，被感知输入变成被理解输入。经过多次指导，多数同学在相互问答时有意使用教师之前重复过的一些重点词块，如：hate sth. with a passion（不喜欢某事），if only（哪怕只是为了……），quick as a flash（突然，很快）等。学生通过问答使用新词块，词块使用频率的增加使学生把感知的输入（教师和同学问答中多次出现的词块）渐渐转化成了被理解的输入。通过这几个步骤的学习，学生渐渐积累了一些词块。

用teach-and-test的方法助吸收。Nation（2004）认为记住词义的最好方法是teach-and-test练习。通过问答环节，每个学生熟悉了一定数量的词块。为了不让学生觉得记忆大量词块有负担，教师利用课堂多给学生创造机会交流，下课前帮助学生回忆记录，课下注意补充，帮助他们总结、复习。在下一次课堂上测试上次课学习的词块。为了缓解学生由于经常测试感到的压力，改变他们被动记忆的方式，教师改变了测试方法：尽量让学生写出记忆中的词块，规定最少量，写得越多越好，然后通过和同学交流进行补充。学生可以从所写下的词块中挑出3—5个，发挥自己的想象力用它们写出一两个句子。学生有选择性地使用记忆写出的词块，做到学以致用。教师每周或每两周进行一次词块测试，测试的方法都是不规定内容，尽量让学生回忆，学生在把练习交给老师之前，还可以再看书增加想写但是之前忘记的内容。这些测试是按照次数以及教师规定的最小量记分，学生不会有过多的心理负担，多数同学只想多写、多记。

2.1.3 第一阶段效果与反思

1）对课堂教学及学生的反思。

在第一阶段的学习过程中，教师提前告诉学生每节课都会有测试，但是会让学生自选要记忆的词块，教师规定最少量，学生自主写出尽可能多的词块即可。因为没有考试的压力，多数学生的积极性有所提高。但同时教师也发现，无论是在阅读还是在同伴合作寻找词块的过程中，学生的积极性很快会减弱，注意力很快会分散。教师反思该问题，觉得可能是因为：一方面，学生的基础知识薄弱，学习中遇到的诸如生词多、理解困难等学习问题较多，遇到问题解决不了就可能选择做其他事情；另一方面，找出的词块数量比较多，学生还是对记忆大量新知识比较发愁。

虽然学生的词块输入量有了一定的提高，但是，他们在吸收和重新整合词块方面的练习还不到位。由此，教师计划在第二阶段通过分段式课堂教学方式，提高学生的注意力，提高记忆效果，为写作输出做好准备。

2）对教师自己的反思。

通过第一阶段的研究，教师边进行教学，边阅读书籍，学习到了不少专业理论知识，并且在参加教师发展团队的活动与同事以及其他院校同行的交流中，也学习了许多教学实践中的好方法。对行动研究也有了进一步的认识，觉得行动研究的确是提高教师专业素养，解决教学中实际问题的行之有效的方法。在行动研究中，学生和教师可以和谐发展。

2.2　第二阶段（5—8周）

2.2.1　问题聚焦

针对第一阶段学生学习过程中表现出的记忆困难所导致的注意力分散问题，教师计划在第一阶段词块学习的基础上，关注学生的注意力问题。通过强化预习、课堂分段教学和分段测试以提高学生的注意力。

2.2.2　计划和实施

俄罗斯教育家乌申斯基曾精辟地指出："注意"是我们心灵的唯一门户，意识中的一切，必然都要经过它才能进来。Gass认为注意力也是影响学习者感知的输入多少的因素之一。只有先注意某个事物，才可能进一步训练、记忆、思考和运用。只有注意力集中，才有可能清晰地感知事物。对于基础薄弱的学生来说，由于多年英语学习中累积下来的问题较多，遇到的诸多困难使其注意的稳定性较差。

学生注意力的集中和保持需要教师和学生双方的努力。因此，教师计划在本阶段的课堂教学中在教师教学方法上适当进行干预（pedagogical intervention），合理组织教学内容。把课堂适当分成几个小节，采取分段式教学方法，同时加强预习环节的督促和检查，以协助基础薄弱学生集中注意力。

教师此阶段计划如下：

表2

阶段 （教学周）	教学内容	教学目的	记忆重点和要求
第二阶段 （5—8周）	Unit 3 & 4 Text A & B 快速阅读/ 仔细阅读	1. 了解篇章结构和大意； 2. 增加被感知的输入和被理解的输入，为输出做准备； 3. 吸收+整合：尝试输出。	多词词块和高频搭配为主； 辅以固定和半固定表达； 要求学生记忆一定量。

在具体实施过程中，教师采取了以下措施：

　　第一，改变合作学习方法，增强预习效果，为集中注意力奠定基础。第一阶段也曾课下分组互助学习，每组5—6人。但是后来教师发现，一些课下任务全落在了组长身上，其他学生的参与度很低，所以在第二阶段，小组成员减少为3—4人，自愿结合。每班分成7—9个小组。为了避免学生敷衍了事，教师在第四周布置了预习作业，要求每组完成指定单元课文词块寻找的预习工作。教师课堂指导，提供范例后，规定10天内每组交两类作业：一类是每个组员各交一份自己负责部分的词块；二是组长在组员作业基础上合成的一份课文中重点词块的总结，缺任何一样则不给小组记合作学习成绩。教师收到作业后批改、补充，找到上交词块数目最少或者质量较差的学生，让他们按照教师的修改版本将作业打成电子版文件，并发回至教师邮箱。教师确认文件无误后，在教授该单元之前，将学生上交的作业发送到公共邮箱，供学生预习使用。教师告知学生4个单元结束后，会就1—4单元的词块进行百词块测试。

　　第二，通过课堂分段式训练，提升学生的注意力。这两个班多数学生的特点是不仅上课注意力不集中，而且没有记笔记的习惯。在第一阶段的学习过程中，教师发现每到下课前五分钟让学生反思回忆词块时，总有部分学生无从下笔。为了解决这一问题，教师把课堂试着分成几小节，每小节结束时，就让学生回忆并记下所学到的词块或者其他知识点。这样的小节一节课大约有3—4次不等，如：快速阅读和问答是一小节，对子讨论为一小节，课前五分钟为一小节等。

　　每一小节结束后，学生都要在笔记本上写下所掌握的词块。两三个小节后这些内容会被用来做联想造句或口语交流，或者作为下课前自测或互测的内容。每次课后，学生所交的作业在一张纸上分成好几个部分，在记录成绩时，教师根据学生的几部分是否完整来记录成绩。因为这样的作业几乎每节课都交，所以渐渐地，许多学生也养成了课堂记录、记忆，下课前反思的习惯。因为学生在课堂上注意力较以前集中，所以在下课前的段落写作练习中，绝大多数学生做到了笔下有言。

2.2.3 第二阶段效果与反思

　　1）对课堂教学和学生的反思。

　　本阶段中提高学生注意力的效果较明显。首先是预习环节，由于自主学习、合作学习和教师指导几个环节环环相扣，步步巩固，学生在上课前已经对文章中的重点和难点稍微有些感知。这就为课上学生注意力的集中打下了基础。在此之前，预习作业几乎形同虚设，很少有同学按照教师的安排完成任务。分段学习和测试的方法给予学生一定空间，在学生感觉疲劳，听觉或视觉上注意力快要分散时，将学习转换成回忆或者自我测试，学生在不断听讲、问答、有意识记忆、回忆、自我测试或者同伴测试中，高频次接受了输入的词块。词块也从最初的多词词块和高频词块拓展到了固定和半固定句式。词块的数量得到了一定的积累。

最值得欣慰的还有两点：第一，绝大多数学生养成了记笔记的习惯，这就解决了他们下课前五分钟段落写作时下笔无词，不知道该写什么的问题；第二，由于每节课上都有几次机会让大家反思、记忆学过的内容，许多学生养成了反思的习惯。

2）教师的自我反思。

看到学生注意力集中效果较明显，课堂氛围越来越好，教师也稍有成就感，对帮助基础较薄弱的学生提高其成绩树立了更强的信心。反思这一阶段的教学，教师感觉如果要让教学有效果，除了关注教师的课堂语言、内容安排、教学方法等因素外，关键是教学安排一定要从学生的实际需要和实际问题出发。只有始终能把学生的问题放在教学第一位，教师的教学才不会只是枯燥地、一味地讲解课本。在针对学生的问题进行的教学中，教师不仅能提高教学效果，而且也能不断发现值得研究的科研问题。

2.3 第三阶段（9—16周）

2.3.1 问题聚焦

被感知和理解的词块输入越来越多了，注意力也通过记笔记和分段式教学有所提高，但是学生对于写作还是发愁。主要原因是，在前两个阶段，教学的主要重点放在了有效输入上，虽有输出练习，但基本集中在口头测试和小段落写作上，书面输出机会相对较少。

2.3.2 计划和实施

表3

阶段 （教学周）	教学内容	教学目的	记忆重点和要求
第三阶段 （9—16周）	快速阅读/ 仔细阅读 文章； 范文写作。	1. 了解篇章结构和大意； 2. 增加被感知的输入和被理解的输入，为输出做准备； 3. 吸收＋整合：尝试输出； 4. 输出训练。	多词词块和高频搭配 为主； 固定和半固定表达为辅； 要求尽可能多记忆、 多使用、多输出。

在前两个阶段的基础上，本阶段教师计划鼓励学生对所学习的词块进行重新整合，并不断尝试输出。在宽松式测试环境下，培养学生的信心，并增加词块输出的机会，以段落和文章写作为练习载体，提高学生词块运用的效果。

首先，进行同伴互动和替换练习以达到重新整合词块的目的。Gass（2003）认为非本族语学习者之间的对话互动不只是练习语言某种特点的平台，还是语言发展的基础。对话互动是在交流意义（negotiation for meaning）中，使学习者掌握语言的。因此，为了提高词块的使用频率，让学生在对话交流中了解所输入词块的意义，教师采取了同学之间相互问答的测试方式。测试不仅要求学生说出词块，还要求学生给出该词块的近义词或者反义词，然后再挑选其中2个联想造句。这样既缩短了测试时间，也增加了学生对话交流的机会，使他们相互了解对方所记忆的词块数量和质量，在比较中互相学习。

其次，在掌握到一定量的词块后，教师提供一篇范文，试着和学生一起做替换练习。替换练习先从词块开始。例如，一篇范文中出现了这样一句话：The dog was dead, and I felt sad. 经过学生讨论和教师引导，学生替换出了如下句式（以下例子中斜体词均是课文中出现的词和词块）：

> *The death of* the dog *put me into deep sadness.*
>
> *The death of* the dog made me sad.
>
> *The death of* the dog made me *overwhelmed.*
>
> *The death of* the dog *overwhelmed* me.

在集思广益、畅所欲言的替换过程中，学生惊讶地发现，原来自己可以把一篇范文从词汇和语法方面修改得更好。在使用所记忆的词块过程中，学生找到了成就感，对自己有了更大的信心，也更有兴趣去积累更多的词块。多数学生从情感上接受了这种学习方法。更有效的是，大家看到彼此的进步，竞争意识和参与意识较以前有所增强。课堂气氛活跃了，学生也觉得语法变得不那么难了。因为许多语法就蕴含在词块中，用得多了也就理解了。在重新整合过程中，要经过回忆、重现、重新整合，短时记忆和长时记忆相结合，学生在不断使用中掌握了更多鲜活的语言。

另外，教师还创造多次测试机会以培养学生的信心。学完每单元，教师都安排小测试。测试的方式还是采取限定最少量，写出越多越好的测试方法。对记忆效果实在差的学生，给予他们第二次机会，课下重新记忆，之后单独找老师重新测试，每名学生测试的最终成绩不光取决于自己的补测，还取决于第一次交作业的学生中得到最低分的人。如果获得最低分的同学不再参加补测，其他同学的成绩就参照这位同学的成绩来记录。由于这样的小测试成绩均记录在平时成绩里，学生之间会相互督促进行课下补测，谁都不想成为大家"痛恨"的低分者。经过几个单元的测试，学生发现只要自己投入时间和精力，还是能记住知识并学会使用它们的。学生学习英语的积极性有了进一步提高，班级整体的课堂气氛也有所改善。而且，同学之间开始相互提醒，不许某一人拖后腿。在学完四个单元后，教师从小组合作的预习作业中抽取了90个词块和10个高频词汇进行了总测试，即百词块测试。教师在寻找词块的预习阶段就已通知学生，也给了学生充足的准备时间。课堂小测、自测和同学之间的互测也为最终的百词块测试打下了良好的基础。学生最终测试平均分为76分。

因势利导，利用Chunk bank写作训练帮助学生提高写作效果。在本阶段写作训练中，教师采用了两种方法实际检测学生的输出效果：（1）给出词块，不定题目写作；（2）指定题目，自己想词块。对于第二种练习方法，学生感到有一定难度，于是教师适时发挥支架作用，引导大家一起做头脑风暴，提供思路和素材后，留给大家时间构思和选择词块，然后再进行写作。教师和学生一起从易到难进行练习，既帮助学生克服了对英语写作的畏难心理，也解决了学生不会使用词块，无从下笔的实际困难。

2.3.3 效果和反思

经过一学期的铺垫和训练，学生学习英语的积极性、课堂参与度、作业质量均有所提高。学生不仅学会积累和使用词块，在段落和文章写作水平上也有不同程度的提高。以下摘选一位同学在本学期学习过程中的作业，我们可以从中体会到他的进步。

学习完第一单元课文，教师在下课前六分钟让学生书面回答一个问题：What have you learned from this text? 教师要求学生至少写出三句话，目的是想让学生使用记忆的词块。下面一段文字是学生的回答，其中斜体词均是课文中出现的词和词块。

I have learned many new words, *surge, erudition, desperately, out of focus*. And I have knowed two people, *Agamemnon and Alexander Pope*, I also knowed their storys. (Unit 1)

这一句中，该同学除了列举了几个单词和一个词组外，并没有对记忆的词或者词块进行整合、再使用，而且还出现了knowed和storys这样的错误。从这一段文字中我们可以大致看出该学生对基础知识掌握不牢固。这样的学生在这两个班级中占绝大多数。但是，非常可贵的是，这些孩子也渴望学好知识，他们越来越认真的态度和合作精神在下面的例句中体现了出来。这是学习完随后两个单元后该学生的写作练习：

Every one have a *same privilege*. It's life ... it *is entitled to* every one. (Unit 2)

The phenomenon of ignoring spelling *has become the focus* ... *A majority of students* could pass the exams. *One of the main reasons for* ignore spelling *is that a variety of* words need to be remembered. Only *a minority of* people had enough *patient* to remember a lot of words.

Confronting ignore spelling, we should try our best to *figure out* the way *change this situation*. (Unit 3)

在学习完第二单元后，我们适当增加了半固定句式，在学完第三单元时，试着以大学英语四级考试的作文真题为题目让学生进行写作。虽然学生的习作中还是有不少错误，但是经过六周的学习，在用词方面学生都已经有意识地在使用刚刚学习过的词块了，并且行文中语法错误逐渐减少。由于篇幅关系，在此不罗列更多。为协助学生养成做笔记、整理笔记、复习笔记的习惯，每个月教师把每一个学生的作业集中装订发给该学生，以让学生看到自己的进步，也有助于学生巩固长时记忆。

3. 对整个行动研究的反思和总结

3.1 对以词汇为中心教学方法的反思

在这一个学年两个阶段的研究过程中，教师采用以词汇为中心的方法进行教学，利用课本阅读资料，强化词块的输入，并帮助学生在互动和使用中对词块进行深层次的处理。教师以培养学生的词块意识作为突破口，利用听、说、读、写各种手段使学生对词块进行了多方面的学习，并在"以读促写"的原则指导下，加大了书面输出的训练力度。各个阶段结果分别显示，该方法不仅对基础较好学生的词块运用能力有积极作用，同时也对基础较薄弱学生突破学英语的畏惧心理及克服实际操作障碍都发挥了一定作用，尤其是对基础较薄弱学生的书面输出的影响效果明显。

3.2 教师的自我反思

教师反思整个教学过程，收获颇丰：从对行动研究一无所知，不知从哪里寻找科研方向，到了解了课堂即是最好的研究发源地和实施地；从了解行动研究是基于课堂的一线教师的研究，到理解行动研究是一个螺旋式循环过程。在这个边教学边做研究的过程中，教师既可以不断提升自己，也可以不断改善课堂教学。但同时，教师还发现一些不足，如：（1）辅导学生寻找词块时教师是根据经验和感觉进行的，对比相关研究，教师没有以语料库为依据来选择，这也和教师语料库知识以及应用语言学相关知识缺乏有关。因此，为了从理论上再提升自己，教师制定了访学及阅读计划。（2）本研究的基本目的是帮助学生积累和使用词块，以渡过四级考试的写作难关，所以有时也进行了一些框架式写作训练。虽然教师在教学过程中也指导学生在突破框架式作文方面做出努力，但是，对于基础较薄弱的学生而言，这还是有一定难度的。因为，虽然本研究中教师借助段落和文章写作练习让学生运用所学词块，但是，这种表达还不能达到创造性写作的要求。事实上，通过一个学期的训练，学生的阅读能力也有所加强，因此，在阅读中进行词块学习，并在框架基础上超越固定模式地学习创造性书面表达也许可以作为下一个阶段研究的重点。

参考文献

Burns, A. 2011. *Doing Action Research in English Language Teaching: A Guide for Practitioners.* Beijing: Foreign Language Teaching and Research Press.

Chandrasegaran, A. 2010. *Intervening to Help in the Writing Process.* Beijing: People's Education Press.

Gass, S. M. 1988. Integrating research areas: A framework for second language studies. *Applied Linguistics* 9 (2): 198-217.

Gass, S. M. 1997. *Input, Interaction and the Second Language Learner.* Mahwah, NJ: Lawrence Erlbaum Associates.

Gass, S. M. 2001. *Second Language Acquisition: An Introductory Course.* Mahwah, NJ: Lawrence Erlbaum Associates.

Gass, S. M. 2003. Input and interaction. In C. J. Doughty & M. H. Long (eds.). *Handbook of Second Language Acquisition*. London: Blackwell. 224-255.

Gass, S. M. & M. J. A. Torres. 2005. Attention when? An investigation of the ordering effect of input and interaction. http://wenku.baidu.com/view/773bcbdba58da0116c174910.html(accessed 30/06/2012).

Lewis, M. 1993. *The Lexical Approach*. Hove: Language Teaching Publications.

Long, M. H. 1981. Input, interaction, and the second language acquisition. In H. Winitz (ed.). *Native Language and Foreign Language Acquisition: Annuals of the New York Academy of Sciences*. 259-278.

Moudraia, O. 2001. Lexical approach to second language teaching. ERIC Digest (EDO-FL-01-02).

Nation, P. 2004. *Teaching and Learning Vocabulary*. Beijing: Foreign Language Teaching and Research Press.

Nattinger, J. & J. DeCarrico. 1993. *Lexical Phrases and Language Teaching*. Oxford: Oxford University Press.

Schmitt, N. & M. McCarthy. 2002. *Vocabulary: Description, Acquisition and Pedagogy*. Shanghai: Shanghai Foreign Languages Education Press.

Weigle, S. C. 2011. *Assessing Writing*. Beijing: Foreign Language Teaching and Research Press.

顾永琦、胡光伟、张军、白蕊，2011，《英语教学中的学习策略培训：阅读与写作》。北京：外语教学与研究出版社。

祁寿华，2003，《西方写作理论、教学与实践》。上海：上海外语教育出版社。

王蔷，2010，《英语教师行动研究》。北京：外语教学与研究出版社。

文秋芳，2008，《文秋芳英语教育自选集》。北京：外语教学与研究出版社。

文秋芳，2010，《二语习得重点问题研究》。北京：外语教学与研究出版社。

文秋芳，2011，《英语教学研究方法案例分析》。上海：上海外语教育出版社。

许家金，2009，词汇中心教学法的交际观，《中国外语教育》（4）：38-45。

强化教师指导，有效利用课堂提高大学英语词汇教学成效的行动研究

——以大学英语阅读课为例

孙志娟

北京联合大学

提　要：本文是针对如何提高大学英语阅读课词汇教学效果的行动研究报告。对于大学英语词汇教学成效不佳的问题，仅仅依靠教师对目标词的讲解或者学生的自觉性远远不够。精心设计教学环节，巧妙利用消退理论增加目标词的曝光量，提供输出性练习非常重要。在历时一年的行动研究中，作者对词汇选择、指导策略进行了调整，指导学生采用日复习、周复习以及月复习的循环方式强化记忆，之后又通过增加词汇输出性练习，取得了较好的效果。

关键词：大学英语教学；教师发展；行动研究；词汇教学；教学反思

1. 引言

　　词汇教学是外语教学非常重要的一部分，对此，国内外同仁有过许多探讨，取得了很多成就。然而，由于针对课堂层面词汇教学的研究相对较少，加之许多时候词汇学习被看做是学生自己的事情，因此词汇教学的效果并不太明显。

　　笔者虽然是一位老教师，教授大学英语已有二十多年，但在过去的词汇教学过程中，就走过不少弯路：在入职早期不会选重点词；选好的重点词也不太会处理；有时候讲解重点词所用的时间会占到课长的三分之一还多。入职8—10年的时候，笔者在课堂上很少处理词汇，认为词汇列表对单词的释义非常清楚，若再进行行汇教学就是浪费时间。最近这些年笔者根据《大学英语课程教学要求》选择重点单词，课堂处理单词时主要关注词的上下义关

系、近反义关系、搭配关系、文化内涵以及那些较为地道的表达，在讲解完之后笔者会简单地给学生较短的时间进行操练。此外，笔者也比较注重帮助学生构建意义，并注重对学生自身素质的培养，自认为这种处理非常完美，也为此感到骄傲。

从2011年3月至2012年12月，笔者作为北京市高校英语教师互动发展团队建设项目的一员，参与了这个团队对课堂教学的讨论，了解、学习了行动研究的方法。在互动发展的过程中，笔者对自己以往的做法以及学生词汇学习的成效进行了认真的反思，发现许多方面不尽人意，需要改进。

首先笔者对词汇教学有许多认识上的误区，认为单词学习是学生自己的事情，教师上好课就行。由于认识上的缺陷，笔者很少引导学生复习，缺乏监督；对于重点词的选择也还有偏差；单词处理的侧重点仍不够理想。虽然自己在词汇教学上花费了不少心思和精力，但由于这些问题的存在，词汇教学的效果并不理想。

为解决这些问题，在2011年9月新生开学伊始，笔者在所教的两个班级（信息计算机1108B，自动化电气1102B，共59人）进行了如何提高词汇学习成效的行动研究。所用教材是《21世纪大学英语读写教程（修订版）》（基础级至第三册）。我校大学英语课每周4课时，其中听说1课时，读写3课时。两个班的学生为全国高考录取生，来自21个省、市、自治区，高考成绩及新生入学分级测试表明，学生英语水平较低（采用北京市大学英语研究会C类试卷分级测试，两个班的及格率分别为26%和38%），各项技能的发展不均衡，他们普遍认为词汇量不足是他们英语学习的主要障碍。

为了有效利用课堂提高词汇教学成效，笔者从2011年9月至2013年6月进行了四个学期的行动研究，下面是对前两个学期的研究进行的报告。第三、四学期的研究笔者会在另一篇论文中呈现。

2. 行动干预第一阶段（2011年9月—2012年1月）

2.1 行动设计与实施

在团队互动发展的过程中，笔者认识到任何课堂的问题，都需要教师首先反思自己的不足，而要解决这些问题，就需要教师"向书学习，向人请教"。通过阅读文献并与同行交流，笔者的认识得到了提高，明白了在词汇学习中，"教师有效的指导可以激发学生对新词的兴趣，加深对（旧）词汇的理解并学会如何学习单词"（Gunning，2004）。这一阶段笔者从以下4个方面做出了调整，对教学过程进行了精心的设计和有意识的干预。

1）**选好重点词**。在本轮研究中，笔者参考Gains和Redman（2009）的建议，把课堂目标词的数量限定在10—15个，含高频词（Nation，2007）、难点词（Rogers，1969），并适当考虑学生的专业差异（Gains & Redman，2009）。为避免平均分配注意力，笔者采用三个不同的层次（Kindle，2009）对这些词进行处理。每次重点指导（focused instruction）3—5个，配以示例，进行简单的练习；其他则视目标词本身的难易程度以及学生熟知情况进行嵌入式指导（embedded instruction），简单给出释义或近反义词，要求学生说出目标词，或者是不作任何指导，而是通过语音语调的改变引起学生对目标词的关注，对此Kindle（2009）称之为简单曝光（incidental exposure）。后两种做法的主要目的是增加目标词的曝光机会。通过对重点词汇不同层次的处理以及数量的限定，学生对目标词的认识更加清晰了。

2）**采用多种策略指导词汇学习**。Kindle（2009）在实践中通过提问、定义、举例、澄清、拓展和义素分析等方法对词汇进行指导。据此，对于不同目标词，笔者采用了不同的策略进行指导。对于难点和重点词，笔者较多使用了举例、澄清、拓展等方式，这些方式给了学生更多思考的空间，有益于意义的构建。例如，在In fact she had been so sick that... Someone had *informed* the son, and he had *contributed for* a coffin.（The Washing Women，U4-B1）[1]中，笔者采用了澄清法。由于对inform和contribute的理解有偏差，学生认为inform同tell，并认为棺材是老太太儿子一人买的。笔者让学生对inform的语体加以关注，之后通过示例Each contributed 3 dollars to the Red Cross.和The volunteers contributed their own time to the project.引导学生正确理解。通过让学生翻译"捐献衣物"、"献计献策"等短语，帮助学生最后得出contribute的正确释义，即to give money, help, ideas, etc. to something that a lot of other people are also involved in。通过逐步分析，学生明白了给老太太买棺材，她儿子只凑了一份子，并且如果不是有人inform，他有可能不会露面，可见其孝心程度。在To the world's amazement, all 28 members of the expedition arrived home safely.（Shipwrecked in Antarctica，U5-BB）中，笔者采用了拓展法，补充了to one's surprise/excitement/disappointment/amazement，并且让学生

---

1. 本文英文例句均选自《21世纪大学英语读写教程》，其中U代表Unit，B代表Book，BB代表基础教程。

归纳总结 to 之后的词有什么共性，最后教师总结，指出"to 加表示感情色彩的名词，用做句子的插入语，表示结果，句子的主谓语部分表示原因"。

3）**增加重点词汇的曝光机会。**通过课上处理，下课前归纳总结，下次开课前几分钟复习以及单元结束时的词汇测试，对重点词进行多次曝光。在课堂首次处理完目标词之后，笔者利用下课前几分钟，引导学生复习本次课内处理的词汇。笔者说出目标词、其英/汉释义或同/近义词、上下义词等，让学生将目标词在课文中标示出来。要求他们课后复习当天内容，在下一次上课前几分钟，带领学生复习前一次课学习的重点词汇：复述目标词和翻译含重点词的短语或句子。在每单元结束后笔者根据所讲词汇，采用连线、短语翻译、听写、句子填空等方式对学生进行测试，并把测试成绩作为形成性评估的一部分计入期末总评成绩。通过多次曝光，加深了学生对目标词的理解及掌握。

4）**利用单词本强化单词学习。**为强化词汇学习效果，笔者向学生说明每日整理所学单词对于记忆的重要性（Gairns & Redman，2009）。在笔者的提议下，学生每人准备了一个单词本，课后对自己当日学到的重点词汇（含课外阅读中的词汇，每日10个）进行总结，整理到单词本上；并记下其中不熟悉的词的音标及释义（英中皆可），同时写出两个例句。笔者还建议学生睡前复习当天所整理的单词。学生在整理单词的过程中，加深了对目标词意义的理解，练习了例句的书写和目标词的使用。

2.2 观察发现与反思

通过这一阶段的调整，学生普遍感觉词汇学习效果明显，他们表示"有规律的复习降低了记忆的难度"。笔者对全书词汇进行了一次期末测试，两个班的及格率分别为57%和66%。虽然看似不高，但是优秀率达到了22%和13%，并且考虑到学生入学时较低的及格率，这样的结果还是很令人欣慰的。不过这次测试也暴露出一些问题：学生对输入性词汇的掌握明显好于输出性词汇，这虽与输入性词汇数量远大于输出性词汇，输入先于输出（Melka，1982）的规律相吻合，但笔者仍有些困惑，比如学生都认识 break up 和 marriage，却翻译不出"婚姻破裂"；认识 benefit (v.) 和 treatment，却翻译不出"受益于这种新疗法"。此外有些重点处理过的目标词，如 determine，head (v.)，exhaust，进行过首次处理并且之后由教师带领复习的次数不少于三次，仍有部分学生掌握得不好。这些问题的出现说明笔者对词汇的输出重视不够，认识上的问题依然存在，认为输入结束后，教师的任务就已完成，其他就是学生自己的事情。实际上，从输入性词汇到输出性词汇的转换是一个相对缓慢的过程，而且可能比新接触单词、能认读出单词更难。在教学环节上，笔者没有创造机会让学生更多接触并使用目标词。

上课前复习重点词、下课前教师带领学生归纳总结以及单词本的使用等方式，较为符合教学规律，比较好地利用了最理想的几个复习时间段，顺应了短时记忆向长时记忆转换的规律（消退理论），也符合文秋芳（2006）对词汇学习的建议，能够较好地帮助学生学习词汇，但是，由于这些复习更多是由教师引领的，学生被动接受的过程较多。每单元结束时的词汇测试，间接督促学生复习所学词汇，增加了目标词的曝光机会，较为符合遗忘规律，但由于有课前课后等多次相对较为密集的复习，测试时学生遗忘的相对较少，但是，在之后较长一段时间保留住这些词汇，直到将它们转为长时记忆的方法仍有可以改进的空间。

单词本的使用增加了学生的阅读量，使他们在更多的语境中学习新词汇，复习旧词汇，这有助于词汇学习（Nelson，2008）。其不足之处在于，由于学生的个体差异，他们课外阅读的内容不尽相同，因此单词本内整理的重点词也有差异，表现出一定的随意性和不准确性，这在某种程度上削弱了单词本的使用效果。如何有效利用单词本，需要教师进一步思考。

问卷调查结果与笔者的猜想基本一致：学生认为教师对目标词的限定以及课堂对词汇的处理方式值得肯定，但词汇量不足仍然是他们学习的最大障碍（78%）。他们希望教师在更大的程度上监督自己（62%），同时增加使用词汇的练习及机会（52%）。

3. 行动干预第二阶段（2012 年 2 月—2012 年 7 月）

3.1 行动设计与实施

从输入性词汇到输出性词汇的转换，是一个漫长的过程，目标词的重复使用能够有效帮助这一转换的实现（Gains & Redman，2009），并且使学习词汇的努力得到最大的回报（Schmitt，1997，转引自 Fan & He，2002）。在这一阶段，为增加学生接触并使用目标词的机会，笔者进行了如下调整，以加快输入性词汇到输出性词汇的转换。

1）**重点词汇自己找**。为了提高学生对目标词的认识能力，在这一阶段，笔者要求学生在预习课文时自己把本单元的重点词汇找出来，教师课前10分钟到教室检查学生的完成情况。在课文讲解时学生结合教师的讲解加深对目标词的理解。此外，笔者把每节课结束前的5分钟时间留给了学生自己，让他们对本节课所学重点词汇进行总结反思，把自己之前找出的重点词与教师课堂讲解的进行比照，比如，我在本节课重点学习了哪些词，其中哪些是重点和难点，哪些相对容易学习。学生在总结时需要写出一两个例句，练习词语的搭配，并在当天课程结束后复习。学生继续保持每次课开始时复习上一次课重点词汇的习惯。

2）强化使用单词本。在上一轮研究中，由于单词本内容较泛，不易于教师检查与监督；此外，学生找不准重点词，降低了词汇学习的成效。在本轮研究中，学生用单词本记录整理的是课内重点词汇，并借单词本练习使用这些词。要求学生整理的具体数量是每天10个本单元学到的重点词汇并附带释义及例句，保证了单词本内的单词确实为需要掌握的重点词汇。单词本可以随身携带，便于复习。

3）测试时间晚一课，测试试题自己出。之前单元测试由教师出题，本轮研究中笔者受同事夏文红老师的启发，逐渐过渡到了让学生分小组出测试题，具体做法是：在单元学习结束后，由出题小组负责出题，之后把出好的试题发给笔者过目，以便笔者对试卷质量进行把关，笔者调整试题之后进行测试。测试范围是教师课堂内处理过的目标词，形式可以多样化，比如连线、短语翻译、选词填空、利用词库单词进行小短文填空等，其中短文填空为必选项，其他为N选二。测试时间调整到了下一单元学完之后。

4）输出性练习不可少。在结束课文学习后，笔者与学生共同寻找本单元相关度较高的词汇及短语，并用它们进行作文练习。比如在Secrets of A Students一文中，笔者让学生找出下列词汇的对应表达：得高分的同学、成绩不好的同学、刻苦用功的同学、尖子生、优秀生、选修课、报名参加等与学校生活密切相关的词汇。学生根据提示编写题目为The Secrets of Popular Students的文章。内容如下：有些同学不是班里的尖子生，考试的时候不一定会拿高分，他们也不是老师眼中的宠儿，却十分受班里同学甚至是学院其他同学的喜爱。他们的秘密就是……并要求学生在作文中使用笔者处理过的重点词汇，如make the most of, cut down on, survive, stick to, hand in等。在学完

The Washing Woman 后，笔者先让学生找出描写人物外貌的词语，继而通过课文对老太太言语行为的描述带领学生总结出描述人物性格的词，并在描写一位无依无靠的自强自立的老人时使用这些词。这些活动增加了学生对目标词的使用机会。

3.2 观察发现与反思

在这一轮的行动研究中，绝大部分同学能够按要求完成各项活动。一位张姓同学跟笔者说：照这种复习规律做，记忆单词非常容易，并且效果很好，感觉表达也不那么难了。这位同学历次单词测试成绩均在90分以上。另一位文姓同学入学时成绩平平，后来一跃到学院的前15%，提前参加并通过了2012年12月份的全国大学英语四级考试。其他大部分同学与之前相比，也有进步，在作文中能写出 The secret to a long-lasting marriage is ... 以及 China has experienced a dramatic increase in the divorce rate. 等令人感到惊喜的句子。他们不仅养成了按期复习，尽早使用目标词的习惯，也因此掌握了更多的重点词汇。不过，笔者注意到，两个班仍有个别同学一直不太能够进入角色，他们的词汇量一直较小，单词测试成绩不理想，课堂活动参与度不高，有时候甚至会缺课。

反思此阶段的改进措施及实施效果，笔者认为以下方面做得较好：首先，教学环节的设计顺应了日复习、周复习以及月复习的规律（Russell，1979；文秋芳，2006）。学生课前寻找重点词，下课前总结课内重点词汇，课后复习所学内容，任务更加明确。测试推迟一课，恰好在学完课文一个月左右进行，这是学生最容易遗忘词汇的时候，在此时进行测试有益于激活之前的记忆。其次，小组合作出题是学生使用目标词的过程，同时合作出题可以使学生在互动合作中，得到同伴的帮助，也得到来自同伴的进一步输入，这种输入与来自于教师的输入同样有效（Williams，2001），有益于二语词汇习得（Lesser，2004）。其次，做同伴出的测试题，也降低了学生的焦虑感，遵循了人本主义所倡导的学习原则（张庆宗，2011）。自己动手环节的增多，一方面增加了目标词的曝光率，同时 learning in doing 的效果明显优于教师直接给出目标词，强化了学生对目标词的习得。第三，限定内容后，避免了学生对重点词汇的判定失误，使目标词更加清晰，单词本的使用更加高效。至于利用本单元重点词汇，或同语域词汇（items associated with ...）练习写作，笔者与学生一直认为此做法值得肯定，可以继续沿用，这从学生及教师的期末课程反思可以得到印证。

　　遗憾的是，由于笔者对学生的个体差异考虑不周，采用了相同的衡量标准，加之部分同学沉溺于网络游戏，通宵不睡，导致这部分同学跟不上学习节奏，进步不明显，进而挫伤了他们的积极性，削弱了学习成效。解决这一问题的关键是制定个性化教学活动及评价方式，以谋求学生的共同进步。

4. 结语

　　通过上述行动研究，笔者切实感到，教师的指导和引领对于词汇教学至关重要，不可或缺；词汇的曝光频率、产出性练习的多少，是影响输入性词汇向输出性词汇转变的重要因素，需要引起教师及学生的足够重视。

　　本研究的不足之处是本次报告只含两个学期的研究，对于第二阶段出现的问题，笔者在第三轮行动研究中，增加了多样化的输出性练习及评价方式以尝试解决。笔者在学生最后一学期的大学英语课堂仍进行不断的调整，具体研究过程及方法，将在另一篇论文中进行报告。

参考文献

Fan, W. F. & J. He. 2002. A multi-level model of English vocabulary teaching. *Teaching English in China* 25: 46-49.

Gains, R. & S. Redman. 2009. *Working with Words: A Guide to Teaching and Learning Vocabulary*. Beijing: Foreign Language Teaching and Research Press.

Gunning, T. 2004. *Creating Literacy for All Children* (5th ed.). Boston: Allyn & Bacon.

Kindle, K. J. 2009. Vocabulary development during read-alouds: Primary practices. *The Reading Teacher* 63(3): 202-211.

Lesser, M. J. 2004. Learner proficiency and focus on form during collaborative dialogue. *Language Teaching Research* 8: 55-81.

Melka, T. F. 1982. Receptive vs. productive vocabulary: A survey. *Interlanguage Studies Bulletin* 6(2): 5-33.

Nation, P. 2007. *Managing Vocabulary Learning*. Beijing: People's Education Press.

Nelson, D. L. 2008. A context-based strategy for teaching vocabulary. *The*

English Journal 97(4): 33-37.

Rogers, T. S. 1969. On measuring vocabulary difficulty: An analysis of item variables in learning Russian-English vocabulary pairs. *International Review of Applied Linguistics* 7: 327-343.

Russell, P. 1979. *The Brain Book*. London: Routledge & Kegan Paul.

Williams, J. 2001. The effectiveness of spontaneous attention to form. *System* 29: 325-340.

文秋芳，2006，《如何提高词汇教学成效》。北京：外语教学与研究出版社。

翟象俊、郑树棠（主编），2007，《21世纪大学英语读写教程（修订版）》。上海：复旦大学出版社。

张庆宗，2011，《外语学与教的心理学原理》。北京：外语教学与研究出版社。

大学英语教学中的词块意识与学习行动研究[1]

夏文红

北京联合大学

提　要：本文旨在通过以词块为中心的词汇教学方法，培养学生的词块意识，引导学生进行词块学习，提高学生的英语学习能力。通过三个周期的以词块为单位的词汇教学行动研究发现，以词块为核心的词汇学习更能激发起学生学习词汇的兴趣。该行动研究对于学生形成词块意识有很大的帮助。由最初学生们不知词块为何物而依赖老师进行归纳总结，逐渐过渡为老师让学生总结词块，最终由学生自觉总结词块；使学生们对于词汇学习有了兴趣和信心，在听说读写过程中都能有意识地以词块为单位进行；提高了学生英语的学习和运用能力，从而证明以词块为核心进行词汇教学不失为一个提高学生英语学习能力的好的教学方法。

关键词：词块意识与学习；大学英语教学；行动研究

1. 引言

　　行动研究在教学过程中既是行动过程，又是研究过程，更是反思过程，正如Stenhouse（1975）所言，教师即研究者。其实教师更是行动者和反思者。Schön（1983）认为，当我们对某一现象产生困惑、不解或者是兴趣的时候，便是反思性教学的开始。而这种反思有两种：在行动中反思和行动后反思。这说明行动研究是一个不断循环往复的螺旋式上升过程。在这一过程中，教师将行动者、研究者和反思者的角色集于一身，同时不断与学生互动，发现问题，制定计划解决问题，实施计划，反思计划以及实施过程中的问题和成果，为进一步的行动研究打下基础。

　　语言学家对语料库进行考察时发现，各类语篇中都存在大量结构

1. 本文属于北京联合大学"教学骨干资助项目"（项目编号：11204561103）的成果。

稳定、语义完整的词块。比如 Erman 和 Warren（2000）发现，语篇中52%—58%的语言都是程式化语言。Lewis（1993）认为语言中包含大量的多词词块。词块是一连串预制的连贯的或不连贯的词或其他意义单位，是语言处理最理想的单位。它整体存储于记忆中，使用时直接提取，无需语法生成和分析（Wray，2002）。这无论对外语学生还是教学者来说都具有重要的意义。把词块作为词汇的单位来教学，符合学生的认知规律。学生无需每天记忆许多枯燥的、意义繁多的单词，还可以避免词汇选择不当、搭配错误、汉语负迁移等问题，提高语言运用的准确度。同时，学生在表达自己的思想时，把注意力由单个词汇转到较长的话语语篇结构，这样有利于提高语言表达的流利度（杨玉晨，1999）。在结合学生的实际情况，认真学习了相关理论之后，笔者认为以词块为单位对学生进行词汇教学和指导，从而培养学生的词块意识，不失为一种能够激发学生学习词汇乃至语言的兴趣的方法。

根据 Anne Burns（2011）提到的循环行动研究模型（如图1所示），笔者进行了三个周期的词块教学行动研究。每个周期根据不同的阶段，不断进行反思，探索新的解决方案，在下一轮行动研究中

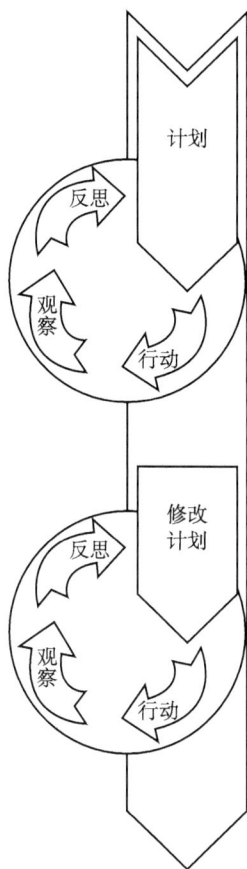

图1　循环行动研究模型

实施，结果大部分学生能够积极主动地进行词块归纳和总结，学生们经常非常得意地向老师展示他们的劳动成果。

下面是笔者以学期为单位进行的三个周期的行动研究。

2. 第一周期行动研究（2011年9月—2011年12月）：以教师为主的词块教学阶段

2.1 对词汇教学的反思

众所周知，词汇是语言的基石。因此每个老师都在努力提高学生们的词

汇量，学生们似乎也苦于因词汇量有限而不能完成大学阶段所需要的阅读任务以及通过相应的考核，更不用说参加一些其他活动。看上去词汇在课堂上受重视的程度得到了提升，但实际上这种词汇教学过程既没有精心挑选的活动，也没有经过老师的尽心设计（Gairns & Redman，2009），造成的结果是无论老师还是学生都在词汇量的拓展上下了很大的功夫，可是却收获寥寥。我在近几年的教学过程中发现学生们在学习过程中遇到的词汇问题不仅仅是词汇量的问题，更重要的是词汇的使用和搭配问题。一方面学生无论在听说还是在读写的过程中，普遍感到听不懂、看不明白、说不出、写不清楚，甚至感到写作的时候无话可说；另一方面表现为读的过程中，即使通篇文章没有生词或者借助词典，学生仍然不知作者在说什么，想要表达的主题是什么。当老师把句子中的几个关键搭配或者特殊用法解讲给学生之后，学生们立刻恍然大悟。这说明学生在积累英语词汇的时候，没有对庞杂的英语单词进行词块化整理，忽略了词与词之间的关联性和整体连贯性。因此，学生记忆的单词就像一盘散沙，用起来不能成为一个有意义的语言单位，学生由此产生挫败感，英语学习的兴趣也降低了。

针对学生们的实际情况，笔者在制定教学计划的时候，对词汇教学的侧重点进行了修改：尽可能扩大有意义的语言输入，将词汇在单个单词的基础上进一步扩大为词组、简单的语法结构等等，结合语境将这些有意义的语言单位作为教学的基本出发点（Willis，1990），把原来侧重单词讲解和记忆的词汇教学改为以词块为单位进行教学，培养学生的词块意识，通过词块的积累培养学生的英语语感。

2.2 制定词汇教学计划

鉴于以前教学中的词汇问题，笔者在为2011级新生的备课过程中，确定了培养学生词块意识，以词块为单位进行词汇教学，进而培养学生语感的教学方案。笔者在第一学期的词汇教学计划中明确要求学生必须记录下来每节课所学到的有用的词块，包括上文中所提到的各种各样有意义的语言片段，只要是学生们认为是新学到的，或者是新激活的词块，都要记录下来。一个单元进行一次单元测验，测验时间控制在15至20分钟，测验内容以本单元所涉及到的词块为主，兼顾前面单元出错率较高的词块。每次测验之后当场让学生一起说出答案，使学生能够及时掌握正确答案，知道哪些地方出错了，及时更正，不至于长期受到错误答案的影响。每次测试的成绩作为平时成绩记录在案，并且在课间让课代表登录成绩，使每个学生当时就可以看到自己的平时成绩，还可以悄悄地和同学做一下对比。学期末要进行所有八个单元相关内容的测试。测试卷由学生出，三个班交叉出题、测验，所以要求学生对每个单元的测试卷和笔记要记录清楚，留做最后复习以及出卷时的参考。

2.3 行动研究与观察

计划制定出来之后，笔者在课上对学生明确提出要求：每人准备一个活页本，用于整理笔记、写作业以及进行测验，作业和测验以活页纸的形式交上来：第一，便于老师携带；第二，便于老师评判；第三，返还给学生之后学生可以再把作业纸放回活页本中保存，以备将来复习巩固之需；第四，一本多用，减轻学生的负担。除了要求学生用笔记记录上课所学到的东西以外，笔者还明确要求学生必须记录下来每节课所学到的有用的词块，以备测验之用。

为了让学生弄清楚什么是词块，笔者首先让学生明确了词块的概念。词块包括的范围很广：它包括各种程式化语言（如 Have a nice day!）、谚语和流行语（如 better late than never, make my day）、习惯用语（如 down in the dumps）、动词词组（如 to get on with, to run out of）、语篇标识词（如 by the way, as a matter of fact）、各种各样的固定搭配和半固定搭配（如 wishful thinking, behind bars）（Leaney，2009），以及各种常用的句子框架和引语（Lewis，1993）。同时强调词块必须是有意义的语言输入，无论几个词组合在一起，它们在语篇中必须有明确的意义，所以在本阶段的课堂语篇教学过程中笔者特别强调词块的归纳，指导学生在阅读英语文章时把自己的注意力由逐个单词转移到较长的话语结构，即词块上来，引导学生在阅读中正确断句。由于英语的词块是语篇功能和语篇意义的结合，这样做有利于学生提高理解语篇的速度和准确性，也有助于学生在阅读中把握文章中语句之间以及段落之间的语义关系，从而掌握文章的脉络，提高学生对篇章的整体掌握。

学生对于词块的概念感到既新鲜又不陌生，因为学生已经学过很多词块，只不过没有使用这一术语而已。比如每个单元的单词表之后都列有 useful expression。笔者告诉学生这是词块的内容之一，但词块不仅仅是这些，它包含了上文提到的各种有意义的语言输入。即使是课后列出的 useful expression 部分，笔者也要求学生们进一步明确它们的用法，比如，在该部分经常出现的搭配中，学生们经常误用 to 的用法，有的 to 后要跟动词原形，有的则要跟名词或者相当于名词的词，有的后面跟二者都可，但意义却完全不同。为了让学生搞清楚这些问题，笔者要求学生在记忆词块时将 useful expression 部分给出的内容进一步扩充，根据课文内容将它们的用法补充完整。比如 be used to 的用法，中学老师就反复强调过，而到大学之后仍有部分学生经常混淆。每次遇到这种情况笔者就趁机进一步强调为什么我们要掌握词块，因为它能帮我们搞清楚语言单位的用法和意义，所以当我们记忆或者遇到 be used to 的时候一定要知道它后面跟的是什么内容，这样才能了解它的意义和用法，这才是我们要掌握的词块，而不仅仅是一个个干巴巴的词组。

词块测试促使学生们在听课学习的过程中认真记笔记，而每次单元测验还涉及到上一个单元甚至上几个单元的内容，这也使学生们在每次的单元测试之后及时改错，不断地复习巩固以前学过的内容，尤其是自己答错过的内容。这样正好遵循了人类的遗忘曲线，因为影响人们记忆储存的一个重要的因素是所记对象出现的频率（Gairns & Redman，2009）。当所记对象出现达到一定的次数之后，所记内容便由短期记忆转化为长期记忆，成为我们记忆库中长期存在的内容。为了保证学生归纳的词块完整和有意义，笔者在上课过程中反复强调所讲语篇中的词块，结合语境分析为什么这几个词在这里这样搭配，而到另一个语境是另外的搭配方式。通过实例讲解，学生了解语篇中哪些词块是语篇的语义逻辑符号，表示上下文之间的各种逻辑关系，是组句成篇的纽带；哪些词块是文章的篇章结构语，可以从这些词块分析出文章的整体结构；哪些词块是表达作者写作意图的意义单位，学生可以借助这些词块了解文章的内容，以及这些词块在其他英语技能中如何使用。

为了避免学生们对测验方式感到枯燥乏味，笔者不断地变换出题方式：词块的英译汉、汉译英，用词块完成句子，词义配对，写出句子中的画线部分的同义词块，以及给出几个学生刚刚学过的相关词块让学生编写小段落，或者阅读与刚刚学过的内容相关的英语短文并找出其中的词块等等。同时也在做题方式上不断翻新：个人完成、结对完成或小组完成。一个学期中要求完成的授课任务是 7 个单元，笔者努力做到使测验中不断有新的题型出现，保证每次测验的题型有两至三种。这样一来，学生每学完一个单元都有期待，因为每个单元过后的测验是一种常态。而为了不打击基础较差的学生的学习积极性，笔者对测验不及格的学生以鼓励为主：只要这样的学生在课下将测验内容写三遍，他们的当次成绩就算及格，记六十分。这样即使那些基础不太好的学生也不会失去学习的积极性。而基础好的学生除了词块的学习、记忆和巩固外，还鼓励他们有兴趣的话可以进一步记忆单词或者寻找更多的词块。由于个别学生基础差或者不擅长记笔记，笔者还鼓励基础好的同学与他们结成对子，课下一起复习总结。这样一来，基础好的同学更有学习积极性和动力，基础较差的学生也不至于无从下手，不知从何学起，从而达到共同进步的目的。

该学期行动研究的最后一步是在课程结束之后、期末考试之前，笔者用了四次课的时间组织学生对这一学期所学过的词块进行了一次总结：第一次课利用一节课45分钟的时间让学生们将七个单元所有测验卷拿出来复习整理，在复习的过程中将自己答错过的，或者是认为容易出错的词块整理出来，以我们一个学期以来测验过的题型为载体，每个同学出一份类似的词块测验卷，题量与我们每次单元测试相当，卷头写上出题人的班级和姓名，同时用另外一张活页纸将自己所出试卷的答案写出来。每一个同学的测试卷和答案笔者都一一验收通过，然后收上试卷并保存。第二次课，笔者将学生们所出的测验卷在所任课的三个班交叉发给不同的学生，让他们写出答案，在卷头写上做题人的姓名和班级，二十分钟后收上来。第三次课将完成后的试卷返给出题人，出题人参照预先准备好的答案给做题人打出一个成绩。最后一次课，每个班的课代表将成绩记录之后，把试卷发给做题人。这个过程涉及到试卷效度的问题。首先，因为题是以前学生做过的，所以只要学生认真出题，题目是不会有什么问题的；其次，个别学生可能态度不够认真。对于这一点，老师要提前做好规定。笔者规定实行出卷人负责制，每份试卷含有二十分的出卷分和判卷分。出卷这一关基本上由老师把好，因为每一份试卷都由老师验收过了。另外笔者还规定如果做题人在做题的过程中发现题目有问题，可以在交卷时提出来，由老师来裁决：如果确是出题人出题错误，扣掉出题人相应的分数；如果是做题人的问题，则做题人该题不得分。

这样几次课下来学生们基本上在不知不觉中把一个学期所学的重点内容复习巩固了一遍。每节课学生们的状态都非常好，有沉思的时候，有翻书查阅的时候，也有和同桌讨论的时候。往往是在不知不觉中规定的时间就过去了。这个时候测验已经不是主要内容也不是笔者的主要目的。显然在准备测试卷的过程中学生已经把本学期学过的主要内容基本掌握了，所以最后的测试中40%的学生成绩在90分以上，同时也仍然有不到5%的学生不及格，不过这几个不及格学生的分数都在55分左右。对于最终结果笔者感觉比较满意。

2.4 成效总结

这次行动研究最大的收益是充分调动了学生英语学习的积极性。一方面，把词块作为词汇记忆的主要单位在大多数学生的学习生涯中尚属首次，另一方面由老师带领学生在语篇学习的过程中进行词块的学习，由于词块与语境的关系非常紧密，学生们不需要死记硬背更多的单词，却发现语篇理解起来容易了，而大部分词块由于是由学生们已经掌握的单词组成的，记忆起来似乎也没有单纯地记单词那么枯燥了，尤其在结合语篇的时候，这些词块的意思也变得好理解了，英语语言的学习似乎都变简单了。学生在阅读或者听力的过程中，经常会遇到没有生词却读不懂或者听不懂的情况，其实主要是因为学生们不会灵活理解这些词汇的意义。即使有时候出现的是词汇的基本意义，学生仍然不能顺利地理解文章的内容。当老师把一个词前后的词组织在一起，将它在该语境中和其他词汇一起所表达的意义告诉学生的时候，学生们立刻恍然大悟：原来在这个语境中要这样理解啊。尤其是把词块学习和掌握程度与平时成绩挂钩的时候，学生们的积极性更高了，每个单元学完以后学生总是很期待单元测验，似乎连测验也不那么令人讨厌了。对学生来说，既掌握了单词，理解了词汇的搭配和用法，学习了知识，又积累了平时成绩，何乐而不为呢。除此之外，学生们还总结了很多词块记忆的小窍门。

3. 第二周期的行动研究（2012年1月—2012年6月）：以学生为主的词块教学阶段

3.1 对第一周期的反思与总结

词汇的记忆是一个需要不断反复的过程，需要大量的课余时间，因此，教学是一个"授人以鱼不如授之以渔"的过程，词汇学习更是如此，老师应该教会学生总结归纳记忆词汇的方法，而不是课上花费大量的时间去帮他们记忆。笔者在整个第一个周期的教学过程中源源不断地把词块从课本的相关内容中总结归纳出来，然后做出PPT并拿到课堂上对学生进行测验，这只不过是做的"授人以鱼"的工作。如果我把这一工作转化为"授之以渔"，逐步教会学生自己去"打渔"，而不是直接"吃鱼"，学生应该会觉得自己的劳动果实更香甜可口，更容易记住。为了避免直接把学生扔进茫茫的知识海洋，令他们无所适从，教师应该逐步放手让学生独立，因为每个单元的重点的词块以及句型结构、篇章结构等等，在文章的讲解分析过程中已经给学生强调过了，如果让学生自己先学习"打渔"的话，正好可以借助课本中的词块总结督促学生更好地记笔记，逐步培养学生自己归纳总结词块的意识，使学生们更加关注词与词之间的搭配关系，同时对于所学过的内容也是一个非常好的归纳总结以及复习的过程，对于学生来说，是一件一举多得的好事。

3.2 制订计划

从第二个学期开始转入词块教学行动研究的第二个周期："授之以渔"。首先仍然沿用第一学期的传统：每人准备一个活页本，要求同上一学期。第二步是分组：因为本学期所讲内容分为八个单元，笔者将每个班的学生分为八个小组，每组4—5人；每组选一名学习成绩较好、能带动组员的学生为组长；每个小组负责一个单元的词块、语法结构的小结，小结以测试的形式制作成PPT，并附电子版答案，在每个单元结束后的两天内学生将测试题和答案发到老师的邮箱。老师检查后反馈给学生组修改，修改无误后，在随后的课堂上进行20分钟左右的随堂单元测试。本着谁出题谁阅卷的原则，每次单元测试由出题小组阅卷并给出相应的分值，计入答题学生的平时成绩。同时要求各个小组做小结时采用"滚雪球"的方式，即后面的单元小结不仅要包含本单元的内容，还要包含前面各个单元中小组成员在测验中答错的内容，或者组员认为容易出错、比较难的内容。第三步，各小组自行决定做哪个单元的小结。

初步要求和安排为：要保证按时提交，以便留出时间给老师进行把关以及返回小组作必要的修改；组长要充分调动组员的积极性，要求人人参与，标明每个组员完成的工作量；测验满分为100分，标出每个部分的分值；判卷过程中要标出每个得分点或者减分点的具体位置；出题小组不参与测验，但每个小组组员得一次出题及阅卷分，总分100分；按时完成出卷工作并且提供答案、分工明确，每个组员得40分；老师把关没有问题，每个组员得20分；阅卷公平合理，老师检查没有发现问题，同学没有异议，每个组员得40分，合计100分。

在征求同学们的意见之后，我们决定把每个班每个组的成果在测验完成之后发到学校的自主学习平台"雅信达"上，并且笔者教授的几个班之间可以共享。这样做的目的一方面是使同学们可以共享资源，另一方面也是希望各个班各个组之间可以互相学习，共同进步，同时还希望激发起学生们的好胜心，使这一活动越办越有活力。

3.3 行动研究

本轮行动研究在课堂上的要求与第一循环周期一样，要求学生继续使用上学期的活页本做好课堂笔记，一方面辅助对课堂重点内容的记忆和巩固，另一方面为课下复习和出卷做好准备。学完第一单元之后，自动化学院负责第一单元的小组发给笔者的PPT出乎意料地完美，无论测试题的质量还是小组成员的分工以及答案，包括视觉效果以及完成时间，都非常令笔者满意。该组组长是个非常优秀的学生，在笔者提出分组并由课代表完成分组，到确定每个小组完成哪个单元，该组进展都非常顺利。正是这个小组主动提出要做第一个单元，并且组长在讲完第一单元A课文之后便迫不及待地交上了他的测试卷，当然是写在纸上的，并且是在课堂上完成的。笔者当场表明这不符合要求，并且借机强调要求，指出他的问题，提示其他组要杜绝类似问题：（1）这显然不是集体智慧的结晶。组长的使命是动员所有组员参与进来，笔者相信任何一个组长都可以单独毫不费力地完成这个任务，但我们设组长的目的不是检验组长的学习能力，而是检验和锻炼组长的协调、组织和沟通能力，以期对组员学习等方面起帮助和提高作用，所以，上交的一定要是集体智慧的结晶；（2）试卷一定要包含本单元的全部重点内容，而不仅仅是A课文的；（3）这份试卷没有体现出以词块为重点，卷面出现了部分单词；（4）要求以电子文本的形式提交，以便师生互动和沟通。该组组长按照要求，在笔者完成第一单元教学之后的周末，组织组员完成了一份非常好的小结。

完成单元测验之后，笔者和同学们分析了该组小结PPT的优点：（1）有完整的形式：第一页标题标明组长是试卷的整合者，第二、三、四页标题标明题型和出题人，正文是题目内容，另附答案；（2）分工明确：组长和组员各有分工，每个成员负责的内容一目了然；（3）PPT页面清楚、干净；
（4）内容上基本涵盖了本单元的主要词块，形式也较丰富。

有了第一单元小结成果的良好开端，后面各班各组也相对比较顺利，他
们不仅继承了上一组的优点，而且各组似乎都不甘示弱，在题型上，或者在
PPT的设计上，总有亮点出现。不仅学生很期待每次的单元测验，笔者都有
些迫不及待地想看到学生们的成果，想要先睹为快。

尽管整体来说各个小组的单元小结测验完成的质量不错，但是通过观察
笔者还是发现如下问题：（1）个别组员没有参与小组活动；（2）测验过程中出
题小组个别成员因不需答题而无所事事；（3）当出现新题型时同学们感到不
适应，得分率较低。针对前两个问题，笔者在第二个单元测验之后采取了如
下措施：完成测验后要求出题小组当堂为大家提供参考答案，不是照本宣科
地读答案，而是对照测试题——提供答案。这样别的同学在参加测试的时候，
出题组的学生忙着复习巩固答案，为给同学们讲解而积极准备。随后新的问
题再次出现：出来给同学们讲解答案的总是每个组学习较好的同学，其他同
学积极性不高。笔者所采取的措施是：从第五单元开始要求各个组员掌握全
部答案，由原来组员主动讲解答案改为由老师随机抽取组员为同学提供答案，
以此强调组员全员参与的必要性和不可回避性。而对于第三个问题则采取情
感认知策略，告诫学生学习词块的目是确切地了解它、征服它，一个词块不
管以何种面目出现，都要能够认清它，最终要能够灵活使用它。同时与学生
切身利益相结合：教材每个单元都给学生提供一种阅读技巧，其中第五单元
课后提供的阅读技巧是关于sense groups，告诉学生以sense groups为单位进行
阅读的读者才是聪明的读者。在讲这一阅读技巧时笔者特地强调了一下为什
么我们学习篇章时不是强调单词而是词块，词块（lexical chunks）实际上和
sense groups是同义词。由于让学生亲眼见到自己老师所实行的方法的根据，
学生对于这种以词块为单位的方法更加有信心，学生的词块意识也得到进一
步加强。

通过一个学期的"行动—观察（发现问题）—调整行动—再观察"的循
环摸索，同学们基本上对于词块有了具体的感受，并且一直维持一种积极性
和兴趣较高的学习状态。

3.4　总结与反思

通过两个周期关于词块教学的行动研究，从最初的不知词块为何物，到

由老师带领进行词块总结，再到第二周期的学生自己进行词块总结和归纳，学生们对于词块学习已经产生了一些兴趣，初步养成了总结归纳词块的意识和习惯。词块输入只是英语学习的一个环节，更重要的是在输入的同时能够进行灵活的输出，也就是具体的应用。这种应用一方面体现在学生在阅读相关文章以及做听力练习时有意识地以词块为单位进行读和听，而不是以单词为单位，如果能做到这一点，就基本上解决了学生阅读或听力中所遇到的没有生词也看不懂或者听不懂语篇的问题；另一方面体现在学生的写作中，如果学生在写作练习中有意识地使用词块而不是孤立地将单词罗列在一起，就可以有效地降低中式英语的出现频率，写出较为地道的英语作文。这需要老师不断地强化学生归纳总结的能力，当输入达到一定的程度之后，输出就水到渠成了。

4. 第三周期的行动研究（2012年7月至今）：学生基本独立的词块教学阶段

4.1 计划和行动

第三个周期计划萌生于第二个周期即将结束时。学生们经过一个学年的练习，对于词块的总结归纳坚持得相当不错，大部分同学都是欣然接受的态度，一些同学更是受益匪浅，颇有收获。为了强化学生已经形成的归纳总结词块的意识和能力，笔者决定在第二个周期所在的学期即将结束的时候，给学生布置一项暑期作业：继续沿用活页本，每个人每天保证记下5个词块，并写下这5个词块所在的句子。这5个词块可以是对本学期或者本学年所学内容的复习巩固，也可以是对自己暑假期间所读的课外资料中词块的总结和归纳，记录50天，共250个词块。同时计划将这一习惯持续到下学期，甚至要鼓励学生一直坚持下去，使其成为学生受益终生的一个学习习惯。

暑期作业任务不是很难完成，主要目的除了本部分开头所提到的以外，还有一个就是促使学生在假期每天接触一点英语，保持一定的语感，维持一定的英语水平，避免开学后学生对英语出现陌生感。这一任务的完成情况开学要检查，并且作为新学期的一项平时成绩记录在案。

学期初进行暑期作业检查，结果三个班99名学生有96名按要求完成了作业，另有两名留级生，他们在新学期开始时由于上一年不及格的科目太多而留到了下一级，但仍然完成了这项作业。有一名学生曾发短信问笔者这项作业是否当真，笔者没有理会，认为布置作业岂能儿戏，这还用问。因为当时该学生没有署名，笔者没有追查该生是不是真的没有写这项作业。另外两名学生英语相对较好，没把这项作业当回事，就没有写。有的学生把每天记录的 5 个词块都写了几遍，与他交流时，他说："我这样就把这几个词块记住了。"这正是笔者布置这项作业的目的，所以在课堂上正面表扬了这位同学的做法，再次强调了笔者布置这项作业的初衷：增强学生的词块意识，使学生学会独立总结词块，了解词汇的搭配和在不同语境中的用法，而不是让他们应付作业。

　　学生完成暑假作业的结果令笔者找到了信心。为了鼓励学生们坚持下去，笔者给学生们简单地算了一下，如果每天坚持记 5 个词块，一年就是将近 2000 个词块，再加上学生原有的词汇量，第二年四级考试的时候，学生的词汇量就基本上符合四级考试的要求。学生们听了这一数字很受鼓舞，兴奋的表情写在脸上。因此，在第一周检查完学生的词块作业之后，笔者首先履行承诺给所有完成作业的同学记下来一次平时成绩，而没有写的几个人则是 0 分。然后布置了新学期的下一项作业：继续以每天 5 个词块的学习量加强词块的学习和巩固，不分节假日，每天不间断地记录，每天上课前或者课间笔者随机检查部分同学的学习量，如果查到哪个同学漏写，则给他减去 2 分，学期末作为一项平时成绩记录。要求每次记录写下日期，便于检查。开始有的同学不习惯写日期，觉得写日期太麻烦，还有的同学觉得写上日期不好看，影响书写的美观。笔者一方面认为他们的想法有道理，另一方面告诉他们写上日期的目的：便于老师检查，省去一个个数的麻烦，毕竟一个班有 30 多个学生，而课间只有 5 分钟的时间，于是学生们都开始按要求写了。可喜的是每次上课前笔者一进教室，同学们立刻围上来交作业，都不用催了。

4.2 观察和反思

　　经过将近三个月的练习，笔者发现词块记录不仅仅是帮助学生学习词汇，还有一个附加的好处：学生的书法水平提高了，字变漂亮了。每天看着学生交上来的作业都是一种享受。同时也发现了新的问题：大部分同学都是在抄写所学课本后面的词组和短语，或者是课堂上老师提到的，很少有学生自己总结归纳新词块；还有的学生在词与词的搭配上出现张冠李戴的现象，比如有个学生在看到句子 Most people mistake quick answers for intelligence. 之后，没有把mistake sth. for sth.作为一个词块归纳出来，而是将answer for记入了自己的词块库，虽然answer for单独作为一个词块是没有问题的。很多同学词块的记忆效果不好，有时笔者会抽查个别同学一两个词块，结果学生回答忘了。原因可能有二：一是学生忙于应付，或者机械地写下来了，却没有记到心里；二是学生记了词块，但老师一问或因紧张或因记忆不牢，而说不上来了。

对于第一种情况笔者鼓励那些准备提前考四级的同学在平时的四级练习中把词块总结下来，逐步过渡到所有同学学会自己总结和归纳。同时带领同学们以他们手里的一课一练作为素材，一起做了两次词块总结练习，指导同学们学会在平时的阅读中总结词块，并且以刚刚提到的句子为例，告诉学生词块的归纳总结和使用不能脱离语境，否则会给理解带来困难，造成误区；第二种情况主要发生在部分同学身上，笔者通过经常性的提问，促使同学们在写的同时用心记忆，有的同学甚至在将作业交上来评阅之前先翻一翻记过的词块，记忆效果有了很大提高。

5. 结语

正如文章开始的行动研究模式所示，行动研究是一个不断循环发展的过程，不是一两个周期可以完成的；词块意识的养成是需要不断强化和巩固的过程，而学生能够准确地定位词块，形成正确的英语语感，则是一个更加长期的过程。所有这一切都说明本次行动研究到此只是一个阶段性的结束，远远没有达到终点，因此笔者在以后的教学过程中将继续强化这一过程。下学期计划将词块的归纳总结与四级考试统练结合起来，作为一项每天必做的任务常抓不懈。这次行动研究的最终目的还是期待学生养成以词块为单位的英语学习习惯。首先是在学习过程中总结归纳词块，最终达到无论是在听说还是在读写的过程中都能做到以英语词块中的语义逻辑符号作为理解和组织语篇的纽带，以词块中的语篇框架语作为把握文章的宏观结构的辅助手段，熟练地借助各种意义词块，实现对英语语言的熟练运用。

参考文献

Burns, A. 2011. *Doing Action Research in English Language Teaching: A Guide for Practitioners*. Beijing: Foreign Language Teaching and Research Press.

Erman, B. & B. Warren. 2000. The idiom principle and the open-choice principle. *Text* 20: 29-62.

Gairns, R. & S. Redman. 2009. *Working with Words—A Guide to Teaching and Learning Vocabulary*. Beijing: Foreign Language Teaching and Research Press.

Leaney, C. 2009. *Dictionary Activities*. Beijing: Foreign Language Teaching and Research Press.

Lewis, M. 1993. *The Lexical Approach*. Hove: Language Teaching Publication.

Schön, D. A. 1983. *The Reflective Practitioner: How Professionals Think in Action*. New York: Basic Books.

Stenhouse, L. 1975. *An Introduction to Curriculum Research and Development*. London: Heinemann.

Willis, D. 1990. *The Lexical Syllabus: A New Approach to Language Teaching*. London: Collins ELT.

Wray, A. 2002. Formulaic language in learner and native speakers. *Language Teaching* 32: 213-231.

杨玉晨，1999，英语词汇的板块性及其对英语教学的启示，《外语界》（3）：24-26。

中国政法大学团队行动研究

教师个人发展与教学团队建设新模式
——中国政法大学大英团队参与"跨校"项目收获与反思

张文娟

中国政法大学/北京外国语大学

1. 简介

中国政法大学大学英语教学小团队有幸作为参与团队之一，参与了中国外语教育研究中心主任文秋芳教授主持的"高校英语教师跨校互动发展团队"项目。该项目始于2011年3月，召集并组建了北京市六所学校大学英语教师团队，引导和帮助教师们采用行动研究的方法，解决课堂实际教学问题，提高教学质量，将教学与科研有效结合，实现教师个人职业发展，促进教师互动发展团队建设。项目历时近两年，分为预热、课堂教学观摩、课堂教学行动研究、行动研究习作写作与评价四个阶段，每个阶段各有侧重，各阶段之间环环紧扣。来自不同高校的一线教师在文秋芳教授的带领和指导下，进行课堂教学观摩，聚焦教学问题，开展行动研究，探索解决教学难题的有效途径，分享教学成果，并最终形成论文。

我校十名一线大学英语教师积极报名并参与了该项目，专业的指导和精心的活动设计让教师们收获颇丰。期间各成员积极参与了每月一次由文秋芳老师主持的跨校活动、每月两次的校内大英团队活动，并积极录制教学录像、撰写反思日志、阅读教学理论方面的书籍并撰写教学研究论文。教师们的教学能力、科研能力和反思、合作能力得到了锻炼，并有了明显进步，一支具有一定业务能力和科研意识的大学英语教学团队正逐步形成。

项目开展之时，正值我校被批准为教育部第三批大学英语教学改革示范点院校之一，大学英语教学随之从"通用英语"向"通用学术英语"教学过渡。改革初期，能借助"高校英语教师跨校互动发展团队"项目的春风，提高教师团队整体素质、改善课堂教学效果，是我校大学英语教学改革示范点建设的一大幸事。

2. 大学英语教学的困境与我校大学英语教学的实际情况

2.1 学生："我需要满意的英语课堂！"

为提高教学效果，满足新时期对人才培养目标的要求，我校大学英语教研室积极响应教育部改革号召。在前两次的改革实践中，我们将多媒体引入课堂，并建立了语言实验室，注重培养学生的自主学习能力，改变了以教师为主的单一课堂教学模式；并在此基础上，实现了分级教学，满足不同语言水平学生的不同要求；为进一步实现个性化教学，教研室选用优质教材，用"读写译"与"视听说"两门课程取代了以往笼统的"综合英语"课程，满足学生不同语言技能训练的需求。大学英语课程同所有全新的课程一样，采用选课制度，敦促教师提高教学质量。这些改革举措，激发了教师的教学热情，满足了不同学生的要求，在一定的程度上提升了大学英语的教学质量。

然而，随着新时期人才培养目标的改变和学生入校水平的提升，学生对课堂的期待越来越高。不断出台的教改方针并不能为教师的课堂教学提供实际的指导，先进的教学理念也很难直接服务于课堂教学。大学英语教改过分强调对高科技、多媒体的应用，却忽视了课堂教学本身。

无论大学英语的改革何去何从，都离不开对课堂教学这一教学实践环节的探讨，而课堂教学的有效性正是改革成功与否的关键。可惜的是，无论是政策层面还是实践层面，对广大一线教师的课堂教学的关注度却很低；教学考核和教学评比也往往以偏概全，不能解决教学实践问题。

2.2 学校："我们需要一支业务能力强的教学团队，我们要看到教学效果！"

2011年3月份我校被批准为教育部第三批大英教改示范点院校之一，肩负起大学英语改革途径探索的使命，贯彻以内容为依托的教学法理念。以法学学术英语为教学内容，以培养学生的通用学术能力为目标的教学模式随之确立，以服务国际化建校目标和满足新时期对人才外语能力培养的需求。然而，教学目标的转变——从通用英语（EGP）的技能训练到学术英语（EAP）能力培养——无疑对一直处于EGP教学模式下的教师提出了巨大的挑战。作为教学活动的引导者和组织者，教师必须适应新的教学理念，探索有效的课堂教学手段和教学方法，同时引导学生运用有效的学习策略，克服焦虑等负面情感体验，在提高语言能力的同时，培养基础学术能力。

万变不离课堂，贯彻新的教学理念、实现教改目标，都必须立足于课堂。教改初期，急需一支业务精湛，能驾驭课堂、解决实际问题、勇于探索、乐意合作的教学团队。这支队伍必须立足于教学实践，探索有效的教学手段和方法。

2.3 教师："谁关注我的成长？"

渴望提高和发展是现今中青年大学英语教师的普遍愿望，很多教师不甘心当一个"工匠型"的外语教师，在承担繁重的教学工作的同时，不遗余力地谋求出路。为鼓励青年教师的发展进步，学校和学院在晋级晋职、教学科研考核、项目申报等方面予以关照，并对青年教师的科研成果、优秀论文进行奖励，支持青年教师攻读学位、参加岗位培训、参加国际国内学术会议、参加教学评比等。然而，读研读博、出国深造的机会毕竟不多，理论书籍往往又与课堂教学脱节，科研项目和课题申报机会并不能满足广大教师的需求，教学和科研少有专家引领，教学比赛也不同于真正的课堂教学。在这样的前提下，课堂教学主要靠教师自己的经验摸索，对教学质量的追求也主要依赖教师个人的责任心。屡次的教学改革强调学习者的中心地位，却忽视了教师这一教学主体的成长与发展。

教学与科研同步、教学相长是教师最自然的职业发展出路。然而，教学与科研的严重脱节往往让一线教师看不到出路，认为科研对教学的帮助不大，很多教师体会不到科研的乐趣，体验不到职业幸福感和成就感。

从教师角度来看，一方面，教师入职前的研究方向往往不能直接服务于课堂教学，不能解决课堂教学的实际问题；另一方面，政策虽然鼓励教师进行科研工作，然而研究课题往往与教学实践脱节。以我校参与该"跨校"项目的十位成员为例，其中教龄为六至九年的有七位，均为获硕士学位的中青年教师，硕士期间的研究课题涉及语言学、文学、翻译学及跨文化交际等领域。虽然课堂教学或多或少受益于当时的学位研究方向，但研究课题与实际的课堂教学内容相差较远，并不能解决实际的教学问题。入职以来，对课堂有效性的探讨仅仅限于课下自主讨论，接受语言教学专家指导、参加岗位培训的机会并不多。

对课堂教学进行关注和研究，是提高大学英语教学质量的根本，也是广大一线教师职业发展的途径。近年来，青年教师已成为大学英语教学的主力军，追求发展进步不仅仅关系到教师自身的职业发展，也关系到大学英语教学事业的未来。如何改进教学并不断提高教学质量？如何在日复一日的教学中谋求自己的职业发展并获得满意的职业体验？这是困扰很多英语教师的问题。

3. 参与"跨校"项目的收获和成果

六校英语教学团队在文秋芳教授的带领下，组成了开放的"跨校团队"，观摩和分析课堂、探讨解决课堂实际问题的方法、分享交流教学经验，并在此基础上汇报和评价各校代表的行动研究计划，在文老师的指导下展开行动研究，撰写行动研究论文。

项目分为四个阶段：（1）2011年3月至6月为预热阶段。在这一阶段，我们听取了几位参与文老师前期行动研究项目教师对项目的体会和收获，明确了项目要求、项目安排和目标，并开展校本活动，录制课堂教学录像，展开互评。（2）2011年9月至12月以课堂教学为主。这一阶段，各校代表分主题展示课堂录像，同行观摩互评，文老师指导点评；活动后撰写反思日记，阅读理论书籍，为下一议题做准备。（3）2012年2月至6月，课堂教学与行动研究并重，每次活动观摩一次教学录像，听取一位代表的行动研究计划。（4）2012年9月至12月，以行动研究为主。在这一阶段阅读和学习行动研究论文，撰写行动研究论文草稿，接受同行评价和文老师指导。

在该项目的引导下，教师们将行动研究方法带入课堂，在微观的课堂上发现和聚焦问题，向同行和专家请教，阅读相关文献资料，有理有据地解决课堂实际教学问题。教师不仅提高了教学质量，而且将教学与科研有效结合，实现教师个人职业发展，同时促进了教师互动发展团队建设。

3.1 教师的课堂教学能力和解决实际教学问题的能力得到提高

在项目的第二、三阶段，文老师带领大家观摩和评价同行的课堂录像，并做出精彩的点评。议题既囊括微观的课堂活动，如"对子活动"、"词汇教学"、"课堂导入环节"、"口头报告"等，又有某一门课程的宏观教学安排和授课方法，如"听力课教学"、"演讲课的开设"等。在教学观摩和讨论环节，教师们发表自己的意见并听取了文老师的精彩点评和指导，不仅分享了宝贵的教学经验，同时也慢慢改变了以往认为"教学凭经验，理论无用"的错误观念。文老师的点评和指导将理论巧妙地植入微观的课堂教学，再深入浅出地提出可行的教学方法或解决方案，往往能激发教师们对问题的深入思考，非常具有启示性。

教师的课堂教学能力的提升除了得益于文老师对实际课堂的指导和点评，还得益于文老师对行动研究方法的指导。项目期间，教师们提交自己的行动研究计划，得到专家和同行的建议和支持，在自己的课堂实施，锻炼了行动研究能力，提升了解决实际教学问题的水平。

我们知道，任何理论研究都离不开实践，而教学与科研严重脱节是现今外语教育教学领域的一大困境。教学理论越是精深、科研成果越是丰富，教师的主体作用越需要发挥和体现。如何有效解决教学问题，往往需要一线教师将理论用于实践，在教学实践中摸索。学习精深的理论和科研成果，并将其应用于一线教学、解决教学中的难题，是摆在一线教师面前的一道难题，教师们因为缺乏经验和指导，往往很难做到。"跨校"项目指引教师采用行动研究的方法，对他们想要改进、发展、探索的领域主动地展开研究。教师将自己日常的课堂教学作为研究对象，直指自己渴望解决的教学难题，不断地发现问题、解决问题来改进自身的教学，达到满意的教学效果。教师既是行动者，又是研究者，研究的目的就是改进教学，并通过反思，更好地理解教学。

对课堂教学环节的精彩点评、理论指导，以及行动研究方法的推介和指导，提高了一线教师的教学能力和解决实际教学问题的能力，同时激发了教师思考具体教学问题、反思教学的能力。

3.2 教师的科研意识增强，科研能力得到了锻炼和提高

"行动研究"首先由社会心理学家Kurt Lewin提出，20世纪50年代在哥伦比亚大学教育学院院长Stephen Corey的推动下被应用于教育界。但在我国高校外语界出现的时间比较短，可以说，行动研究是中国外语教学和研究界的一颗"新星"。行动研究是对特定环境中特定问题的研究，是就复杂的教育环境中某一具体问题的研究，目的是改善现状，实现变革，不依赖于晦涩的理论和精确的数据分析，对成效的评价也不依赖于精确的数据分析（Hopkins, 1985），甚至可以通过观察、交流、访谈等主观手段得出评价。

行动研究的简易性和成效性决定了它在外语教学中的可行性和适用性。行动研究将教学实践与研究融为一体，研究的问题直接来源于教师的教学实践，研究的成果又直接应用于教学当中（孟圆，2011）。较之传统教学研究，行动研究更具有现实意义，更注重成效，操作也更简便。

2012年9月始进入项目深入阶段，与前一阶段不同的是这一阶段增加了行动研究的内容，围绕行动研究的选题和设计展开。在文秋芳教授的指导下，教师们系统学习了行动研究的概念，了解了行动研究的过程，阅读了行动研究的论文，并通过生动的案例，掌握了运用行动研究进行科研的方法。项目期间，六校教师代表在文老师的指导下汇报了近20项行动研究计划，包括写作教学、听力教学、学生口头汇报指导等。这些选题直接来自于课堂，比如听力教学，问题包括"如何在有限的课堂时间内提高学生的听力？"、"如何将课堂与自主学习相结合？"、"听力是靠练还是靠听力技巧的训练？"、"教师怎样为学生搭好脚手架？"等。除了经验探讨，文老师指导教师们有理有据地开展行动研究，并对教师们自行拟定的行动研究计划予以指导和鼓励。结项前，我校共提交了3篇行动研究论文，并得到专家和同行的肯定和指导。

行动研究的课堂实践和行动研究论文的撰写，不仅提高了教师们的教学能力，同时也提高了他们的科研意识和能力，包括反思教学的能力、文献查阅能力、学术论文写作能力等。

3.3 组建了一支大学英语课堂教学合作团队，形成了开放的学习共同体

在项目的指引下，我校组建了一支互助合作的大学英语团队，团队成员均为我校一线大学英语教师，教龄、职称、学历囊括老中青三代。除了每月一次的跨校活动，团队积极响应项目号召，紧跟项目步伐，录制了9个主题的课堂录像，进行了小组观摩讨论、课堂相互观摩、组内文献共享阅读；在项目深入阶段，小组成员互相听取行动研究计划，互助完善研究方案，共享行动研究成果，并共同修改行动研究论文草稿。

组建一支互助合作、欣欣向荣的团队，在我校大学英语教学改革初期意义重大。将行动研究带入课堂，聚焦教改中的难点、疑点，共同研究和解决课堂中的难题，有利于教学改革实践的顺利开展。行动研究小组成员中，有三位教师承担了大学英语课程改革后的"法学英语（一）"的教学任务。行

动研究小组成员多次利用集体备课时机，与其他任课教师共同探讨新课改方案实施后的主要问题，并借行动研究小组的力量，在课改初期带领任课教师将行动研究的方法带入课堂，以自愿的原则，形成开放的学习共同体，通过相互学习与借鉴，提供解决问题的对策。

将课堂教学与科研紧密结合，是行动研究不同于其他理论研究的特点。开放、合作的学习团队的建设不仅为教学改革的顺利进行提供了一定的保障，同时也促进了教师的共同发展。行动研究小组以行动研究为契机，阅读文献、撰写论文、资源共享、互助合作、共同进步，不仅提高了科研意识，科研能力也得到了锻炼，认为教学理论与实践"分家"的错误观念悄然改变。

3.4　增加了校际交往与合作的机会，扩大了教学和研究的视野

项目凝聚了六所高校的骨干教师，来自不同高校的一线教师们共同协作，采用共同的和差异化的视角，解决教学难题。在文老师的带领下，大家乐意分享自己的教学录像，善于发现别人教学的闪光点，学会以专业方式给别人提出改进教学的建议，互相学习借鉴，互通有无，好点子、好方法被及时应用于课堂，业务能力大大提高。

项目为六所高校提供了交流合作的机会，大家述说和分担教学难题、分享教学经验成果，得到专家的肯定和指点，这不仅使教师们扩大了教研视野，提高了业务水平，同时也通过分享交流，获得了美好的职业体验，感受到强烈的归属感和成就感。

4. 启示

4.1　教学改革应立足课堂，重视课堂教学与研究

在过去的几十年间，我国的大学英语教学取得了很大的成就。然而，随着社会需求和教育环境的改变以及各校人才培养目标的变革，我国大学英语教学的弊端早已被专家学者洞悉（刘润清等，2002；王守仁等，2011；文秋芳，2012）。近年来，大学英语教学改革的呼声不断，学术界对此的讨论也不绝于耳。与此同时，国外的教学理论不断被引进，各种教学方法、手段、模式层出不穷，我国的大学英语教学研究也如火如荼地展开。

然而，无论是教学理论还是教学政策，都不能忽视对课堂教学这一教

学实践环节的探讨。课堂教学的有效性，应该既是手段也是目标。鼓励教师将微观的课堂作为研究对象，将课堂教学的有效性作为追求目标，不断发现、研究和解决教学中的实际问题，使学生从中受益，是教育工作者和领导人不可推卸的责任。

4.2 行动研究是高校教师在职发展的新途径

"教师发展"是近年来教育教学领域的热门话题。高校教师的职业发展大致侧重两个层面：一是教学能力的提高，二是必要的科研能力。行动研究以语言学和语言教学为理论背景，以教师的教学和自觉的研究为依托，是高校英语教师改进教学实践、提高科研能力、提升外语教师专业化能力的重要手段（文秋芳，2011）。

教师是行动研究的主体，研究的对象是教师自身、教师的教学、学生、教材和教法。研究问题来源于教学实践。教师自觉地聚焦问题，提出可行性方案，实施方案，评价方案成效，再重新发现问题，循环往复，教学相长。教师积极的行动研究，是以教学实践为基础，一方面对自己每天进行的教学活动进行反思，使自己对教学有更好的理解和驾驭；另一方面，是从日常的真实教学中挖掘研究方向，进行理论学习，促成科研成果，反过来促进教学实践。简言之，行动研究聚焦于教师迫切需要解决的教学问题。教师既是行动研究的主体，又是行动研究的对象，使教学和研究融为一体，既改进了教学，又提高了教师的科研能力，促进教师的职业发展。

4.3 大英教学团队建设十分必要

大学英语教师的教学任务普遍较重，教师疲于应付教学工作，很难也无暇顾及科研与自身的提高，容易被动地充当"工匠型"的外语教师；很多青年教师虽然不满足于教学现状，对职业发展有强烈的诉求，但因为之前的研究方向与教学相差较远，又缺乏专家指导，对教学和科研的结合往往一筹莫展。日复一日、年复一年的上课、下课很容易将教学变成重复劳动，使教学变得单调乏味。建立互助合作的团队，带领教师研究和改进自己的课堂，适时给予专业的指导，提高教学和理论水平，可以让教师们体验教学和科研的成功，给教师带来成就感和幸福感，有利于教师的职业发展。

　　教师以行动研究为契机，在团队合作中互相学习借鉴，积极改进教学方法和手段，提高课堂教学的有效性，增强课堂教学的热情，可以更好地发挥教师的潜力。打造一支业务精湛、能解决实际教学问题、有科研能力的主力军，可以更好地服务于教学和人才培养目标。

参考文献

Hopkins, D. 1985. *A Teacher's Guide to Classroom Research*. Milton Keynes: Open University Press.

刘润清、陈国华，2002，高校英语教学改革笔谈，《外语教学与研究》（6）。

孟圆，2011，科技蕴希望，行动有研究——访世界应用语言学大会国际学术委员会委员 Anne Burns教授，http: //www.aila2011.org/newsdetails.asp? icntno=230062（2012年2月10日读取）。

王蔷，2002，《英语教师行动研究》。北京：外语教学与研究出版社。

王守仁、王海啸，2011，我国高校大学英语教学现状调查及大学英语教学改革与发展，《中国外语》（5）：4–17。

文秋芳，2011，《英语教学中的行动研究方法》导读。载Anne Burns（著），《英语教学中的行动研究方法》。北京：外语教学与研究出版社。vii–xiv。

打破应试教学的藩篱，提高大学生英语写作水平

——一项基于课堂教学的行动研究

张文娟

中国政法大学/北京外国语大学

提　要： 本文是一项为提高学生英语写作水平而进行的行动研究的报告。在以往的大学英语写作教学中，笔者曾采用考前培训的方式帮助学生顺利通过大学英语四、六级考试和研究生入学英语考试，但连续两年参加作文阅卷的经验使笔者发现了应试教学的明显弊端。为了彻底打破应试教育的藩篱，笔者采用了"三阶段各有侧重"的行动研究方案，即第一学期侧重写作兴趣的提高；第二学期侧重语言质量的改进；第三学期侧重思维深度与广度的拓展。实践证明，不同阶段聚焦解决不同问题的行动研究方案能收到较好的成效。

关键词： 二语写作教学；大学英语；行动研究

1. 引言

写作作为最能体现英语综合应用能力和语言水平的语言产出活动，是"听、说、读、写"四项技能中最难掌握的一项，也是我国大学英语教学最为薄弱的环节。《大学英语课程教学要求》中对写作教学提出了一般要求、较高要求和更高要求。然而，从课堂教学的结果来看，我国大学英语写作教学的成果并不显著，学生的写作水平与各高校的培养目标和期待相去甚远，多数学生对写作过程呈负面的焦虑态度，回避行为接近高焦虑值（郭燕、秦晓晴，2009）。

在过去六年的大学英语教学中，笔者也发现了同样的问题。笔者所在的学校为教育部直属的全国重点大学、国家"211工程"重点建设高校，学生

入校前的英语水平在全国的高校中应处于较高水平。然而在"大学英语综合课程"（为第一、二学年的学生开设）的教学实践中，笔者发现学生的写作水平并不如人意，在语言表达、谋篇布局和观点深度上都有待提高。一些同行的综合课程往往以"读"为主、兼顾"听说"，而"写"的教学仅限于给学生布置写作任务，再由老师批改作文或者让学生互评，写作教学并没有真正被纳入到日常教学之中。

在对学生的访谈中，笔者了解到学生在高中阶段很少练习写作，为了应付高考，教师对学生的写作要求很"低"：不写错词，不犯语法错误，避免扣分即可。进入大学后，很多学生为了应付大学英语四、六级考试，或参加考前培训班，或购买"速成宝典"，机械背诵例文和句子。在四、六级考试前夕，很多教师发现学生对常规课堂教学失去兴趣，将重点转移到四、六级考试的突击准备中。为了帮助学生在四、六级考试中取得优异成绩，教师往往也将教学重点转移到对学生的四、六级考前辅导上。

在以前的教学中，笔者也曾采用考前培训的方式帮助学生"速成"，包括收集往年真题，归纳作文题型、讲解三段论"套路"，帮助学生记忆过渡句、背诵例文、突击练笔，甚至帮助学生预测作文题。

2. 问题分析与反思

这些考前突击手段让学生在短期内掌握四级考试作文题的套路，似乎很有效果。然而，连续两年参加全国大学英语四级笔试和本校研究生入学考试作文部分的阅卷后，笔者深刻体会到应试教学的弊病：部分学生的作文千篇一律地使用 Every coin has two sides 和 with the development of ... 等表达，滥用连词或连接句、套用例句、论证无力、无新意。在对以往所教的学生进行追踪调查后，笔者了解到，虽然顺利地通过了考试，但学生的写作水平并没有真正提高，对写作仍提不起兴趣，写出的文章也没有深度。

反思自己以往的教学，笔者意识到考前突击绝不是捷径，写作教学要取得成果绝不是一朝一夕的事情；要真正提高学生的写作水平，必须打破应试教学的藩篱，将写作教学融入到日常的教学当中。

3. 问题聚焦与行动方案的制定

通过不断观察和经验总结，笔者发现，要真正提高大学生的英语写作水平，必须直面写作教学中的三大问题：

（1）学生对写作重要性的认识不足，且害怕写作。在每个学年开学后的前两周，笔者会在新生班做一次问卷调查，了解学生在高中阶段的英语学习情况、学习策略以及对大学英语教学的期待。笔者发现，多数学生表示在大学阶段最迫切希望"提高听说能力"，虽然有部分学生对自己的写作能力的评价为"一般"或"较差"，但几乎无人提到"希望加强写作能力的训练"，这让笔者费解。在进一步的访谈中，笔者得到了一些啼笑皆非的回答："只喜欢做选择题，害怕写作，也不喜欢上写作课"，"语言积累到一定程度就自然写出来了"，"考试时一逼作文就会出来的"，"写作阅卷时老师也不会细看吧，字数够应该就能及格"。这些有一定代表性的回答反映了学生明显的应试思维和对写作的回避态度。

（2）语言产出机会少，写作水平不高。高中阶段，学生虽然海量做题，但他们往往习惯做为机器阅卷而设计的词汇选择和阅读理解题，而很少有机会进行语言书面产出练习。从以往学生的习作看，学生的英语写作水平不高，习作中往往充斥着语言错误，词汇贫乏，句式单一。

（3）学生习作缺乏广度和深度。学生往往习惯于"命题＋提纲"的四级作文题型，一旦脱离提纲，习作往往只重形式而轻内容，言之无物，空洞无力。

根据以往的教学经验，笔者决定针对以上三大问题，在"大学英语"课堂教学中，有意识地采用"分三步走"的行动计划，对2008级新生的写作教学开展行动干预，历时三个学期：

第一步，让学生初尝写作，激发写作热情，建立成就感，降低写作焦虑；

第二步，将写作教学融入阅读、听说教学中，以读、说促写，以写促学，提高语言水平；

第三步，锻炼学生的思辨能力和创造性思维，让学生的写作有思想、有深度。

需要说明的是，尽管这三个行动干预阶段的侧重点不同，但并不是截然分开的，每一阶段的问题都不可能穷尽，但"分阶段、有重点"地解决主要矛盾的行动方案，更便于解决问题，事半功倍；行动干预的三个阶段相辅相成，以循序渐进地帮助学生提高写作水平。

现将行动研究的过程汇报如下。

4. 第一阶段：消除写作恐惧感

4.1 行动设计与实施

大量研究表明，学习者的情感态度是影响第二语言习得成败的关键（Brown，2000；Ellis，1994）。而学生对写作和写作教学的回避正是学生写作焦虑的体现。通过观察，笔者发现学生对写作的回避主要有三个方面的原因：一是应试教学导致的惰性，只爱做选择题，不爱进行有创造性的写作；二是写作时不知道如何下笔，感到恐慌；三是担心写出的习作不够好，信心不足。因此，笔者针对学生的负面情感因素，将帮助学生打破应试思维的桎梏、建立写作信心作为行动研究第一阶段的重点。

1）晓之以理，重视写作

在开学后的第一周，笔者通过问卷调查初步了解了新生的学习态度、动机和学习策略后，向学生强调了语言输出对语言学习的重要性。Swain（1995）认为，给第二语言习得者提供语言输出的机会可以促使学习者有意识地认识到语言困难和问题，以及注意目的语领域内的未知知识，并使他们在语言使用中不断进行假设验证，从而丰富语言，提高交际能力。写作不仅是一种技能，更是一种自主的语言学习过程。在强调写作对语言学习的重要性后，笔者又和学生讨论了未来的职业去向和英语各项技能在未来学习和职场中的作用，在情感上引导学生正确对待语言学习和技能训练，打破语言学习的应试思维，重视写作训练。

2）小试牛刀，真情实感

在完成一个单元的阅读教学后，笔者决定让学生们小试牛刀，初试写作。在布置写作任务时，笔者刻意避开生僻的、学生畏惧的话题，选取和阅读课文主题相同的题目：An Important Person in My Life，要求写记叙文，记真实的人和事，字数不限。第四周笔者读到了学生的习作，不出所料，大多数学生将父亲或母亲作为了写作对象，习作中出现了很多的语法和语用错误，但情真意切。这一次的作文批改，笔者刻意不做"法官"，只作为阅读者，尽量少作修改。只在精彩的句子或感人的段落上作标记表示赞叹，并在习作后给出批注，在批注中采用了 impressive、touching 等词表达对作文的欣赏，或者直接评价所写人物的伟大、无私，告诉习作者 You are so lucky to have such a great mom! 等。作文下发时，笔者对优秀习作作者提出口头表扬，并将习作中的精彩句子或感人段落作必要修改后制成幻灯片，在课堂上展示；个别优秀的习作，则在课堂通篇朗读。这一堂语言课，几乎变成了亲情教育课。受到同学习作的感染，许多学生眼里含着泪花。

3）选好话题，秀出观点

按计划，学生每三周写一篇习作。为了不打击学生的写作积极性，笔者在布置写作任务时，充分考虑题目的难易度、学生的兴趣和话题的即时性。让学生小试牛刀后，笔者尝试给学生布置"观点类"的作文题，选取贴近学生生活的话题——大学生的婚恋问题，并提供了报刊材料："教育部对在校大学生能否结婚不再作限制：只要符合《婚姻法》和《婚姻登记条例》，大学生就可以结婚。有人认为这是一种进步，是人道主义的体现；有人认为必将带来社会问题，家长和老师表示担忧。"要求学生根据这一话题写一篇文章，字数不限，题目自拟。布置任务时，笔者对这一规定作了简单解释，对其中的生词和表达给出提示（如《婚姻法》、"规定"等），并在课堂上开展了5分钟的小组讨论，让同学们各抒己见，但教师刻意不作总结。

有了第一次写作的经验，这一次的作文质量有了较大提高，最显著的特点是文章普遍变长了。可喜的是，笔者在其中发现了一些形式新颖的习作，比如有一篇习作模仿报刊新闻专题报道的形式，用故事作为开篇，先讲述两个大学生在校婚恋的故事以及他们面临的经济压力、住宿问题、学业影响等，之后展开评论，论证自己的观点："Getting married on campus is a right of an adult, however, it would bring about unexpected troubles. We should think twice before we make the decision." 当然，笔者在一篇篇的习作中也发现了很多问题，除了语法和表达错误外，学生习作还存在另一个问题：观点不明确，逻辑混乱。习作者在反复的"忽左忽右"的论证中并没有给出自己的观点。

4）正面评价，建立信心

对这篇习作的批改，笔者仍采用前一次的批阅方法，对精彩语句作标记，少作词汇和表达上的修改，尽可能给出正面评价，评价的重点放在通篇的结构布局和作者的论点和论据上，评注采用 I can't agree more! Yes, you are right here! You are a thinker! 等等，目的是让学生建立写作信心，体验写作的成就感。

针对学生习作中观点不明确的问题，笔者并没有在批改时直接指出问题，而是复印了三篇学生习作，其中包括一篇论点不甚明确的习作、一篇三段论式的优秀习作和一篇形式新颖的习作，在课堂上供学生阅读和讨论，让学生评出最喜欢的习作，说明喜欢的原因，间接引导学生，让学生明白在写作中要做到"论点明确，论据充分，结构合理"，同时鼓励学生打破传统的三段论式写作模式，向报刊等媒体学习写作。此外，对于三篇中较差的一篇习作，笔者特意选用其他平行班的习作，避免挫伤学生积极性。

三周一篇习作的惯例一直在持续，在布置写作任务时，笔者充分考虑题目的难易度、学生的兴趣以及话题的即时性。如果话题较难，笔者往往先让学生在课堂上展开讨论，再布置写作任务；在批改、反馈时，尽量作正面评价，推荐优秀习作，鼓励创新。

4.2 观察与发现

在初期的行动干预后，学生的写作热情大大提高，几乎全体学生都能认真完成写作任务，并期待教师点评；同时，笔者发现，通过几次有效的写作练习和课堂反馈，学生愿意参与话题的讨论，并积极思考，乐于说出自己的观点，课堂活跃，写作兴趣高涨。

第一学期结束前的最后一周，笔者再次设计问卷，收集学生的反馈信息。在回答问卷最后两个开放式问题（1. 你觉得本学期的英语学习是否有进步，哪些方面进步了？ 2. 对老师的教学你有什么好的建议？）时，有近一半的学生提到在英语写作上的进步，如有学生写道："原来写作能这么有意思，感觉写作就是在和老师对话交流，谢谢老师的认真批改"，还有学生写道："以前觉得自己的写作不错，写120字没有问题，现在才发现同学们的写作好棒，好感人，追了……"

4.3 反思

这一阶段的成果比较显著，最突出的表现是学生写作态度的改变，绝大多数学生乐于接受每三周一篇习作的写作任务，并能认真完成，写作的字数明显增多，在写作中能够融入真情实感，期待和老师的书面交流。在没有留写作任务的情况下，笔者也不时地收到学生上交的作文，并被要求批改和反馈。尽管笔者在这一阶段对作文批改采用鼓励原则，对语言表达不作苛求，但笔者发现，学生的习作中普遍存在词汇贫乏、句式单一、表达空洞的问题；学生不善于使用过渡短语，遣词造句时往往采用中文思维，语言错误频繁，明显受母语负迁移的影响。这说明学生的语言运用准确性和丰富性还有待提高。

5. 行动干预第二阶段：将写作教学融入日常课堂教学，提高学生语言水平

5.1　行动设计与实施

　　写作是一种语言输出，是英语应用能力的一种体现。语言输出依赖语言的有效输入，同时也检验语言输入的效果。同时，写作也是一种自主的语言学习过程，有助于学习者检验句法结构和词语的使用，促进语言运用的自动化，有效达到语言习得的目的（王初明等，2000）。因此，笔者决定在行动干预的第二个阶段将写作教学融入到日常的教学之中，除进行语言训练、专题讲解外，帮助学生以阅读促进写作、以写作来促进语言的学习。

　　1）以读促写，以写促学

　　写作作为一种重要的语言技能，是习作者语言功底和综合应用能力的体现。只有将写作融入到日常的教学中，注重输入的有效性，及时、反复地进行语言操练和运用，才能提高学生的语言基本功，从根本上提高学生的写作水平。Krashen（1995）提出的"可理解性输入假说"认为，决定外语习得的关键是接触大量可理解的、又有关联的目的语。将Krashen的输入假说和Swain的输出假说相结合，引入到写作教学实践中，就是读（听）与写（说）的结合。

　　在实际操作中，笔者在精读和泛读课上有意识地引导学生以读促写。根据阅读材料的特点，要么从逻辑结构、主题句、过渡句等宏观角度引导学生探索名篇佳作的谋篇布局；要么从语言表达的角度欣赏精彩句子或段落。写作任务的布置往往也以阅读题材或体裁为参照，或改写或摹写。

　　除了对课本的把握外，笔者向学生推荐英文经典文学著作（选取易于理解和贴近生活的长篇、短篇小说集或者经典的电影剧本），要求学生加大课外阅读量，"沉浸"于地道的英文表达，期末以"口头汇报"的形式向同学介绍作品，谈阅读感想。此外，笔者还要求每位学生为同学们推荐一篇字数在1500字左右的经典文章，撰写200字左右的导读，并设计5个阅读思考题。文章复印后在每次课后下发，下次课前给出答案，并要求同学们对该文章和出题质量作出评价。

　　课堂教学辅之以课外的阅读，大大增加了可理解性输入，为学生写作积累了必要的语言素材，为提高书面表达能力奠定了基础。而学生将阅读中积

累的语言素材用于写作，在选词造句、连句成篇的过程中积极思考，这种可理解性输出又促进了语言的学习。

2）语言训练

在批阅学生的作文时，笔者及时记载学生作文里有代表性的语言错误，分阶段总结，以翻译、句子改写、句子改错等练习的形式在课堂上讲解。例如，在学生习作中有这样的句子：Time spent on online gaming and chatting is unable to ignore.这个句子出现了明显的语言错误，在课堂中以改错形式进行讨论，要求学生改写这个句子，在得出 Time spent on online gaming and chatting cannot be ignored.后，笔者要求学生用更丰富的表达来翻译"忽视"一词，给出两个句子要求学生翻译：

1. 人们似乎忽视了大学生已经成年这一事实。（People seem to fail to take into account the fact that university students are adults already.）

2. 任何政府忽视这一点都将付出巨大的代价。（Any government, which is blind to this point, may pay a heavy price.）

学生在鼓励和指导下，对"忽视"一词给出了不同的翻译（如neglect, overlook, fail to take into account, be blind to），大大丰富了语言表达。

受母语负迁移的影响和词汇量的限制，学生习作中的遣词造句往往多用简单句，或者采用中文构思、"中译英"的方式写作，写出的句子不符合地道的英文表达法。为此，笔者采用句子改写、句型替换、句子合并等形式，将学生习作中的句子带入课堂讨论。例如，学生的习作中有这样的句子：

1. Computer is a good thing. It is very useful now.

2. People are richer now. So automobile are more and more.

3. Economy develops in the last ten years.

经过集体讨论后，学生将这些句子改写为：

1. Computer plays an increasingly significant role in people's daily life.

2. The number of automobiles is growing rapidly with the upgrading of the living standard in China.

3. The past decade has witnessed the gross development of economy in China.

针对学生习作中出现的具有代表性的语言错误进行归纳、总结，并以翻译、句子改写、改错、句子合并等练习形式进行课堂练习和讲解，可以帮助学生及时发现问题，熟悉英文表达，避免母语干扰。

3）专题讲解

除了单项的语言训练外，有一些重要的并具有代表性的知识点或者写作技巧往往需要教师总结成讲义，在课堂上作专题讲解。比如学生在作文中会误用标点符号，往往把中文标点应用在英文写作中，对此，笔者在课堂作了"中英文标点符号的区别和应用"的专题讲解；针对学生不善应用过渡句、滥用祈使句、结构松散、论点模糊、议论文论据主观性强等问题，作了"中英文体比较及中国学生写作易犯错误"的专题讲座，帮助学生有意识地克服母语负迁移的影响。

借鉴教辅读物、期刊论文的最新研究成果，直接针对学生普遍存在的问题，配合学生习作中的负面例子，对作文标题、标点符号、修辞手法、过渡手段等进行以教师授课为主的专题讲解，这样往往节省时间且效果明显。

5.2　观察与发现

通过一个学期的语言训练和专题讲解，学生逐渐意识到自己作文中的问题，提高了纠错能力，知道了努力的方向；通过阅读课内外习作范文、经典文本、报纸等了解了英文的篇章逻辑结构、习惯了英文的思维方式，并为写作积累了素材，因而学生习作的语言质量大大地提高了。

虽然学生的写作积极性增强了，并且写作语言质量有了大大提高，但值得关注的是，学生仍然习惯写"命题＋提纲"式作文，在写真实的记叙文时能抒发真情实感，然而在论说文中常常内容空洞、言之无物、观点模糊，思想缺乏深度。

5.3　反思

学生作文没有深度的问题一度成为笔者写作教学的瓶颈，应试教育的弊病在学生写作中显露无遗。学生习惯于提纲式的命题作文，一旦被要求自由表达，往往感到茫然，不善于思考或不愿意思考。在对学生的深度访谈中，学生的回答印证了笔者的猜测。学生表示"以前准备高考时老师就教我们严格按照三段论式提纲，不超纲、不偏题、不写错句子就不会得低分"，"一看到没有提纲的作文就感觉有点儿蒙，不知道怎么写"。这说明应试教学阻碍了学生的自由思维，养成了学生的思维惰性，因而学生的思维能力有待提高。

6. 第三阶段: 拓展作文内容的广度与深度

写作作为一种书面的输出手段，要求作者在选词造句、连句成篇的过程中积极思考，运用所学的语言材料进行有意识和无意识的组织和编排。因此，写作不仅反映作者的语言功底、语言综合应用能力，同时也反映作者的知识面和思想深度。可以说，如果作者没有批判性思维能力，即使语言功底再好，也无法写出内容丰富、有一定思想深度的文章。

6.1 行动设计与实施

为此，在这一阶段，笔者侧重从锻炼学生的批判性思维能力入手，帮助学生在写作时拓展作文内容的广度与深度。一方面采用"过程写作法"，帮助学生了解"怎样下笔"、如何构思、如何成文。另一方面，以任务型教学理论为指导，采取多种灵活的课堂形式，锻炼学生的思辨能力。要引发学生积极的思考，课堂活动必须突出教学的情意功能，活动要以学生的生活经验和兴趣为出发点，内容和方式要尽量真实。因此，笔者在设计课堂任务时尽量设计具体的，贴近生活的场景，以引起学生的共鸣和兴趣，激发其进行积极的思考。

1）采用"过程写作法"，帮助学生构思谋篇

过程写作（process writing）以交际理论为指导，认为写作是一种创造性的活动，把写作还原为以表达意义和思想感情为目标的交流活动，强调写作过程中的互动交际（张省林，2006：30）；任何写作学习都是一个渐进的过程，学生对想要表达的内容的认识通常是在写和反复修改的过程中逐渐明晰和充实的。

笔者在这一阶段特别强调学生的写前准备和对学生写作过程的指导。在课堂上，笔者往往创设一定的语言交际环境，让学生就某一话题所涉及到的方方面面展开小组自由讨论，并要求学生以小组为单位在课堂上汇报或展示，课后再以书面作文的形式呈现。这种方法将"说"与"写"相结合，且容许学生与同伴进行交流、分享资源、集思广益，便于学生在写作前理清、拓宽思路，做足写前准备。

让学生将初步构思用文字表达出来，不仅是学生语言产出、谋篇布局的过程，更是其思维训练的过程。在对学生写作过程的指导中，笔者特别强调学生习作修改的过程，并对学生的初稿和终稿进行对比评价。在修改阶段，除了要求学生互评外，笔者往往选取有代表性的习作，供学生们在课堂上就

论文的观点、逻辑结构和论据充分与否进行点评、修改和润色，并引导学生再思考，拓展作文的广度，加深作文的思想深度。

2）批判性阅读

要帮助学生用语言表达自己的思想、写出"言之有物"且"言之有理"的作文，在写作教学中除了让学生体验构思、成文、修改的过程，突出学生的互动性和合作能力之外，培养其独立思考和思辨能力是关键。

在第三学期的教学中，笔者在日常课堂教学和课后任务的布置上着重培养学生的思辨能力。阅读课上对词汇和语言的操练相对减少，对课文的构思谋篇的宏观把握以及批判性评价相对增加。由于精读、泛读文章多为节选，会出现头重脚轻等现象，笔者在引导学生欣赏精彩语言、积累语言材料的同时，引导学生批判性地评价文章的框架结构和谋篇，探讨如何更好地开篇和结尾，什么论据更能充分论证作者的观点等。对材料较旧的文章往往要求学生结合当下的实情进行批评式阅读，比如精读课文 Smart Car 一文的写作时间是 20 世纪 90 年代，阅读时笔者要求学生对比十多年前的"概念车"和如今的汽车，并预测未来十年可能出现的智能汽车，然后在讨论的基础上给学生布置写作任务：Smart Car: My Design。对语言较正式艰涩、思想深邃的文章（比如 Stephen Hawking 的 A Brief History of Time）笔者在帮助学生理解的基础上，引导其欣赏其中的睿智佳句，积累语言素材。

3）课堂活动引入辩论的形式

在课堂活动方面不再局限于对子和小组讨论，而更多地采用辩论赛或者以辩论为形式的课堂活动，激发学生辩论的热情和积极的思考，培养其逻辑思维能力。比如，在课堂中开展了一次争夺 VIP ticket to go abroad 的辩论赛，笔者假设情景：机场里所有的飞机票都已售罄，只有一张免费的 VIP 机票，可以飞往任何一国，要求学生想象自己是某一位 VIP，以辩论的形式展开争夺战。分组辩论（three passengers and one judge）后，小组的赢家再面向教师（judge）进行辩论争夺。有具体场景的辩论可以使情境更真实，气氛更活跃。因为辩论赛中出现了一位"要召开联合国大会的政府官员"、一位"救治临危病人的医生"和一位"见妻子最后一面的丈夫"，全班就"集体主义"和"个人主义"展开了大论战，可喜的是学生们的视野并没有局限在"集体利益高于一切"的思维上，而是从人性的角度来分析三位 VIP 出行目的的轻重缓急，思辨性颇强。

4）写作任务的真实性

这一阶段的写作任务仍然是每三周一篇，但写作形式更丰富。六篇作文中包括两篇对文章的总结报告（summary）、两篇影评和两篇模仿报刊评论员文章的议论文。笔者在布置写作任务时不再局限于与阅读课文题材和体裁相关的主题，而是侧重社会热点问题；注重话题的即时性，采用任务型教学方法，尽量保证任务的真实性。

总结报告包括一篇对精读课文的总结练笔；另一篇则是总结报刊杂志对某一社会热点问题的评论，教师提供三个选题，学生选取其一作为论题。笔者往往会利用课余时间去学校阅览室浏览一周的英文报纸、杂志，选取热点话题供学生讨论，并提供报纸、杂志的文献信息，供学生阅读后写作。

两篇影评有别于传统影评的写法，不强调对电影本身优劣的评价，而更倾向于观后感。第一篇影评是共同观看《阿甘正传》并就影片主题进行简单讨论后，学生自选主题写作。学生的习作让笔者大开眼界，主题涉及友情、爱情、家庭教育、成功、战争等方方面面：有的习作以 I Am Stupid, but I Know What Love Is 为题，谈影片中的爱情和自己的爱情观；有的习作以 Perseverance Leads to Success 为题探讨恒心与成功的关系；有的习作以 Family Love：A Cradle for Your Success 为题，将影片中阿甘和其女友珍妮的家庭环境作对比分析，从家庭教育的角度探讨阿甘的成功和珍妮的远游堕落背后的原因；有的习作以影片中的越战为线索，探讨美国历史上的海外战争。这些习作视野开阔、见解独到、有一定的思想深度。对于另一篇影评任务的布置，笔者特意不限定影片和主题，由学生自由选取自己喜欢的电影作为评论对象，帮助学生克服对教师和同伴的依赖性。

两篇评论员文章式的议论文，一篇为指定话题，针对"留学热"，要求学生读报刊文章（教师推荐）并对几位申请出国留学的学生进行访谈（真实的任务），探讨中国学生热衷于留学以及中国家长不惜重金送子女出国留学的原因。另一篇议论文为自选话题，要求话题为社会热点话题，出自最近一个月的新闻报纸或新闻网站。

6.2 效果与反思

这一阶段的干预后，多数学生的写作兴趣高涨，愿意尝试多种文体的写作，语言质量大大提高。最让笔者欣慰的是学生的"思维匣子"似乎"瞬间"被打开，写作的视野明显开阔了许多，文章见解深刻，且能用例子、推理等充分论证。

让笔者"偷着乐"的是，批改学生的作文不再是一件枯燥的苦差，阅读学生习作的过程常常惊喜不断，学生思想的火花不断闪现，令笔者惊喜不已，真实体验到了和莘莘学子交流的"快感"。在优秀习作的后面，笔者写上了这样的评语：I am not revising your writing. I am enjoying the beauty of your language and sharing your thoughts. You will be a writer!

7. 总结

行动干预的三个阶段历时三个学期，从培养学生的写作兴趣入手，从课堂教学"以读促写"逐步过渡到对学生思维能力的培养，最终达到了预期的成效。

在开展行动研究的三个学期里，笔者始终让学生在一个作文本上写作，这虽然给笔者的作文收发和携带带来诸多不便，但在同一本练习簿上写作便于学生看到自己写作的进步，也便于教师作出形成性评价。行动研究的后期，笔者从学生的作文本中看到了学生写作的进步：学生不再害怕写作，作文本中除了每三周一次的写作任务外，还有多篇学生自觉的练笔；作文批改后，学生能够根据批改意见进行修改，甚至重写；作文的字数不断增加，词汇、句式也越来越丰富，文章的构思谋篇形式也开始多样化；观点逐渐明确，文章具有一定的思想深度。在对几位学生的跟踪调查中，笔者了解到多数学生在随后的四级考试中考出了好成绩，在未作突击的考前训练的前提下，他们的作文成绩理想。

遗憾的是，在对新一届学生的作文指导中，笔者的教学计划受到了某些制度上的干扰。首先是学校实施的每学期一次的学生选课制度，使班级学生不断变换，连贯性的教学步骤无法逐步开展；其次是分科教学改革，使听说、读写课程分开，在某种程度上割裂了语言技能的综合训练，有限的课堂时间阻碍了写作教学与阅读和口语课堂的有效结合。

本次行动研究虽然取得了一定的成效，但回顾整个行动过程，除了前期对几位同行的写作教学的访谈和观察外，几乎都是笔者孤军奋战、独立完成。因为缺乏专家的指导和同事的配合，研究过程走了一些弯路，对行动研究的结论也必然带有较强的主观性。笔者参加了文秋芳教授主持的"高校英语教师互动发展团队建设"项目，观摩了同行的课堂教学，听取了同行的行动研究计划，并得到文老师的悉心指导，受益匪浅。如果能在笔者所在学校英语教师队伍里建立一支写作行动研究的团队，争取同行的支持、配合和帮助，共同解决教学中普遍存在的问题，将会更有成效，也会有更多的学生受益。

参考文献

Brown, D. H. 2000. *Principles of Language Learning and Teaching* . New York: Pearson ESL Press.

Ellis, R. 1994. *The Study of Second Language Acquisition*. Oxford: Oxford University Press.

Krashen, S. D. 1995. *The Input Hypothesis: Issues and Implications.* London: Longman.

Swain, M. 1995. Three functions of output in second language learning. In C. Doughty & J. Williams (eds.). *Focus on Form in Classroom Second Language Acquisition.* Cambridge: Cambridge University Press. 64-81.

郭燕、秦晓晴，2009，大学生外语写作焦虑调查及对写作教学的启示，《英语教学研究》（4）：27–31。

王初明等，2000，以写促学，《外语教学与研究》（3）：207–212。

张省林，2006，论过程写作法中的隐性过程，《外语与外语教学》（4）：28–30。

中华人民共和国教育部高等教育司，2007，《大学英语课程教学要求》。北京：外语教学与研究出版社。

通过配音提高大学生英语口语教学的课堂行动研究

史红丽

中国政法大学

提　要：本文是以北京某高校2011级三个班的非英语专业大学生为研究对象，历时三个学期的课堂行动研究的汇报。本研究以课堂为基础，通过以配音为主、其他教学手段为辅的各项课堂干预活动，试图提高大学生英语发音及其口语输出的正确性和恰当性，同时降低大学生口语出错率，最终使学生实现有效得体的交流。本研究分三个阶段进行：第一阶段寻找有效口语课堂教学手段；第二阶段引入配音教学；第三阶段为效果巩固和发展阶段。最后，本文总结认为，配音不失为一种有效的英语口语课堂教学手段。

关键词：配音；口语输出质量；课堂行动研究

1. 引言

　　一直以来，英语口语学习既是英语学习的重点又是难点。从教师角度来讲，找到行之有效的口语教学方法实为推动有效课堂教学的极大助力；另一方面，对于英语学习者而言，能够快速而正确地掌握英语口语交流要素，具备正常交流能力，是其学习英语的最终目标之一。

　　在此领域的相关研究颇丰。国内口语研究主要重点探讨以下4个方面（王立非、周丹丹，2004）：一是建立中国英语学习者二语口语发展的理论模式；二是探讨中国学生口语表达的特点和规律；三是研究二语口语评估与测试的有效形式与手段；四是改进我国的二语口语教学方法。其中，对于广大一线教师来说，有关有效口语课堂教学的实证性研究无疑具有极大的实践及方法论意义。

　　关于有效的口语教学方法，目前尚没有统一的答案。对此，不同学者持不同态度。吴旭东（1996）认为应该建立外语课堂环境下第二语言口语发展模式。该模式主要涉及11个变量，它们分别是：教师在课堂传授的目的语知识、学习者在课堂进行的语言操练、课堂上师生和学生之间的交际、学生课外与目的语接触的类型与数量、学生对学习目的语的态度及其变化、学生对学习环境的态度及其变化、学生学习目的语的动机及其变化、学生采用的学习策略、学生内在的过渡语系统、学生口语产出所表现的功能—形式之间的关系及其发展路线、学生在口语产出时所用的策略及其发展。这些内外在因素相互作用，共同影响着课堂教学效度。但是，吴旭东并没有提及哪个或哪些变量在其中起到了主导作用。刘家荣和蒋宇红（2004）通过分析课堂录音材料，在考察了口语课堂中教师和学生的话语形式和话语输出量，师生各自的话语量，师生语句的类型和长度，师生分别引发的话轮替换数量和比例，师生语码转换的类型、数量和功能，以及课堂语境中的话语权力分布、话语权力关系等各个方面的特征之后，最后总结道："教师在二语课堂中给予学生更多用目的语进行课堂交际的机会，让学生享有更多发言权和控制话轮替换的话语自主权，才能提高学生口语输出的质和量。"韩美竹（2009）认为口语教学的关键是"元话语"的输入。"元话语"是一种"关于话语的话语，包括所有不涉及话题内容的东西，是一种常见的话语现象"。其他学者也有一些相关研究，如许家金（2007）的口语中互动话语词块研究，陈烨（2006）关于口语语调的研究，以及诸如口语自我修正、任务型教学等方面的研究，在这里不逐一而论。上述所列各项研究无一不表明了口语教学的多面性、复杂性和争议性。截至目前，尚没有哪一种口语教学方法被公认为是最有效的，这方面的探索仍在继续。

　　口语教学的复杂性源于口语学习本身的复杂性，由此导致口语学习过程漫长而又缺乏成效。在常规教学中，如何找到行之有效，同时又受学生欢迎的口语教学方法实为每位一线教师不懈的追求。在本文中，笔者结合实际情况，积极探索有效口语课堂教学模式，通过认真分析学生的英语水平状况和存在的问题，历经三个学期的观察和实验，最终提出，以配音为主的口语课堂教学是一种有效的教学方式。

　　本次行动研究的对象为北京某文科高校2011级新生，共三个普通班，每个班约有45人。这里的普通班是指入学分班考试之后，依据成绩未分到实验班的同学。普通班水平代表着占大多数的、常态的大学生英语水平。本研究时间是从2011年9月新生入学起一直延续至2013年1月，共计三个连续学期。这三个学期又分别对应研究的三个阶段：第一阶段为观察探索阶段，分析学生存在的问题并提出应对策略；第二阶段为实践及反思阶段，引入以配音教学为主的教学手段并进行初步效果观察；最后阶段为展开和巩固阶段，全面实施配音教学并进行教学效果比照。

2. 行动研究的展开

2.1 口语中存在的主要问题和传统课堂的低效性

新生入学后，笔者通过前四节课的观察，初步发现了这三个班学生的英语口语中存在的一些主要问题。最直观的是发音问题。笔者发现在这三个班里，语音标准的同学占少数，每班约有1—3名；大多数同学的发音不标准，掺杂着或多或少的中国腔；少数同学发音生硬且极不标准，基本无法交流；还有个别同学根本不开口说英语。从内容上看，大部分同学只能做到简单地表述一般性话题，随着谈话时间的延长，语言语法出错频率大幅增加，也就是说根本做不到复杂深层的交流。从语言表述上看，学生们频繁反复地使用同一个简单句型、同一词语，语言表达无力。从交流互动来看，谈话者之间互动性差，两人的dialogue往往演变成一人的monologue，同伴几乎再无参与机会。文秋芳、赵学熙、王文宇（2001）指出即便在英语专业学生中，同样存在语言准确性偏低、语言流利度不够、谈话内容缺乏新意及思维深度、会话交际原则掌握不好等问题。刘芹（2008）的调查表明，即便在已通过英语专业四级和大学英语六级考试的水平较高的学生中，仍然存在语音不纯正、交际策略不足等问题。但是，这一水平的同学基本能做到话语符合语境语域，交流清晰得体。

从上述可见，大学生英语口语中出现的这些问题具有共性和普遍性。此外，传统课堂并不能有效地解决上述问题。传统课堂以老师讲解为主，学生练习为辅。但是，由于授课方式刻板单一，很难提起学生的兴趣。再之，一般的口语教材都要比精读教材阅读难度低，且一味地讲解只会变为另一种形式的精读课，学生口语仍得不到提高。因此，讲授与练习占用课堂时间的比例也是一个关键点。此外，学生语言输入不够，常常一节课练完之后，下节课再练习时，仍然是重复学生已经掌握的知识，因而学生练习的动力不足。

2.2 行动研究第一阶段

2.2.1 行动干预一：调动学生的兴趣和积极性

笔者认为，在最初阶段，兴趣一定是第一位的。学生有兴趣，才会主动积极地去练习，而不是被动地完成老师布置的任务。为此，笔者首先在授课方式上作了调整，增加学生练习的比重。并且，练习的形式也趋于多样化，不仅提高学生练习的动力，同时也使学生体验不同的交际场景。练习的多样化可以通过多种方式实现，例如：（1）参与者不同：有两人小组对话、4人小组讨论、全班分成两组的集体辩论及男女组合表演等。（2）语境不同：有对话、情景模拟、辩论、演说等。（3）展示方式不同：有的要求学生提前做好PPT进行课堂展示，有的是即席表演，有的是背诵经典诗文等。（4）在内容方面，笔者一般是围绕每课的几个主题展开，或是主题的深化，或是拓展。除了课文里的主题，笔者还往往给出有争议的相关话题，供学生深入讨论。每课的主题也是期末考试内容，学生练习的动力也比较大。这些主题多数涉及一些非专业性质的、一般性的日常话题，学生在理解上没有太大困难。这里最大的问题还在于语言表达。

笔者所教授的三个班是隔周上课。每次上课时，笔者都尽可能做到使口语表达题目的内容和形式具有多样性。本着由易到难的原则，在最初的两周，笔者安排了不需要太多准备的对话和情景模拟练习，题目涉及日常话题，不需要提前准备。学生展示的是其当时真实的语言水平。在做对话练习前，需要组成两人的小组。由于新生之间相互不熟悉，笔者就按座位给大家分配小组。笔者发现这样任意组合的结果是：口语很差的一位同学和一位口语很好的同学分在一组，完全不能对等交流；还有些男生和女生一组，互相不说话。因此，在第三周时，笔者建议学生组成自己感觉比较舒服的练习对子。从第三周起，大家的发言明显增多。

从第四周起，笔者开始给学生布置一些相对简单的任务，如要求大家就课文题目做一个1—5页的PPT并在课堂展示。在现场展示中，要求学生能够清楚地介绍和说明某个题目。每单元一般会有2—4个题目，每组（2—3人）领一个题目。每次上课会提前安排2—4组同学作展示。这项活动持续到学期末，基本每位同学都参与其中。在此期间，笔者发现学生的热情很高，PPT做得非常认真且出色。有位同学的任务是做关于美国政体体制的介绍。他别出心裁地列了3个图形出来，其中一幅是关于美国法律制定过程的流程图，非常简洁明了。在场同学不仅了解了相关知识，同时也记住了其中的关键词。另外一位同学的PPT是关于情感主题的，为了加强效果，她还在PPT里加了背景音乐。还有一组同学的PPT图文并茂，非常生动。最初，因为没有硬性要求，不少小组自行进行了组内分工，一人负责PPT制作，一人负责课堂展示。笔者发现负责PPT制作的同学往往是两人中口语较弱的。随后，笔者规定所有组员必须参加PPT课堂展示，每人负责一个方面。这样就保证了每位同学都有发言机会。到了后期，可能是出于相互竞争的心理暗示，后期的PPT比学期初的PPT更要精彩。

此外，笔者深知课外学习对提高英语口语的重要性，因此，常常鼓励学生多看美剧、英剧和经典电影，但没有作硬性要求。对一些经典语言，让学生记下来背诵，甚至拿到课堂上讨论，以提高学生对口语表达的敏感度。同时，每天都安排听力听写任务，笔者会每两周检查一次学生们的听写本。让学生循序渐进地提高口语水平。

2.2.2 观察与发现

全班每位学生都参与了活动，然而笔者从中发现了不少问题，有共性的也有个性的。具体来说，主要有以下问题：在语音方面，首先是单词发音不准确甚至是错读、误读。其次是句子语音语调问题，其中有重读、连读错误，以及停顿错误（经常不按意群停顿）；整句的语音语调错误（不熟悉五个基本英语句子语音语调及其用法），所用语调或过于死板（不论是对话还是朗诵，均是一副背诵口吻）或过于夸张（通常集中式语调于英语表达之中，令人感觉怪异），三是语速问题，时而过快，时而过慢；句与句之间过渡不好（其间停顿过长或几乎无停顿，造成理解障碍）。四是在语用方面的问题，一般表现为：用词不当或错误，句法错误；或者使用太多简单句，过度重复；或者把握不好较长句子的应用。五是在语义方面，很多口语表达的字面意思和其真正含义相差甚远，这个时候，很多同学就乱用一气。还有一个在学生中比较明显的通病是在语义转折和延续时没有任何过渡就直接说出要说的内容，不会使用signal words，没有考虑听众的感受与接受力。六是文化差异造成思维习惯不同的问题，一般反映在语言表达和思考问题角度不同两个方面。对于一些有争议的问题，学生常以中国人的价值观念来评述，而缺乏对该问题形成原因以及西方传统观念的了解，导致理解上的误差。在表述时，由于词汇量贫乏，造成表达重复，难以表达出深层复杂的思想。

2.2.3 反思

一个学期转瞬即逝。这一学期，教学效果非常好，课程受到学生欢迎，并极大调动了学生的积极性和热情。以PPT展示为主体的课堂活动，使学生将课下学习与课堂学习相结合，不仅给了学生练习口语的机会，也锻炼了学生在公共场合展示自己的能力，尤其是给了一些不敢发言的同学很好的锻炼机会。每次上课，学生都非常积极配合。但与此同时，也有不少问题。比如：有个别小组因为各种原因准备不充分，导致表现平平。还有不少学生使用的语言是Chinglish和broken English，导致观众的倦怠。还有一个重要问题是，虽然不少学生感觉自己口语进步不少，但依然不能达到自由交流的程度。

2.3 行动干预第二阶段

2.3.1 行动干预二：以配音练习为主提高学生口语能力

口语教学应该有别于精读课。虽然都是语言的组成部分，但是口语的某些特质是书面语所不具备的。除了语体不同之外，这两者在交流方式上也泾渭分明：一个是单面静止的；另一个则是双向或多向的，互动的，处于不断变化中的。一个靠眼睛和理解力解读文本；而另一个则依赖听、看、思考多重感官感知。因而，有效的口语教学无疑要考虑到这些特殊性。有学者认为理想的口语教材一定是多维度的，能让学习者全面体验到说英语的要求和难度。通过观看经典电影、英剧、美剧等动态材料，学习者能接触到真实的语境和语言应用。虽然目前口语教学与配音之间关系的相关研究尚属欠缺，但笔者愿意放手一试，试图在实际教学中检验配音在口语教学中的重要性和必要性。

本研究的第二个阶段始于第二个学期。学期伊始，笔者就给学生布置了任务：一是要求学生看完笔者指定的四部英国系列剧中的任意三部，并撰写观后感，与老师同学交流分享；二是在本学期末，递交一份配音作业。该作业可以以两种形式完成：一是递交配音录像作业，二是在课堂上现场表演。学生可以任选一部自己喜欢的电影，选取3—10分钟的电影片段进行配音录制，可以两人或多人合作录制，但要保证每人配音时间不得少于两分钟。录制要求是删去电影原音，再向文件内加入自己的配音。提前完成的同学可以提前交作业，已经完成的配音会在课间休息时播放。任务布置下去后，同学们都非常兴奋，跃跃欲试。

但也有学生心存疑虑。比如，有学生问："是否可以把老师指定的英剧换成美剧？"笔者解释：之所以挑中这几部英剧，是因为它们全部是根据英国经典文学作品改编的，影片中反映的主题和社会观念很典型地代表当时社会的主流思想，有助于学生对英国社会的了解和深层思考；而美剧多以 entertainment 为主，You have a good laugh, that's all，没有太多深意，所以不推荐。学生听后非常信服。再则，绝大部分同学以前都没有做过配音，对于相关操作技术以及自己的口语水平都不够自信，笔者都一一鼓励大家大胆尝试。此外，笔者还在课堂上安排经典剧情讨论和经典人物分析等任务，目的是加深学生的理解，降低配音难度。

其他配音教学方式，如曹禺（2008）对配音练习的处理方式不同于笔者。他认为："配音活动是由讲解、练习和实践等几个阶段组成的。需要一个小时以上的完整时间来完成。因此，教师可以选择一个完整的课时来进行，并且是经常性进行。这样才能使学生在连续的活动中取得成绩和飞跃。"鉴于受课时所限以及教学大纲制约，笔者尚不能拿出整块教学时间来尝试，只能暂时让学生在课外完成，若有任何需要和困难，可以随时寻求笔者帮助。潘赛仙（2013）介绍的模式是："在配音表演过程中，由老师和其他表演组及非表演组（一组相当于一个评委，教师算一个评委）对所有表演小组进行综合评价，每组的最后成绩为所有评委的平均分。"其评分标准分为7项，分别为：语音、语调（对电影台词的情感表达）、语速是否与原声匹配（考察是否熟记台词）、所选片段词汇和句型的丰富程度、（用英语）表演前介绍（考查学生网络运用程度）。由于截止至本学期末，笔者的学生全部选择了递交录像文件的方式，因此，笔者没有机会检验学生现场配音效果。

笔者在收到配音作业后，被深深震撼了。部分同学的作品不仅在剪辑录音上达到专业水准，他们所配制的电影录音几乎达到了以假乱真的程度。每一辑电影配音出来之后，笔者都会在全班面前播放并点评。笔者曾提到有些同学语速太慢和语音语调不到位的问题。笔者惊喜地发现，在下一辑中，这些问题就会有所改善和提高。有些同学们说的台词和电影人物的唇型变化基本吻合。同学们的潜力真的是无穷无尽，只要予以适当的指引和指导，他们身上就能迸发出夺目耀眼的光芒。

除了配音练习外，PPT 的展示、朗读、背诵经典名篇、领读四六级单词等等其他类型的口语练习仍穿插其中，贯穿本学期始末。

2.3.2 观察与发现

通过一学期的配音训练，几乎每位同学都表示感觉自己口语进步很大。"……前所未有"，"很有成就感……"，"……帮助极大"等等是笔者收到的部分反馈。首先，进步比较明显的是那些口语发音原本不好的同学。上学期，有个同学发音很差，他说的英语大家都听不懂，有的同学甚至调侃他说的是印度英语。他一张嘴，班里总有同学偷着乐。现在，虽然他还是时不时地念错单词发音，但是他说英语时的整体语调较之前改善了很多。对于这些发音特别困难的同学，笔者给出的建议是：不要求非得达到native speaker 的标准，但发音不能影响语义的正确传达。笔者是这样给他们解释的：语音本身就是一种近似值，完全等同的两个语音是不存在的，语音是在允许范围，也就是可辨析范围内的某个语音的数个近似音的集合。当然，每位同学的进步还与其本身的领悟能力和刻苦程度有关。其次，学生表达的内容更加复杂、准确。以前，不少学生张嘴说话之前，得先在脑子里把中文翻成英文。遇到想不起来的单词，就翻译不出来了。由于脑子在不停地互译，费时费力，所以在交流中常常表现为慢半拍，过度使用oh, well 等词语；另一个负面影响是无法把注意力集中在语义表达上，翻译的过程干扰了思考的过程，造成言不由衷，甚至胡言乱语的状况。通过配音学习，学生增强了语感，一些公式性话语已经被牢牢记在脑中，从而省去了部分翻译程序。外在表现就是，学生显得更加自信，能留出更多的时间来加工语义以及揣摩对方话语意图。这也是学生感到有收获的地方。对有些电影中的经典桥段学生们甚至做到烂熟于心，因此，一旦使用就会备感应用自如。当然，尽管学生自我感觉进步很大，但是离能够自由交流还有不小的距离。

2.3.3 反思

笔者鼓励学生坚持多看美剧和英剧，原因是这不仅可以帮助他们培养语感，纠正语音，还可以让他们学到当下的纯正的口语表达。笔者还强调话语交流是以句子为基本单位进行的，记住的句子越多，会话时的主动性和灵活性就越大。观看大量美剧和英剧，从某种意义上来说，就是一种语义的重复。这些重复不是原句重复，而是同一语义的重复。是同一语义用不同的语言形式和语言表达方式的再现。这样学来的话语句子是灵活的，是能够在实际交流中恰当使用的句子。学生不仅学到话语的意思，而且也会牢牢记住这句话使用的场合。

文秋芳（2001）认为英语口语教学目标要满足语言形式、语言内容和交际规则三个标准的要求：语言形式上要做到准确性、流利性和多样性；语言内容上要做到言之有物、言之有理；交际规则上要做到言而有礼。按上述标准，笔者的学生口语水平还相差很远。尤其是在语义的理解方面，学生的理解往往停留在字面意思，不能挖掘深层意思。这样，在实际交流中，通常会引发交际误解和交际失败。

2.4 行动干预第三阶段：加强对言外之意的理解，提高口语交流有效性

2.4.1 影响言外之意的因素

语义是语言表达的核心。对于语义的理解往往是争议所在。因为语义本身就是一个极为复杂的概念。John Lyons（1995）借用了四句话来阐释语义的复杂性：(1) Mary means well. (2) That red flag means danger. (3) Smoke means fire. (4) Mary means trouble. 其中 means 一词在句(1)中意为 well-intentioned；在句(2)和句(3)中意为 a sign of something；在句(4)中语义模糊，既可以意指句(1)中的意思，也可以在一定语境下意指句(2)中的意思。他认为，除了语境，还有很多因素影响语义的解读。

在口语表达中，影响语义表达的因素也非常多。当然，其影响程度也不能一概而论。其中，语音有直接影响力。笔者认为口语的本质之一是通过语音来传达信息。这与阅读是有区别的。在口语交流中，语音承载部分语义。在特定语境下，语音甚至决定语义，如：I love you. I love you! I love you? 这三句字面意思相同，但如果用不同的语调表达出来（如由句尾的标点所代表的语调），就会有不同的含义。这层言外之意是通过语音语调来传达的。这与我们中国人常说的听话听音是一个道理。成人间交际往往以言外之意的交流为主。同理，英语也不例外。

在上一阶段学习中，虽然同学们取得了不小进步。例如，学生通过跟读电影中的单词、句子，确实纠正了不少语音错误，但是也基本停留在能发出正确读音的阶段。对于更细致的语音区别，同学们基本无感。比如说话人情绪变化会引起声音变化，如兴奋的声音、颤抖的声音、恐惧的声音、愤怒的声音，同学们单凭听声音很难作出判断。还有，一个声音给我们带来的感受是音质不同，联想不同。有的声音极具魅力和磁性，听着很舒服；有的声音平平，比较大众化，不易区分；有的声音尖锐刺耳，听着感觉心脏紧缩。一般来说，不同

的声音会带来不同的联想。再有，就是不同阶层，不同的群体，语音也不相同。如：黑人的发音和白人的发音就有区别；来自不同地区的人语音也有差异。笔者所带班级的绝大多数同学是感觉不到上述这些区别的。笔者试图在这方面有所引导，让学生感觉到这些声音的差异，早日脱离背书腔。

另外一个影响语文的因素是语境。因为这方面的研究已经比较普遍，在此就不一一赘述。

2.4.2 行动干预三：加强对言外之意的理解，提高口语交流有效性

第三个学期是本研究的最终阶段。笔者继续沿用了以配音练习为主导的教学理念，并辅之以相应的语音及语义方面的引导。具体来说，每节课的模式大约是：由老师领入学习每课的主要话题，老师负责提供每个主题的深化和拓展的关键信息，给学生指出话题的几种可能的走向，让学生从中选择一个方向发展该话题。在语言方面，笔者会给出会话的主干结构，让学生补充其余信息。如：给出开头句和结尾句，让学生说出中间内容；或给出会话中最重要的3句话，由学生补充其余信息。笔者还用提出有争议的问题的方式随机叫同学起来回答，以弥补部分同学们课堂发言机会的不足，这样做既具有一定的挑战性又节约了时间。如果遇到特别难的话题，笔者还会提供课本之外的相关听力和视频资料来帮助学生加深对该主题的认识和理解。

言外之意是深层交流不可或缺的组成部分。本学期笔者特意强调这方面的学习。为了培养学生对言外之意的敏感度，笔者特意选取了下列例子进行解释，比如，文秋芳主编的《新标准大学英语视听说教程》Book 2 的 Unit 2 中有一个对话是这样的（笔者截取了会话主干部分）：

- M: This is just so crazy.
- J:　What?
- M: This story I am reading.
- K:　So tell us.
- M: ...
- K:　You are joking.
- M: ...
- J:　What a terrible story. Thank Goodness the man was all right.

笔者先问同学们是否知道这一对话的意思。大家都回答知道,表示没问

题。紧接着笔者又问：会话的第一句This is just so crazy. 除了其字面意思外，还传达别的信息吗？此刻，基本没有同学能回答这个问题，因为他们从来没有想过要进一步去思考句子的含义。于是，老师提示："The function of the first sentence is to start a conversation, attract attention, to share some news." 接着，笔者又问："Janet的response 'What?' 传达了什么信息？"学生仍然没有回答。笔者提示："这句是a positive response to encourage Mark to go on talking." 之后，笔者又反问："What would happen to the conversation if Janet gave a negative response?" 此处，笔者强调了话语含义往往是交流中真正要传达的信息，不了解话语含义，往往无法捕捉交谈者的真正意图。

笔者给同学们分析，会话语义的理解和把握是多维的也是动态的。如何正确理解会话含义是个难题，因为会话含义的理解无法脱离上下文，会话含义出现在特定语境里，语境消失，那层会话含义也可能随之消失。不仅如此，除了上下文之外，大的范畴如社会的价值观念、文化习俗等无一不对会话含义的理解有着隐形的影响。语言学习绝不是一味背诵的过程，细致的分析也是必不可少的。很多同学知道句子的正确意思，但却不能正确应用该句子。也就是说，他们虽然知道每句话的意思，但是尚不能合理地使用这些句子。他们背诵的会话结构和重点句型也是一样，一旦该会话出现些许改动，不再以原文面貌出现，不少同学就立刻犹豫是否还能再用该句子。不了解句子的真正含义是影响句子使用的因素之一。把握了会话含义在一定程度上相当于把握了会话的走向。

除了强调言外之意在语言高级学习阶段中的重要性之外，笔者还加大了配音练习的任务量。本学期一共需要模仿9部经典电影中的9个经典场景。这9部电影涉及不同语境下各具鲜明特色的众多人物形象。每一个片断长10分钟左右。要求学生平均每两周完成一个片段的配音。这些人物里，有穷凶极恶的巫婆，有单纯善良的白雪公主，有勇敢的狮子王，还有多重性格的Mr Hyde。每一个片段都是对某一类人的内心世界的体验。有了上学期的经验，同学们对于新任务既期待又很从容。同时，笔者也提出了更高要求，要求同学们的配音不仅要形似更得神似。只有深刻体会人物内心，人物认同，才可能配出惟妙惟肖的声音。在背记台词时，笔者还要求同学们分析台词的言外之意以及使用的语境。

2.4.3 观察与发现

本学期结束时，同学们的英语口语表达都进步明显。首先是语音方面，同学们基本做到了能够读准四级单词和常用单词，能用正确的语音语调朗读及说出英语句子，掌握了英语发音的基本规律。中国腔式的发音得到了很大改善，大部分同学能够识别朗读与说话在语音上的差异。此外，在语义方面，同学们能够意识到会话之于语境的依赖性，能够认识到会话含义在会话理解中的决定性作用，并能充分意识到成年人在会话交流时往往以含义理解为主的思维习惯。在会话练习中，同学们不仅注重语言输出的正确性，更注重语言应用的恰当性和得体性。同时语言输出错误大大减少，基本避免了因表达错误而被误解的情况。同学们的英语口语输出质量都有较大提高。

2.4.4 反思

口语表达的提高不仅使得交际更为有效，更提升了学生的自信心。有些同学报考了雅思、托福等口语考试并取得了优异成绩。还有同学积极备考研究生，他们说以后入学口语考试不再是减分项目了。还有些同学已经能够自如且自信地与外国人交流。

3. 总结

本次行动研究持续了三个学期，经历了三个阶段。从效率低下的传统教学法，到常规PPT课堂展示，再到以配音练习为主的课堂模式，最终构建了相对完善的配音练习教学模式。在相关支持性理论匮乏，实证性研究稀少的情况，笔者作了大胆有益的尝试。就教学效果而言，还是卓有成效的。

笔者的初衷是尽量减少非自然语境下的学习，让学习者在真实的语境中学习切实可用的表达，真正学会说英语，能感受到以言行事的快乐。口语学习不再痛苦不堪，可以是寓教于乐，同时又富有成效的过程。英语课程结束后，仍有不少同学坚持看美剧、英剧。这样不仅能巩固已经掌握的词汇、句法，又能捕捉到最新的语言应用。

诚然，配音教学方法也是有弊端的。比如，配音对声音的要求本身就比较高。某个角色并不一定适合所有人。有时因为个体音色的跨度较大，配音非常困难，甚至是不可能完成的任务。当然，我们谨记的是：我们的目标不是成为配音演员，而只在于学好口语。

　　本次行动研究虽然有些成效，但是，只是笔者在小范围内的初步尝试，必然会有种种不足。不过，若教师能坚持"学然后知不足，教然后知困，知不足然后能自反也，知困然后能自强也"的精神，一定会在探索研究的路上越走越远。

参考文献

Lyons, J. 1995. *Linguistic Semantics: An Introduction*. Cambridge: Cambridge University Press.

曹禺，2008，英语配音在教学中的应用，《辽宁经济管理干部学院学报》（4）：136–137。

陈烨，2006，中国学生朗读口语中的英语调型特点研究，《现代外语》（4）：418–425。

韩美竹，2009，元话语、语料库与大学英语口语教学，《外语界》（3）：32–36。

刘家荣、蒋宇红，2004，英语口语课堂话语的调查与分析（个案研究），《外语教学与研究》（4）：285–291。

刘芹，2008，中国大学生英语口语水平研究，《现代外语》（1）：83–89。

潘赛仙，2013，英语电影配音秀在大学英语教学中的作用———一次WebQuest 教学模式的尝试，《桂林师范高等专科学院学报》（2）：101–104。

王立非、周丹丹，2004，我国英语口语研究12年：回顾与现状，《外语界》（6）：7–14。

文秋芳，2001，从全国英语专业四级口试看口语教学，《外语界》（4）：24–28。

文秋芳、赵学熙、王文宇，2001，《全国英语专业四级口试指南》。上海：上海外语教育出版社。

吴旭东，1996，外语课堂口语发展理论模式（上），《现代外语》（4）：20–23。

许家金，2007，中国大学生英语口语中的互动话语词块研究，《外语教学与研究》（6）：437–443。

教师有效介入，打造多维度有机结合的自主学习连续体

谢 芹

中国政法大学

提 要：在学生的自主学习中，教师需要有效扮演不同的角色，通过角色的介入，帮助学生实现理想意义上的"完全自主学习"。本文以大学英语1—4级课程为背景，以行动研究为手段，介绍了在指导学生自主学习过程中，教师如何通过课外学习任务列表这个载体，担当起六大主要角色：学习任务设计者、学习策略支持者、学习材料提供者、学习动力激励者、学习进度监督者以及学习活动评估者。在这六大角色的有效介入下，一个涵括多技能操练、课内外有机结合的自主学习连续体得以建立。学生通过这个学习连续体，在老师的带领下，完整地体验了自主学习的过程及重要的环节，更体会到了自主学习所带来的效果，有助学生日后实现"完全自主学习"。

关键词：大学英语；自主学习；教师介入；学习连续体；行动研究

1. 引言

2004年教育部颁发了《大学英语课程教学要求（试行）》（以下简称《要求》)，对全国高校大学英语公共必修课提出了明确而详细的要求。《要求》将大学英语分成了1—4级，还规定大学英语学习需包括两部分：传统课堂学习及网络自主学习。对于自主学习能力，《要求》也提出，"教学模式改革成功的一个重要标志就是学生个性化学习方法的形成和学生自主学习能力的发展"（贾国栋，2006）。

《要求》出台后，在大学英语教学的研究领域中，自主学习越来越受到重视。从中国知网的检索数据来看，2004年至2012年这九年间，自主学习研究一直呈稳步上升的态势。从2005年开始，每年发表了上千篇的相关论文，2010年至2012年一直保持在每年两千多篇的数量。这些研究侧重于自主

学习现状研究、自主学习能力培养模式研究、学习策略和学习动机等相关变量研究。然而，探讨教师在自主学习中的中介作用及教师如何有效介入方面的研究少之又少（本稿截止时仅22篇，而关于英语自主学习的论文数量则有一万多篇）。这方面的研究也被认为是初步的、浅层次的（高吉利，2006）。

在为数不多的这类研究中，研究者一致赞同教师介入在培养学生自主性学习上的必要性及重要性（何晓东，2004；江庆心，2006；李秀萍、张艳萍，2010等）。更多学者探讨了教师在这个过程中的角色（华维芬，2001；王艳，2007；刘岩，2009）。总体上，研究者是在Wright对教师角色描述的基础上展开的。Wright（1987）对教师在自主性学习中的多重角色进行了总结，认为这些角色包括促进者（facilitator）、帮助者（helper）、合作者（coordinator）、辅导者（counselor）、咨询者（consultant）、建议者（adviser）、知情者（knower）和材料提供者（resource）（引自Benson，2007：117）。除了列出教师可能或需要扮演的角色，也有研究者尝试将这些角色按照重要性进行排序（王艳，2007）。但是，文献中对教师多重角色在教学实践中哪个是最重要的，哪个是最核心的这一问题缺少研究，更是鲜有研究将这个问题放在大学英语课程体系这个语境下进行微观探索。

本行动研究以重点高校本科非英语专业学生为研究对象，历时两年，经过四轮的行动—反思—再行动的过程，重点探讨了在大学英语1—4级这个体系下，教师如何有效介入学生的英语自主学习，如何实现课堂内外、不同级别、多种技能训练等多个维度的有机结合，通过打造这样一个有机的学习连续体，帮助学生提高学习效率，引导学生进行自主学习。在这个连续体中，教师也扮演着多重角色，但其重要性由大到小分别是：学习任务设计者、学习策略支持者、学习材料提供者、学习动力激励者、学习进度监督者以及学习活动评估者。其中，设计者的角色是重点，而评估者的角色则是难点。以下是对这四轮行动研究的详细记录与描述。

2. 最初观察及反思

笔者自2007年以来一直教授2004年教改后的大学英语课程（以下简称大英课），授课级别包括了1至4级。在我校，1—2级大英课每周4个课时（隔周上一次网络英语课），而3—4级大英课每周3个课时（没有网络英语课）。

在日常的教学实践中，笔者发现学生的自主学习存在不少的问题，集中体现在以下四个方面：其一，课外自主学习严重不足。在以往学期的学生反馈中，相当多的同学都表示"课外很少学英语"，或者"只有在期末考试时，才会背背单词，学学英语"。反馈显示，这个问题具有普遍性。其二，自主学习内容单一，缺少针对性。在同学们的学期反馈中，笔者发现，学生如果进行自主学习，要么是复习教材内容，要么是背四六级单词，或者是听英文歌曲或看英文电影等。因为内容单一，4个级别学生的英语自主学习缺少层次性和差异性。每个级别学生的自主学习除了教材不一样，在内容、方法上几乎没有改变，体现不出各级别学习的层次性。另外，学生在自主学习中没有综合考虑听说读写译几大技能的训练，多选择听读等输入型的技能操练，忽略说写等输出型的技能操练。其三，教师在自主学习中缺乏有效介入。在以往的教学实践中，笔者仅发挥了呼吁者和答疑者的作用，要么泛泛地强调自主学习的重要性，要么只是等到学生有问题时才予以回答。这些角色所起作用均不大，因为从反馈中可以看出学生并未形成自主学习的意识和习惯。其四，自主学习缺少有效监督与评估。以往自主学习在成绩中占10%—15%的分值，评分依据是学生在配套教材的网络学习平台上的学习时长。但是学习时长既不能反映学习内容，更不能说明学习质量。这种监督、评估的方法明显低效，更难以起到"以评促学"的作用。

在这些问题中存在两个重要的要素，一是教师，二是学生。过去的经验说明，完全放手，让学生进行自主学习是行不通的。相反，教师需要发挥作用，想办法帮助学生建立自主学习的习惯。要做到这一点，首先教师需要引导学生进行有意义的自主学习活动。所谓有意义的自主学习活动是指能解决学生当下学习困难，达到特定目标，有针对性的学习活动。鉴于此，笔者决定从为学生设计自主学习内容入手，将技能训练涵括在不同的学习任务中，同时通过对内容的选择来凸显4个级别的学习重点和梯度。除了设定合适的自主学习内容，教师还需要切实记录学生的具体学习情况并将其计入最终成绩。教师在充当学习任务设计者和学习活动评估者这两个核心角色的同时，也能够充当其他的角色：学习策略支持者、学习材料提供者、学习动力激励者和学习进度监督者。

3. 第一阶段行动研究（2010年9月—2011年1月，计1个学期）

3.1 计划与行动

本阶段的学生群体是一年级新生，使用教材包括主教材《新理念大学英语》第一册以及辅助教材《新标准英语视听说教程》第一册。每周4课时，隔周上两课时网络英语课。从学习动机上来说，大部分新生有充足的学习动力，但他们在从高中阶段的英语学习过渡到大学阶段的英语学习时会产生很多困惑，尤其是在自主学习上会因为"不知道学什么"，而导致"什么也不想学"。此时如果没有老师的指引和适度的"压力"，他们的英语学习热情很快会被消耗掉。因此，这一阶段教师介入其自主学习中是很有必要的。这一阶段的自主学习任务以听说为主，因为这两大技能往往是在高中阶段被忽略的。为了凸显这一阶段的重点，学习任务也被分为必做项和非必做项。其中具体内容如下表所示：

表1　1级自主学习任务列表

任务类型	任务内容	完成单位	任务频率	说明	评估
1. 听写VOA慢速英语（必做）	逐词逐句听写4—5分钟的慢速新闻英语材料。	个人	两周一次	第一周听写，第二周模仿读音。	教师以记录为主，作为平时成绩的依据。
2. 文章翻译及背诵	选取200—300词的励志类英语美文，先翻译，后背诵。	个人	两周一次	第一周翻译，第二周利用网络英语课背诵。	利用邮件发送电子版译文，教师邮件回馈，计入平时成绩。
3. 写作（必做）	根据课文主题或实际生活，给出作文题列表，要求学生按照真实想法写作。	个人	一月一次	引导学生在写作中写真实的生活，抒发真挚的情感，表达真实的观点。	利用邮件提交电子版作文，网络课上面批，计入平时成绩。

本阶段使用的沟通途径有两种：一是隔周一次的网络英语课。笔者往往在网络英语课上下达学习任务，提供学习材料并听学生背诵课文。除此之外，笔者还会依据学习记录与部分同学进行谈话，帮助解决疑惑、激励学习

动机。另一个途径则是电子邮件。对于写作任务及翻译任务，笔者往往要求学生通过邮箱提供电子版，再一对一地以电子邮件回复评价。

3.2 观察与发现

由于对任务的频率进行了安排，基本上每周都有课外学习内容，学生这学期的英语学习没有中断。从学习记录上看，85%以上的同学最终完成了老师设计的自主学习任务。同学们对这些学习任务持不同的态度，这取决于任务的难度及他们各自的英语水平。听写作业是同学们起初都反映很难的任务，但在老师的鼓励下，坚持进行练习的同学在期末反馈中都提到了听力上的进步较大。有些同学听说不好，但是翻译任务却完成得很出色，所以他们更偏重自己擅长的任务。对于这种情况的学生，笔者往往利用网络课的时间，在肯定他们擅长项目的同时，也鼓励他们要"啃骨头"，起到了激励者的作用。与生活紧密联系的作文题目让他们写起作文来得心应手，不少同学文章的语言及内容非常生动。

在实施过程中，笔者发现对学生设定一个适合他们的自主学习列表是帮助他们提高自主学习能力的关键所在。这个列表也是教师能够实现其他角色的重要手段。有了这个列表，教师才能完成学习进度监督者、学习活动评估者和学习材料提供者的角色。除此之外，设计学习任务还是教师实现学习策略支持者这一角色的重要手段。在这个列表中，教师要求学生进行听写训练其实就是在给同学们介绍一种进行听力训练的方法。作为一种精听训练法，听写要求听者能同时辨音、辨词、辨语境，故能综合培养听者各层次的听力能力，其有效性在研究领域也受到了肯定（赵国梅，1997；赵小沛，1999；杨学云，2009；张旭丹、林辉，2011；彭梅，2012）。让学生先翻译文章再背诵文章，也符合整体语言观，将多种技能结合在一起，作为整体进行训练。

在期末反馈中，近91%的同学认为自己这学期的英语学习没有落下，还有人写道："幸亏老师布置了任务，英语水平才没像师兄师姐们说的那样会一到大学，英语一落千丈。"

3.3 反思

这一轮行动研究让学生在整个学期中保持了课外学英语的状态。结合了听说读写译几大技能的课外训练任务符合他们的学习需求，也在一定程度上保证了他们的自主学习时间。但各任务的监督和评估难度不一，有些任务的检查难度较大。比如跟读听力材料、模仿语音语调，这些任务的完成基本上需要依靠同学的自觉性，教师较难找到证据链，有效介入。另外，任务与课本关联不大，尽管可理解为拓展活动，但是如果能与课本有相关性，则可增加任务的效果。工作量是另一个困扰。对于译文与作文两项作业需要一对一以邮件的形式对学生及时反馈，这大大地增加了教师的工作量，需要找到一种能够提高工作效率，减轻工作负担的方法。最后一个问题是，检查作业没有设定截止日期，产生了漏洞。为了分数，有些同学到了期末开始补作业，有少数同学甚至连续补交了一个月的作业。这种方式显然违背了任务设计的初衷，不利于培养自主学习能力。

4. 第二阶段行动研究（2011 年 2 月—7 月，计 1 个学期）

4.1 计划与行动

这一阶段研究面向的是大一第二学期的学生，使用的教材包括主教材《新理念大学英语》第二册以及辅助教材《新标准英语视听说教程》第二册。每周 4 课时，隔周上两课时网络英语课。

本学期的任务设计基本上沿袭了上学期的理念与内容。除了听写任务，其余的任务均有改变。本学期只有一项必做项，其他项目由学生根据自己的需求选做。同时，翻译任务从英译中改为了中译英，旨在让同学们体会其中的异同。但是本学期的译文无需背诵，这样安排的目的是让他们在"有"与"无"之间体会背诵的作用。另外，写作任务将课内与课外结合起来，要求学生先读一篇与单元主题密切关联的且摘自西方主流媒体的文章，然后再以小组的形式完成作文。另一个不同是出现了小组合作学习。如前所述，读写任务需要以小组的形式完成，之所以这样安排是出于两个原因：一是因为文章较长、较难，以小组的形式进行能让他们互帮互助，克服困难；二是希望借此让他们体验合作学习这种新方式，引导他们建立小组合作的理念。最后一个不同是设定了检查的截止日期。周期内的任务最迟在周期内最晚的那一天交予老师检查，否则该周期内的任务就算未完成。这样可以有效避免上学期出现的期末补作业的现象。具体任务设计如下表所示：

表2　2级自主学习任务列表

任务类型	任务内容	完成单位	任务频率	说明	评估
1.听写VOA慢速英语（必做）	逐词逐句听写4—5分钟的慢速新闻英语材料。	个人	两周一次	第一周听写，第二周模仿语音语调。	教师以记录为主，作为平时成绩的依据。
2.中译英	选取150—200字的中文，主题较广泛，要求翻译成英文。	个人	两周一次	第一周翻译，第二周对照参考译文，反思自己的译文，找出提高点，作相应训练。	以网络课堂答疑的形式，为有疑问的同学提供帮助。
3.读+写作业	先提供一篇与课文主题有关、摘自西方主流媒体的1000—1500字文章，每篇文章附上3个思考题，写作时选择一个作为主题。先进行小组研读，最后以小组的形式完成作文。	个人	一月一次	让学生接触原汁原味的英语文章，引导他们思考其中观点，通过小组互相协作支持，完成学习任务。	以网络课堂或电子邮件的形式进行答疑。

4.2　观察与发现

　　2级学习基本上收到了预期效果，但同学们反映报刊文章中的难词太多，不知如何处理。了解到此情况，笔者首先鼓励他们进行小组协作，然后再针对他们提出的问题、建议鼓励他们采用合适的阅读技巧。对于没有背诵这个安排，也有同学跟笔者反馈说，不背了觉得口语没那么顺了。另外，由于设定了检查截止期，大家基本上按部就班地进行课外学习，有了时间管理与控制意识。

同时，通过定期记录学生的学习情况能有效监督学生的学习进度，发挥教师学习情况监督者的作用。本学期笔者以记录为依据，常不定期地找学习不够努力的同学谈心，同时还拿出记录让他们看到自己与其他同学的差距，侧面刺激他们的学习动力。实践证明，这个做法能起到较明显的作用。

本学期对听写的评估遇到了两个难题。有些学生似乎找到了做听写练习的"捷径"。他们往往没有完整地做听写练习，而是到网上去搜索到原文再摘抄给老师检查。这些同学要么因为觉得太难，无从下手，要么因为时间管理不善，到最后一刻抄下原文给老师应付了事。鉴于此，笔者决定在检查时不仅仅是作记录，还要让学生们复述文章的内容并即兴抽背文中的词汇。此外，还要了解那些摘抄原文同学这么做的原因，适时给予情感支持与策略支持。另外，小组写作中成员分工不均，出现小组内部成员冷热不均的现象。因此，在第三次写作任务作业提交之前，笔者提出新的规定，要求各小组将成员分工情况一并提交。这个做法能起到一定的作用，可提醒学生避免分配不均或者有的学生无作为的现象。

通过学期反馈，可以发现本轮行动研究起到了两个作用。一是帮助一部分同学养成了自主学习的习惯。由于我校是选课制，学生可以挑选任课老师，所以每个学期班上都会出现"老"学生和"新"学生。在那些反馈中，许多"老生"觉得通过一学年的训练，自己有了自主学习的意识，而"新生"们也觉得这样的设计让他们整个学期都处在学习状态之中。另一个作用是开拓了学生们的视野。由于读写任务中的文章来自于西方主流媒体，观点和语言都原汁原味，不少同学在反馈中说道，没想到原版文章这么难，并提出仅仅学习课本文章是不够的，还需要进行拓展。还有一部分同学对某些文章的观点有感触，甚至有的同学在作文中对阅读的文章进行了反驳。这些事实表明，这个任务让他们意识到了拓展阅读的必要性，也帮助拓宽了他们的思路。

4.3 反思

本学期增加了小组学习，也尝试课内与课外结合起来，同时也持续进行着传统的听写和翻译项目。新增的任务检查截止日期既让学生有了时间意识，学会管理时间，也让教师能够及时记录学习情况并据此进行适时的反馈和指导。这些是本学期行动研究起到的作用。但是在学生的反馈中，笔者也发现了一些问题。一些同学认为，老师应该检查得更严格一些；另一些同学觉得训练项目太少，需要增加；还有一些同学希望能够得到老师更多的指导。但是没有同学对于课外学习任务列表进行否定。这些反馈说明，尽管教师的学习任务设计者这个角色是重点与核心，但这个角色必须要有其他角色的配合才能起到较好的作用。教师在设计好学期学习任务之后，需要按照学习的记录情况，多给予学生反馈和监督，及时发现学生的困难和问题，尽快与学生一起解决这些难题。缺少后续角色的跟进，教师所设计的任务也只是一纸空文，难以起到作用。

5. 第三阶段行动研究（2011年9月—2012年1月，计1个学期）

5.1 计划与行动

本阶段研究的对象是大二第一学期的学生。本阶段使用的仍是同一系列的两套教材，都选用了第三册。课堂内主讲《新理念大学英语》，而《新标准英语视听说教程》主要以课外自学为主。与前两个学期不同的是，这个学期的英语课为每周3课时，且没有网络英语课。考虑到学生的学习动机和现实情况，本轮行动研究在保留三个训练项目的同时，也进行了一些改变。第一，听写材料的内容发生了改变。在经历了两个学期的慢速英语训练之后，有必要增加材料的难度。因此，本学期听写的材料变为常速新闻英语。方法上沿用了以往的做法，先听写，再模仿语音语调。第二个变化是，文章翻译与背诵。本学期又增加了背诵的项目。所选的文章是与单元主题有关的经典名著或演说节选。第三个变化是写作练习，练习设计将课堂内容与课外操练更紧密地结合了起来。命题作文来自每个单元的主题，而且要求作文中必须使用1—2个课文中所使用的写作技巧。作文统一先提交到一个在线批改网站，教师做完统筹的分析和评价之后，在课堂上统一讲解、反馈。除了任务内容上有变化，笔者的态度也有变化。由于本学期的学生往往在社团中担任主要角色，社团活动较多，学习动机相对而言最弱。过去的经验显示，这个学期缺课的现象会增加。考虑到这一点，笔者在检查监督时的态度有意无意地有所放松。最后一个变化是，取消了必做项，所有项目让学生根据自己的需求进行选择。任务的具体内容参见下表：

表3　3级自主学习任务列表

任务类型	任务内容	完成单位	任务频率	说明	评估
1.听写常速英语新闻	逐词逐句地听写4—5分钟常速偏慢的英语新闻。	个人	两周一次	第一周听写，第二周模仿语音语调或者学习其中单词。	记录并计入平时成绩。
2.文章翻译及背诵	从名著或名演说中，摘选200—300词与课文主题有关的经典片段，先翻译，后背诵。	个人	两周一次	第一周翻译，第二周利用课外时间背诵。	记录并计入平时成绩。
3.写作	命题作文，要求学生至少运用一个所学课文中出现的写作技巧。	个人	一月一次	引导学生先观察课文，再运用所观察到的技巧。	记录并计入平时成绩。

5.2 观察与发现

从完成情况来看，本学期学生的积极性有所下降。本学期的反馈中，有45%左右的同学说本学期的课外学习较少，有的甚至说有退步；20%左右的同学都反映老师"检查作业力度不够"，期待老师下个学期能够"更严格"地督促他们学习。还有同学在反馈中写道："……加上硬性要求降低，自己有些放任，英语学习似乎进步不大。"从这些反馈中可以看出两个原因：其一是老师态度的放松让学生有所松懈；其二是取消了必做项，完全让学生自主选择，这让一部分同学有所松懈。从这个情况可以看出，教师在完成任务设计这一核心角色之外，保持严格的态度，保证严格的监督也是非常重要的。

尽管如此，总体而言，75%的同学说自己坚持上课并坚持完成了课外作业。而对于那些已形成自觉性的同学而言，他们会尽力完成所有作业，并反馈说"课下作业很有用"、"几乎每项练习任务都是很有益处的"。而对于一些自觉性不强的学生而言，尽管自己练习少，但仍然"很喜欢老师给的翻译文章，语言精辟，风格很好"，或是后悔没有按照计划和要求进行练习。这说明，在同学内在动力不足的时候，需要一定的外力，帮助推动其自主学习。

本学期没有网络课，这给师生沟通带来了难题。前两个学期，教师的其他角色，如评估者、监督者等角色主要借助网络课的时间与空间来实现。但这学期在没有网络课的情况下，只能借助课间短暂的休息时间，这很难实现充足的交流，保障其他角色功能的实现。教师的介入此时需要找到新的途径。

5.3 反思

基于本轮学生的表现，首先待改进的方面是要更充分地发挥教师作为激励者的作用。教师本人不能因为认为学生对学习不感兴趣而有意放松。从某种意义上讲，教师是否能有效介入，前提是教师的态度是否一如既往地严格。教师只有一直保持严格的态度，才能对学生有良好的激励作用。同时，越是在学生兴趣不足的情况下，教师越要绞尽脑汁想办法改变他们的学习态度。从这个角度来看，教师作为激励者的角色还需要更丰富、更到位。

另外，任务的种类亟需丰富。这三个学期，除了内容与细节上有变化，训练任务基本上只有三种：听写、译诵和写作。长期保持这种局面，会让学生产生倦怠的情绪。同时，尽管这三种训练任务糅合了不同技能训练，但是并不能解决同学们的所有问题。在反馈中，有85%左右的同学反映，他们在词汇和口语方面亟待提高；还有同学直接说"课下任务不够"，好多内容在任务列表中并未涉及到。因此，在下一轮的行动研究中，需要丰富任务设计，以便能够最大程度地满足学生的需求。

此外，要着手培养学生作计划、执行计划的能力。前三个学期，教师主要通过任务设计列表来实现学生每周的训练。在初期，通过这种手把手地教授，能让学生切实地自学，并且能感受到自学带来的帮助。但是，由于这些设计的最终目标是实现教师的"放手"和学生的"自主"，所以非常有必要对学生作计划和执行计划的能力进行培养。而这也是同学反馈的问题："英语的学习仍然没有形成持续性的习惯"、"良好习惯断断续续"或者"未认真把计划坚持下来"。这体现出，学生要么没有计划性，要么有计划却没有执行力。

6. 第四阶段行动研究（2012 年 2 月—2013 年 6 月，计 1 个学期）

6.1 计划与行动

　　基于前面的反思，四级的训练任务有较大改变。首先，任务设计的理念是以大学英语四级考试带动技能训练，任务要有较强针对性。本学期的学生处在第四学期，按照我校规定，他们拥有参加四级考试的资格。对于他们而言，通过四级考试是本学期面临的一项主要任务。因此，笔者试图紧紧围绕这个强烈的动机，设计不同的训练任务。其次，为听写练习提供辅助软件。以往的听写练习都是采用传统的播放器，手动来调节播放的进度。本轮研究中笔者为他们提供了可以进行自动断句、还能复读的软件，方便学生进行听写训练。另外，在执行各项任务之前，笔者让学生对自己的英语各技能进行反思并制定一个学期的学习计划。教师通过这样的方式实现介入：在本学期的第一节课上，让他们先反思自己英语各项技能中的薄弱点，再结合任务列表与整体学期课程表，设计一个本学期的英语学习计划。在同一堂课上，笔者要求学生随堂写一篇作文，意在据此判断他们的英语水平。笔者再根据对每个同学英语能力的评估来审查同学们的学习计划，并给出反馈及建议，学生再酌情进行调整。每位学生最后将计划写在笔记本的扉页，而教师则利用课间随机询问同学们计划的完成情况。还有，新增了让学生自主选择本专业经典论文进行翻译的项目，旨在引导其后两年的英语学习，即用英语学专业知识，为学生后期自主学习指明了方向。在策略提供方面采用了多样的形式。这个学期中，笔者几乎每半个月会针对词汇学习或其他方面让他们写下这段时期英语学习碰到的困难，笔者课堂内或课外单独进行指导。针对较普遍的问题，笔者还在课堂内设定讨论活动，让学生在讨论中找出共同困难的解决方法。此举可增强他们的策略意识，间接提高其自主学习能力。最后，在任务评估方面，采用了量化的方式。以往只是记录学生的学习情况，并未明确多大的努力对应多高的平时成绩，只给学生一种"多多益善"的印象，这不利于调动学生的积极性。任务的具体内容参见下表：

表4　4级自主学习任务列表

任务类型	任务内容	完成单位	任务频率	说明	评估
1.听写四级复合听写的材料（必做）	在课堂内当堂做复合式听写，课外再逐句逐词地听写出来。	个人	一周一次	以四级应试材料为载体，保证听力训练的常态化。	本级的任务旨在提供一个列表，给予学生较大的选择空间。学生可根据自身英语的薄弱环节，选择合适的任务进行训练。所有的任务都以√作为记录符号，完成一项任务在平时成绩记录中记一个√，每次出勤也记一个√。合计下来，本学期共会产生68个√，但学生只需要完成40个√即可得满分。平均下来每周仅1—2个任务。
2. buzz words	每周给出5个中文热词，要求找到英文翻译。	个人	一周一次	学生课外找翻译，教师课内就每个词给出一个小段落，集体进行快速阅读。	
3.词汇达人	每周给出200个四级积极词汇，供自学，若学生在课堂内愿意分享本周学习心得，包括困难及策略等，则成为词汇达人。	个人	一周一次	明确每周的词汇学习范围，先自主学习，后班级范围内分享，鼓励探索与分享。	
4.写作	从往年四级作文题中挑选不同体裁的作文题，第一周让学生自己写，发到批改网进行初评；第二周教师给出例文，学生自行比较，总结待改进的地方。	个人	两周一次	在网评与学生自评后，教师在课堂上，从学生的论文中挑出常见错误进行分析、讲解。	
5.论文翻译	开学三周内，各小组从各自专业领域的经典英语论文中挑出1000字左右的片段，先集体学习，之后合作翻译成中文。期末上交最后的译文。	小组（1—3人）	一学期一次	由于本级是必修课中最后一级英语课，希望借此练习引导他们将英语与专业学习结合起来，通过使用英语帮助专业学习。	

6.2 观察与发现

本学期，同学们表现出了高度的学习积极性。首先，本学期的出勤率很高，有些同学即使临时有事需要请假，事后也会自己补上作业并交给老师检查。另外，期末反馈中几乎90%以上的同学认为本学期的训练任务让他们有很大收获。不少同学认为本学期"学习过程比较充实"。

在同学们反馈的受益项目中，听写、buzz words 和词汇达人是排在前三位的。但令人惊喜的是，同学们的收获不是呈现大一统的局面，而是各有各的收获。收获的差异化证明了菜单式的任务设计和丰富的训练项目起到了预期的作用，即帮助不同的学生解决不同的问题。有同学写道："这些作业对提高英语真的很有用。"

课内外衔接方面也起到了好的作用。本学期，除了论文翻译之外，几乎所有的项目都实现了课内外衔接。这些项目往往需要学生在课外查找资料，教师课内对照讲解；有些是课内训练完，课外进行后续的练习。这样课内外不同角度处理同样的材料，增加了材料的使用率，也提高了任务实现的效果。课内外相衔接事实上也弥补了网络课缺失所造成的遗憾。这种形式能够让教师观察到学生的完成情况，也有空间就大家的具体问题进行答疑，能够发挥教师的其他角色作用，促进师生交流沟通。

量化的评估方式给了学生充分的自主权。教师只是确定最低任务完成量，即及格线。每个任务完成量都有一个对应的成绩，这让学生可以根据自己的学业任务及其他客观条件，主动选择需要做多少。而至于选择做什么任务，则借由教师在学期初的作文反馈，让他们在学期计划中确定，再用一学期的行动来执行，这样就训练了学生作计划和执行计划的能力。这个做法被证实起到了作用。在反馈中有同学写道，"（收获）主要是能持续学英语了"，或是"感觉能更自主地学习英语了"。

6.3 反思

本轮行动研究中，笔者打破思维定势，认真思考学生的学习需求，充分利用学生的学习动机，优化设计训练任务，得到了学生们的积极回应，取得了较明显的效果。其中有几个理念和做法起到了关键的作用：（1）充分分析学生需求，在此基础上设计任务，可以起到事半功倍的作用，也是教师实现重点角色即任务设计者的关键所在；（2）学习计划性的培养是不容忽视的。

在让学生进行课外训练之前，让他们反思自己的英语能力，参考任务列表，自主作出学习计划，教师通过作业检查等方式督促他们执行计划，这既有益于培养学生的计划性，也有利于教师发挥策略提供者及监督者等作用；（3）教师在评估与反馈的时候，采用量化的方式，通过设立指标体系，让学生自主选择做多少，又通过策略指导，让学生选择做什么。将教师放在引导者的位置，将学生放在中心自主的位置上。

在某些任务的反馈评估上，还要细化，在更大程度上发挥教师的评估者作用。作为评估者，教师可以在学生任务完成的"有"与"无"上作出准确判断，但是对于完成情况的"优"与"劣"不能作出精准记录。在初期，可以通过有与无的记录，鼓励大家做，但是到了高级别，比如三、四级，应该出现有层次的评估，这样才能帮助同学定位自己的问题，进行有的放矢的训练。

对于一些新任务，需要积累一些经验。词汇达人这个任务意在让同学们有词汇学习的策略意识。在初期，不少同学能积极主动地分享，但是到后期，学生没有新的策略进行分享，有时出现冷场的局面。教师仅仅是用言语激励他们共享词汇学习策略，但这显然不够。对于此类任务，还需摸索出一些有效的方式，比如教师介绍与学生介绍相结合；或引导学生提出具体问题，大家一起商议等等。

7. 结论

教师有效介入学生的自主学习，对培养学生的自主学习能力，提高教学效果会起到很重要的作用。"在实施自主学习模式时，特别是在起始阶段，教师的适时介入，教师提供的各种支持，对促进学习者自主性起着非常重要的作用"（李秀萍、张艳萍，2010）。然而，考虑到自主学习能力是一个"连续统一体"，若缺乏常规而有序的监督，很多学生将变得迷茫，失去方向（贾国栋，2006）。教师培养学生自主学习能力应该是一个"长期、动态的过程"（何晓东，2004）。这个过程应当由各有侧重、先后有序的不同环节构成。放在大学英语这个语境下，对学生自主学习能力的培养，应当贯穿于所有级别，每个级别重点不同，相互支持，形成一个学习连续体。同时，在这个过程中，教师的介入不应该只局限于学生课堂内的自主学习，"在校期间不能只培养课堂自主学习，更多的研究应该关注课外自主学习"（麻珍玉，2010）。另一个将课内课外有机结合的依据是，完全自主的学习独立于课堂教学、教师与书本（Benson，2007），这是一种理想化的状态，但却是教师介入学生自主的目标与初衷。因此，在介入时，应该引导并创造丰富的机会，让学生有多样化的自主学习体验，学生从这些体验中吸收经验或汲取教训，为今后完全自主的学习打下基础。

从四个学期的教学实践来看，在四个级别的大学英语学习中，教师需要为学生设计一个课外的自主学习列表，为学生提供合适的学习材料，进行有力的监督，提供有效的策略支持，给予有力的评估，不断激励学生的学习动力。这不仅能让学生的自主学习落实到具体行动中，还有利于培养学生的自主学习能力。以自主学习列表作为载体，一个历时四个学期，糅合了听说读写译技能训练，融合了课内外的学习连续体得以建立。

在这个学习连续体中，教师扮演了六大角色：学习任务设计者、学习策略支持者、学习材料提供者、学习动力激励者、学习进度监督者以及学习活动评估者。其中，任务设计者是关键和核心的角色。杨学云（2008）认为，教师在学生自主学习中起到了重要的中介作用，而"教师的主要职责在于为互动学习创设条件，设计出针对性强、富有成效的可供学生操作的学习问题"。学习任务设计合理与否还关系到是否能充分发挥教师的学习材料提供者和学习策略支持者这两大角色，因为任务涵括了学习材料，也可以是训练某种技能的方法；学习动机激励者的角色需要教师随时关注学生的学习动态，及时而又有针对性地给予激励；学习进度监督者是学生自主学习是否能完成的有力杠杆；学习效果评估者则是最难的部分。教师需要针对不同任务的不同特点有效而准确地评估，而学生则可以通过这个评估反馈对自己的自主学习进行调整。总之，这些角色既各有侧重，又需相互协调，以达到整体效果。

参考文献

Benson, P. 2007. *Teaching and Researching Autonomy in Language Learning.* Beijing: Foreign Language Teaching and Research Press.

高吉利，2006，国内"学习者自主性"研究的回顾与展望，《国外外语教学》（2）：54-59。

何晓东，2004，国内自主英语学习研究中的若干问题，《外语界》（4）：10-14。

华维芬，2001，试论外语教师在自主学习模式中的定位，《外语研究》（3）：76-79。

贾国栋，2006，论大学英语教学改革的成果、存在的问题及措施，《外语界》
　　（S1）：42–47。

江庆心，2006，论教师介入学生自主学习的重要性，《外语界》（2）：10–15。

李秀萍、张艳萍，2010，外语自主学习模式中的"教师介入"问题研究，《榆林学
　　院学报》（5）。

刘岩，2009，自主学习模式中大学英语教师角色探析，《沈阳工程学院院报》
　　（2）。

宁顺青，2012，英语教学与自主学习良性循环，《中国外语》（4）：77–81。

彭梅，2012，英语听写教学行动研究——以非全日制英语专业大学为例，《外语
　　界》（2）：79–87。

王艳，2007，自主学习者对教师角色的期待，《外语界》（4）：37–43。

杨学云，2008，教师的中介角色在学生外语自主学习中的作用，《重庆交通大学学
　　报（社科版）》（6）。

杨学云，2009，听写式语言输入训练对英语听力能力发展的有效性研究，《外语与
　　外语教学》（7）：29–32。

张旭丹、林辉，2011，国内英语听写训练研究综述，《重庆三峡学院学报》
　　（6）。

赵国梅，1997，对听写在英语教学中的综合评价，《解放军外语学院学报》
　　（6）。

赵小沛，1999，浅谈听写的机制与用途，《国外外语教学》（3）：45–47。

北京林业大学团队行动研究

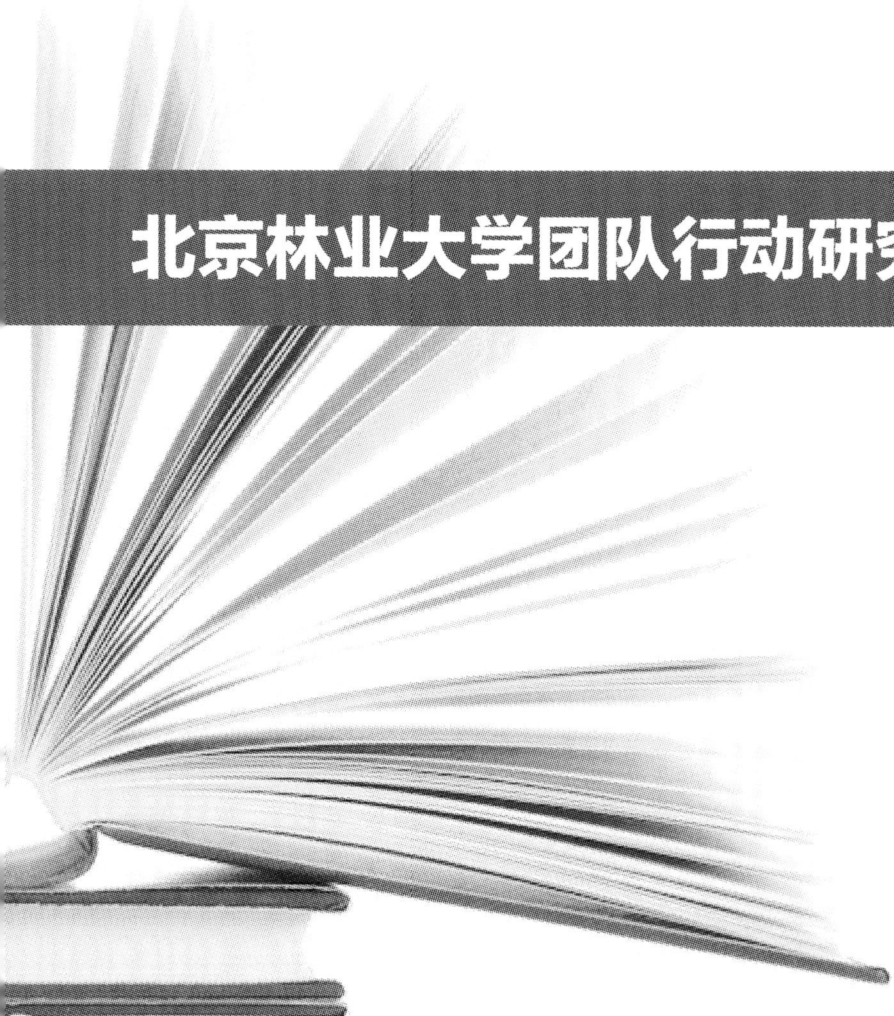

交流·互动·点拨·提高[1]

——北京市高校英语教师互动发展团队 建设项目北林总结报告

李　欣

北京林业大学

　　2011年3月至2013年1月，在北京外国语大学中国外语教育研究中心主任文秋芳教授的大力倡导和积极组织下，北京六所高校（中国政法大学、北京林业大学、北京工业大学、北京化工大学、北京联合大学和首都医科大学）的中青年教师共同参与并完成了为期两年（四个学期）的"北京市高校英语教师互动发展团队建设"项目。

　　该项目是文教授发起的"构建基于课堂关键问题研究的教师—研究者发展互动团队"（简称"教师—研究者互动发展团队"）项目的拓展和延续。教师—研究者互动发展团队项目成员由5名北外教师（其中4位教师教龄不超过5年，1位是已从事大学英语教学30年且教学效果显著的资深教师）和4名中国外语教育研究中心的研究者构成。这个项目堪称一个创举，将一线教师与研究者结合，让青年教师"经历了一个确定问题、思考问题、研究问题并积极寻找解决问题对策的行动研究过程，教师的专业知识水平、专业技能和情感的协调能力得以不断提高，从经验直觉走向科学规范的教研活动"（文秋芳、任庆梅，2011）。此项目使得青年教师能够得到专业研究人员在教学和科研方面的精心指点，而研究人员也能及时了解一线的教师和教学情况，使科研能够"接地气"，具有很强的实践和现实意义。在此基础上，"北京市高校英语教师互动发展团队建设"项目不论规模和影响力都更加扩大，囊括了北京市六所高校，总共由40名中青年教师组成。在文教授"手把手、面对面"的辅导下，项目参与者经历了"情感交融（1个学期，包括行动研究概念、方法的学习）—教学观摩和行动

---

1. 本文是北京林业大学商务英语优秀教学团队建设项目的成果（项目编号：TD2012063）。

研究（2个学期）—行动研究论文撰写（1个学期）"的行动研究全过程。经过四个学期的春秋寒暑，文教授付出了心血，我们付出了汗水，而我们的所有收获不仅对我们的教学和科研，而且对我们今后的教学理念、人生态度都产生了深远的影响。笔者作为北林团队负责人，对我们小团队的活动情况进行简要的梳理和总结。

1. 北林团队成员和活动概况

北林外院此次共有7名成员参加了该项目，其中副教授3人，讲师3人，实验师1人。成员年龄最大的44岁，最小的29岁，平均年龄为36.29岁。教龄最长的16年，最短的只有3年，平均教龄为10.57年。我们小团队可谓是一个"混合"团队：4名成员来自商务英语系，2名成员来自大学英语部，1名成员为本院计算机实验师（其本科也是英语专业）。各位项目成员教师的基本情况见下表：

表1　我校参加项目教师的基本情况

项目成员	出生年月	职称	教龄	最高学历
教师1（女）	1977.2	副教授	10	博士（在读）
教师2（女）	1975.3	副教授	16	硕士
教师3（女）	1969.12	副教授	15	硕士
教师4（女）	1975.12	讲师	12	硕士
教师5（女）	1977.12	讲师	8	硕士
教师6（男）	1984.10	讲师	3	硕士
教师7（男）	1980.3	实验师	10	博士

在参与"北京市高校英语教师互动发展团队建设"项目的过程中，在文教授牵头下，我们还申报了北外中国外语教育研究中心和外语教学与研究出版社共同资助的科研项目"北京市高校英语教师互动发展团队建设"的子项目"基于行动研究的高校英语教师的专业发展和团队建设"，获得5000元研究经费支持。

2. 北林团队活动情况和心得体会

在整个项目进行期间，北林团队成员共参加大团队互动活动14次，组织小团队活动15次，撰写活动简报7篇，撰写反思日记58,310字，完成行动研究论文 3 篇、活动总结报告 1 份。整个项目可以用八个字概括：交流、互动、点拨、提高。即小团队成员交流，大团队互动讨论，专家辅导点拨，最后所有参与者的教学、科研、反思能力得到逐步提高。这个项目有三大亮点：其一，整个项目以行动研究为基础，是动态展开的，所有项目参与者均对自己教授的课程进行了不断反思的行动研究，而整个项目本身也是一个了不起的行动研究；其二，打破学校界限，将 6 所高校的英语教师组织在一起，历时两年（四个学期）充分互动、融合，互相取长补短，共同成长；其三，由教学经验丰富、科研成果丰硕的专职研究者全过程精心组织和全力参与，面对面地对项目成员的教学、科研乃至教学管理等方方面面进行全方位的辅导、指点，给出高屋建瓴的指导意见，具有很强的人文关怀精神，大大加速并助力了青年教师专业发展的进程。

2.1 团队内、外充分交流互动，构建教师专业发展"共同体"

广东外语外贸大学董金伟教授（2012）曾指出："Richards 和 Farrell（2005）总结了促进语言教师专业发展的 11 种学习策略，包括自我监察（self-monitoring）、同伴辅导（peer coaching）、合作教学（team teaching）、教师互助小组（teacher support groups）、教学工作坊（workshops）、案例研究（case studies）、行动研究（action research）等，对我国外语教师的专业发展具有指导意义"。而我们参与的跨校互动发展团队项目几乎囊括了上述所有学习策略。

小团队成员通过相互之间的课堂教学观摩和常态课录像观摩、交流和讨论，加强了情感交流，改变了过去"我的地盘我做主"的封闭式教学状态。成员可以共享每个人的教学内容、方法和步骤，共同探讨教学中的问题和困惑，互相借鉴教学中的有效方法，每个人的教学思路都得以拓展。大团队互动活动是我们都很期待的，因为有 6 所学校 40 多位教师的思想和智慧可以进行碰撞。每次大家的讨论都非常热烈、坦诚，其中不乏充满见地和富有挑战的观点。通过大团队活动我们可以领略不同学校的风格，欣赏更多同行的教学风范，吸收更多同行的教学经验。正如我校一位教师在 2012 年 2 月 26 日大团队活动结束后在反思日记中感慨："首先，我们惊叹于张教授对写作课所作的精心安排、细心总结、主动改良等一系列举措，另外，对于这位老师对行动研究的理论认识得如此深刻，将其与实践结合得如此恰当，我们也深感折服。"

可见，我们的大、小团队活动为我们提供了训练自我监察、同伴辅导、合作教学、教师互助小组、教学工作坊、案例研究、行动研究等多次教师专业发展策略的机会。教师学习本质上是一种社会活动，合作学习是构建知识体系、碰撞创新思想火花、产生创新成果的最有效途径（文秋芳、任庆梅，2010）。我们的教学、科研和专业发展不再是闭门造车、孤军奋战，而是有同伴的互助、同行的启发、专家的指点，因此"教师—研究者"动态互动专业发展"共同体"逐渐形成。下面一段我校某老师的反思日记很好地概括了这个共同体带给我们的益处：

> 通过这次活动，我们小组都感到自己"功力"的不足，还无法迅速抓住事物的本质，还需要进一步提高理论修养和实践能力。我们也深深感到，通过同行之间的互相切磋，可以相互了解教学情况和各自思考问题的方式，相互取长补短、共同进步；通过像文老师这样的学术大家的醍醐灌顶式的启发，大家在教学、科研、团队合作，尤其是思辨能力等方面都获得了很大提高。我们越发感到这个项目的价值和重大意义了，我们也会以自己的实际行动更加积极地投入这个活动，进一步发挥大团队和小团队的配合支持效应，不断获得自我提升，从而打造团结进取、素质过硬的团队。

2.2 系统地完成行动研究，同步提高反思、教学、科研能力

对于行动研究，我们小团队在项目之初可以说是一无所知。文教授就从行动研究的基本概念、基本方法和实施步骤这些最基本的方面讲起，在大团队互动活动中多次使用下面这幅形象说明行动研究过程的图示，给我们留下了深刻印象。

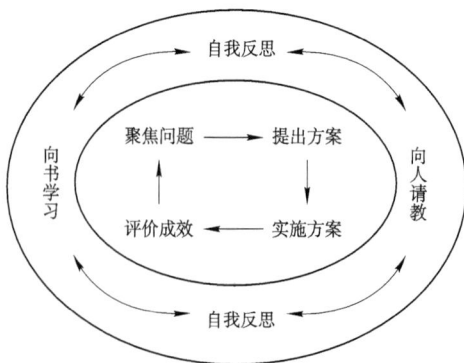

图1　行动研究流程图（文秋芳、韩杰，2011）

　　但是，经过几次讲解以后，大家对行动研究还是处于感性认识阶段，正如我们在2011年10月的活动简报中所记录的："本次活动的效果比较明显，我们已经进入了课堂观摩、课堂录像并讨论的实质阶段。但是，大家（对于行动研究）还是有些困惑，对于怎么样确定研究问题还不是特别明确，希望在下一次的大团队活动中解决这个问题。"因此，文教授在2012年2月26日的"行动研究选题研讨会"大团队活动中，跟我们分享了她的"提高'文献阅读与评价'课程质量的行动研究"，为我们呈现了从2008年到2011年，文教授讲授"文献阅读与评价"课程中分析出现的问题、总结与反思、行动与改革、再总结反思、再行动改革的行动研究过程，使我们对行动研究有了更加直观的认识和了解。我们的一位成员在她的反思日记中写道："这个例子非常生动具体。从中可以看出文老师在教学中不断总结经验教训，不断反思，追求卓越，精益求精的精神。没有这种精神，行动研究是做不好的。我们从中可以借鉴很多，收获很大。"

　　在文教授的悉心指导和潜移默化的影响下，我们团队的成员逐步开始将潜意识中自发进行的教学反思变成自觉行动。某位成员老师在她的反思日记中，全面记录了她对自己大学英语"小班面授"环节的反思：

　　（1）个别学生英语表达不够好或不够珍惜机会，提出的问题不清楚或太宽泛。（2）学生问题和解答所占用时间不同，如何配比？（3）教师面授强度大，时间紧张。（4）如何评估小班面授的有效性？（5）小班面授中如何更加关注后进生，应该通过什么方式给后进生提供更多的机会？（6）小班面授方式的推广问题。小班面授要求尊重学生的个性和人格，建立新型民主的师生关系，致力于激发和调动学生内在的积极性和主动性，注重个人的独创和自主，充分发挥学生的主体作用，最大限度地促进学生个性的和谐发展，成为课堂教学的有机延续。这种形式也应该在英语专业推广，因为语言教学毕竟是文化和人文的学习，这与理工科教师在讲台上教授一个数学公式截然不同，（小班）面授某种程度上能够解决我们大班授课缺乏个性化和人性化的问题。（7）小班面授可以采取哪些有效、灵活、生动的形式进一步增进效果？

　　没有参加这个项目之前，这个反思过程是我们在头脑中隐性地进行的，只是一闪而过，没有文字记录和系统总结，时间一长也就抛诸脑后了，针对教学中的问题进行基于反思的行动干预和改革也就更无从谈起了。

2012年2月至8月是我们从课堂观摩、讨论向行动研究过渡的阶段，本学期的跨校团队互动活动计划请参见下表：

表2　2012年上半年活动计划

活动时间	参加人员	内容	组织者
2月18日—19日	跨校团队负责人与骨干	增加沟通，增强互信	文秋芳
2月26日下午	跨校团队成员	交流行动研究课题	北京工业大学、中国政法大学、首都医科大学
3月31日下午	跨校团队成员	教学录像讨论+行动研究	北京化工大学
4月28日下午	跨校团队成员	教学录像讨论+行动研究	北京联合大学
5月26日下午	跨校团队成员	教学录像讨论+行动研究	北京林业大学
6月30日下午	跨校团队负责人	总结各校活动情况	文秋芳
8月25日—26日	跨校团队负责人与骨干	讨论最后阶段的工作计划	文秋芳

根据活动计划，我校在本学期最后进行汇报，一位教师进行了"演讲与辩论"课程的教学录像讨论汇报，另一位教师进行了"商务英语听说"课程行动研究方案的汇报。尽管已经经历了前几次兄弟院校老师们的汇报、大团队讨论、文教授的细致点评和讲解，我校的行动研究方案仍然存在教学问题界定不清楚、确定的教学问题范围太大、太泛，确定的教学问题缺乏逻辑主线等问题。为此，本学期结束后，文教授又在暑期给所有项目成员推荐了两篇在国外权威刊物上发表的行动研究论文：Increasing critical multicultural understanding via technology "teachable moments" in a university-school partnership project 和 Peer feedback in an undergraduate programme: using action research to overcome students' reluctance to criticise. 要求大家暑假认真阅读、研习，文教授在下学期的大团队活动中针对这两篇论文组织大家集体学习和讨论。

2012年9月至2013年1月，项目进入第四学期，也就是行动研究论文报告的撰写阶段。对此我们仍然记忆犹新。从第一次活动开始，文教授就从一篇暑假推荐阅读的论文 Peer feedback in an undergraduate programme: using action research to overcome students' reluctance to criticise 入手，从题目、摘要、关键词、引言、论文结构等方面细致入微地讲解，手把手教我们如何写行动研究论文。而且，每次大团队活动中，由两个学校各推荐一篇论文，文教授采取了对比阅读的方式，带领大家对比两篇论文的题目、摘要、关键词、引言和论文结构，甚至直接对论文文字进行修改、润色。这样的做法给我们启发，也让我们感动。以2012年11月17日的大团队活动为例，当时讨论的是北京化工大学某老师的关于"课堂提问"的行动研究报告和首都医科大学某老师的提高口头报告效果的行动研究报告。我校某老师对于此次活动在反思日记中写下了这样一段文字：

> 文老师对于每次活动的安排都独具匠心，这一次我更是深有体会。其实文老师对于这两篇文章早已做好了研究，对每一环节都有了自己的观感。但文老师并没有直接告诉我们这两篇文章的优缺点在哪里，而是不断地启发所有老师，开展小组讨论，让我们自己去发现问题、指出问题、提出解决问题的办法，然后文老师应用自己丰富的理论知识和实践经验带领着我们从文章中的每一个细节去全面而又深刻地发现这两篇行动研究论文的特色、亮点和不足：从题目、摘要、关键词、结构、引言到各个阶段的具体安排、实施和反思。同时教会了我们怎么去发现和研究问题，由人及己，使我们学会怎么去撰写行动研究论文。文老师考虑周到，精心安排，认真倾听，分析细致，耐心指导，语言措辞中洋溢着热情和鼓励，充分考虑到发言老师们的心理接受程度，这样的工作作风让我钦佩之至，充满感激。

我校另一位老师在反思日记中这样写道：

> 通过文老师具体的行动研究，我进一步明确，行动研究就是要解决看似"小儿科"的问题，而这些问题都是教学中出现的亟待解决的问题。把这些问题一个个、一步步攻破，量变积累到质变，教学质量和效果就会得到飞跃式的提升，学生才能获得真正的益处。

从以上反思日记可以看出，我们团队成员对于行动研究的认识越来清晰和理性。经过这个洗礼过程，我校团队成员在本学期结束前完成了三篇行动研究论文：一篇关于加强听力课上标准英语新闻听力效果的行动研究，一篇关于提高"商务英语听说"课程教学效果的行动研究，一篇关于提高"工商导论"课程教学效果的行动研究。至此，我们对行动研究从一无所知到通过观摩自己和同伴的课堂教学及录像发现问题、反思问题、讨论问题，到确定行动研究选题，研读文献，向同行、专家请教，再到全面系统地完成行动研究的过程，最终完成行动研究论文，实现了对行动研究从感性认识再到理性认识再到亲身实践的飞跃。更重要的是，我们以此为契机，使自身的反思、教学、科研能力较以前有了很大提高。

2.3 研究者点拨、引导、示范，加速教师专业发展进程

Graham Crookes 区分了两种不同的行动研究：一种是传统意义的"教师—研究者"模式，另一种是批评性教育实践"教师即研究者"模式。第一种研究模式强调教师借助专家和学术权威的指导解决课堂教学中存在的问题，而有学者认为通常教师在这种研究模式中是相对被动的，行动研究的成果实际上往往由专家向学术界单独公布，且研究报告晦涩难懂，研究成果很少被直接应用到语言课堂教学中。第二种行动研究则不是围绕专家展开，因为教师本身就是学术研究者。教师让一项课堂教学改革计划循环往复地进行下去，经过反思和不断修正，从而得到发展（翁玲凤，2011）。诚然，教师对自己的课堂进行行动研究，无疑可以提高自身反思能力和教学效果，而且教师之间也可以互相帮助、互相启发、互相激励。但是，如果没有专家的参与和点拨，教师囿于自身的经验和能力，可能会在同一水平上反复，达不到应有的理论高度（文秋芳、任庆梅，2010）。因此，原有的教师专业发展模式都有待进一步改进和完善。

而我们的教师跨校互动发展团队建设项目，推崇的是建设研究者—教师互动合作团队，立足教师自身课堂教学中存在的问题，由教师自己反思、设计行动方案、实施并检验效果，再一起分享、讨论，共同谋求对策和改进措施。在整个过程中，研究者文教授全程参与，而且每个环节都精心准备和组织，严格控制，保证大团队活动的质量。在所有大团队活动中，我们印象非常深刻的一次是2011年12月30日，首都医科大某老师就词汇教学进行的汇报。针对这次汇报，文教授事前准备好了多达45页的PPT，在总结了汇报情况和组织完讨论后，文教授围绕词汇教学给全体成员进行了专门的讲解，内

容涉及词汇教学相关理论、词汇教学类型、教学内容以及词块教学等，提高了我们对词汇教学的认识，把词汇教学上升到了理论高度。我校一位教师在反思日记中写道：

> 文老师理论结合实践的讲评又让我茅塞顿开，form、meaning、use的（词汇）教学内容，sound、meaning、shape的"词汇三角"，词汇类型和词汇教学的三个层级的教学目标以及词块教学等理论概念，使我对词汇教学忽然有了新的认识，原来英语教学的任何环节都是有理论支撑的，都是离不开理论指导的，词汇教学也不例外。结合文老师有理论深度的讲解，我反思了自己词汇教学中存在的主要问题……

因而，有了专家的点评和指点，教师摸索、总结教学经验和理论成果的效率和效果较之前独自进行时都大大增强，教师的成长进程得到了加速。除了专业素质和知识，教师知识中还有一类知识，是精神层次上的，我们暂且称之为"解放性"（emancipatory）知识，它涵盖教师的职业观、职业道德、职业态度和职业发展观。这类知识更为根本，它构成教师专业发展的原动力；它与宏观学科教学知识互动，在宏观意义上影响教学导向和教学效果（吴一安，2008）。在项目执行的两年的过程中，我们跟文教授学到的不仅是教学科研理论及教学知识和经验，更重要的是领略了专家的教学信念、治学的严谨态度和人生态度。在文教授的带动下，我们不断重新认识教育、认识自己、认识学生、认识环境、认识语言、认识语言教学，因此，我们的思想境界也在慢慢提升，这不仅对我们的教学和科研，而且对我们的人生都有重大意义。比如，我们的所有大活动都是在周末或者节假日，文教授从未因自身原因调整活动时间或者请假，每次活动从未迟到，而且严格要求团队成员保证出勤以及反思日记和活动简报的提交。针对每位老师的汇报发言，文教授都会精心准备充分的相关材料和内容，使我们每次活动都是带着问题和困惑而来，载着满意和收获而归。而且这种影响具有传导和辐射作用，比如词汇教学研讨结束后文教授还给我们发了词汇教学光盘，一位老师在反思日记中表示要给学生提供光盘，共同完成词汇学习的内容。

另一位教师在"如何做有效的presentation"讨论活动结束后的反思日记里写道："文老师在周六会议后期做的'如何make an effective oral presentation'的总评非常精彩，很精辟，对我们一线教师的教学有很强的指导意义。我已经把文老师的精彩点评录制下来了，供团队中未参加会议的老师分享。而且也会给教研室的（未参加项目的）其他老师分享。"可见我们的收获和收益已经通过我们传递给学生和周围的同事，其影响力是深远的。

3. 北林团队活动中存在的不足、得到的启示和今后努力的方向

由于我们的团队成员最初来自不同的专业和教研室，各自讲授的课型和内容都不尽相同，这给我们的讨论带来一定的困难。另外，由于我们大家最开始对行动研究知之甚少，活动之初普遍存在一定的迷茫和困惑。加之，团队负责人本身教学、科研以及系部工作任务较重，而且自身的理论和科研能力也有待加强，所以在小团队的讨论中尽管每次也会精心准备，但是还无法给其他成员有一定理论高度的启示，因此一定程度上影响了小团队活动的效果。但是，随着大团队活动的深入开展，兄弟院校同行间不断取长补短，互通有无，伴随着每次大团队讨论后文教授鞭辟入里的点评和条分缕析的讲解，我校成员都感受到了这个项目的益处，开始从半自觉半自愿参加活动到积极主动参加活动、撰写反思日记和论文。特别让我们感动的是，文教授还专门组织了密云云蒙山和蟹岛两次团队代表的务虚会，总结本学期大团队活动，制定下学期活动计划，并且各自畅谈自己学习、教学、工作中的困难和体会，表现了极大的人文关怀气息，让我们时刻都能感受项目集体的融洽和温暖。

通过这个团队建设项目，我们有三点启示：第一，活动之初的情感沟通和交融过程非常必要，它可以使后续活动的开展更加顺畅；第二，专家的核心灵魂作用至关重要，这是本项目最大的魅力所在；第三，小团队的负责人非常关键，团队负责人的热心、责任心和业务能力固然重要，但是团队负责人最好由院系负责人担任，这样权威性更强，可以充分保证活动的质量和效果，就像北京联合大学全过程由系主任带队，全方位支持，他们学校教师的出勤率高、活动热情强烈、活动材料上交也都非常整齐划一，给我们留下深刻印象。

通过这个项目，我们已经逐渐掌握了行动研究这个有效的教学科研利器，慢慢体会到行动研究对课堂教学、学生学习、教师专业发展所起到的重大作用，并且渐渐养成了反思总结的习惯。今后，我们团队的成员将以此次项目为契机，更加关注自身的课堂，更加关心自己的学生，更加躬身理论钻研和教学实践，更加虚心向同行学习、向专家请教，在自身专业发展道路上做出更大努力。

参考文献

董金伟，2012，促进大学英语教师专业发展的学习策略——以G大学为例的实证研究，《外语教学理论与实践》（2）：14–22。

文秋芳、任庆梅，2010，大学英语教师专业发展研究的趋势、特点、问题与对策——对我国1999—2009期刊文献的分析，《中国外语》（7）：77–83。

文秋芳、任庆梅，2011，大学外语教师互动发展新模式下一线教师的专业成长，《中国外语教育》（1）：22–24。

翁玲凤，2011，行动研究与大学英语教师专业发展，《科技信息》（16）：155。

吴一安，2008，外语教师专业发展探究，《外语研究》（3）：29–38。

提高英语专业学生基础阶段标准新闻听力水平的行动研究[1]

蓝瞻瞻　李　欣　许景城

北京林业大学

提　要： 本研究通过行动研究旨在探讨英语专业一、二年级学生对标准英语新闻听力出现恐惧和无奈背后的原因及教学解决手段。研究分三个阶段。第一阶段，笔者试图通过"泛听"的方法克服学生的标准英语听力恐惧症，然而此方法比较适合成绩较好的学生，水平低的学生收效甚微；第二阶段，笔者把"帮学生打好听力基础"作为出发点，有针对性地给学生提供适合学生水平的听力材料，效果良好，但发现学生对新闻篇章的整体把握仍欠佳；第三阶段，笔者增强总结性题目（summary writing）的练习，使得学生"场依存"能力增强了。文章最后，笔者对此次行动研究进行了总结。

关键词： 英语专业学生；基础阶段；标准英语新闻；行动研究；场依存

1. 引言

　　笔者自2004年开始教授英语专业听力课程以来，在课堂上就会留出专门的时间进行英语新闻听力的训练。听力课每周4学时，每学期64学时，全年级四个自然班，每两个班合班50人同时上课，两个合班分别由两位教师同时授课。按以前的通常做法，学生第一学期以VOA慢速英语训练为主，第二学期以BBC慢速新闻为主，第三学期以VOA常速新闻为主，第四学期以BBC常速新闻为主。每次英语听力课上，笔者会利用20分钟左右的时间，截取VOA、BBC（偶尔也有CNN）的新闻报导，自己设计练习让学生练习。其余课堂教学时间笔者会讲授并完成教材（《初级英语听力》、《中级英语听

1. 本文是北京林业大学商务英语优秀教学团队建设项目的成果（项目编号：TD2012063）。

力》）中的教学内容和练习。

　　但是，笔者发现大一、大二学生普遍对VOA和BBC等标准英语新闻听力感到非常恐惧与无奈，故笔者尝试寻找解决之道，发现国内外众多语言学家已总结了许多影响学生听力理解的因素。束定芳和庄智象（2004）把影响听力理解的因素归为5类：（1）听力材料的特征；（2）说话人的特征；（3）任务特征；（4）听者特征；（5）听力过程的特征。章兼中和俞红珍（1998）则把影响外语听力理解的因素分为两类：客观因素和主观因素。张麦强（2003）列出了6个影响因素：（1）基本语言；（2）文化背景知识；（3）母语的影响；（4）听的习惯；（5）心理因素；（6）逻辑思维。Krashen（1981）认为学习者心理上会产生一种语言吸收障碍，阻碍了学习者把可理解的语言成分全部运用到语言交际中。他把这种障碍叫做"情感过滤"。"情感过滤"是无意识的，是由焦虑或缺乏自信心而造成的，即焦虑或缺乏自信心阻碍了学习者形成对语言的深刻印象。听者的情绪状态是影响听力的一个主观因素。在不具备良好的听的动机和自信心的情况下，听者的注意力往往容易分散，从而干扰听的过程，以致难以提高听力理解能力。Anderson（1985）认为，听力理解过程可分为三个阶段：感知（perception）、分析（parsing）和运用（utilization）。这三个阶段既是相互联系又是循环往复的，并且不断修正。在感知处理阶段，听话者将注意力集中在语言的声音上，但声音是稍纵即逝的，只能暂时保存在形声记忆中。由于人的注意力有限，因此听话者就会采取相应的策略，利用讲话者的停顿，采用记忆策略和选择策略等等，将语篇中的关键词和短语转入长期记忆中。

　　结合专家的观点以及多年的一线教学经验，笔者发现学生听不懂英语新闻，除了与以上专家指出的心理因素、母语影响、逻辑思维、听的习惯等普遍因素有关之外，最重要的原因在于学生不了解新闻听力材料的体裁，不熟悉新闻报道的背景，也不习惯电台主持人的语速。他们在上大学之前使用的听力材料都是基于某一场景的谈话、数字的听写等等，都是录音棚里录制的，背景相当安静，发音特别清楚，语速也很慢，因此他们对标准英语听力不适应。

　　通过与30位大一英专学生的面对面交流，笔者证实了自己的判断，发现大一英专学生新闻听力的现状如下：

（1）从来没有或很少听语速如此快的新闻报道。

（2）还有些背景杂音，说话人的声音有时忽高忽低；有些单词怎么也听不懂，但老师写出来后发现原来是"它"，太熟悉了。

（3）不习惯连线采访，特别不习惯对有较重口音的当地人的采访。

（4）感觉国外新闻的报道方式跟国内机构报道的方式不太一样，国内新闻报道（如新闻联播）一般只把整个事件交代完，国外还对事件的原因进行解释或对事件进行评价。后面的这些解释和评价很难听得懂。

为此，笔者根据以上现状制定了针对标准英语新闻听力教学的三个阶段、为期四个学期（两年）的行动研究任务，以便探索每一阶段学生新闻听力中所反映出来的问题及其解决方案。

2. 第一阶段（2011 年 9 月—12 月）：克服恐惧症

2.1 计划制定与实施

本阶段是大一新生的第一学期，两个班合班上课，每班50人，学生人数共为100人。教学内容以VOA标准英语训练为主，而非以前的慢速英语。教学方法以任务型教学方法为主，课堂以学生听为中心，老师讲解为辅。

在第一堂课上，笔者向学生介绍了本学期英语听力的目标、任务和评价方式等：

（1）除了每周两个课时的听力课外，要求学生至少每天听20—30分钟的BBC、VOA或CNN——不管通过什么方式，也不管什么内容，要求他们把听到的大意写出来，笔者每周上课时抽查一次，每次抽查5人。

（2）每周课堂上，在上课的前5分钟笔者会随意请一位同学上来做Oral Presentation，请他把听到的内容跟大家分享，并以此作为平时成绩的一部分。平时成绩将占到期末总评的30%。

（3）在每节课将要结束之前，笔者会将课本中的一部分听力内容布置给大家，要求学生回去听并把习题做完，课堂上对答案。不布置的内容先不要听，留到课堂上听。因为课堂时间有限，因此只在课上听重要的内容。

做如上安排皆因笔者发现，学生恐惧标准英语新闻听力是因平时听原滋原味的新闻或评论太少，此前仅听从录音棚录制出来的英语，而不是英国人、美国人每天听的或看的地道新闻。

在后来的教学过程中笔者抽查发现，学生课外都能保证坚持每天20分钟的新闻听力练习时间，自选的新闻听力材料主题广泛，涉及政治、经济、文化、科技等方面，在笔记本上认真记录了每一条听过的新闻内容大意。此外，课堂上学生Oral Presentation开展的情况也不错。每一个学生都是有准备的，虽然大多数说得不好，特别是有些学生的口音特别重，但是学生们的态度都非常认真，他们的勇气和态度都让笔者由衷感动。总结起来，通过第一阶段的训练，取得了如下教学效果。

（1）大多数学生逐步克服了标准新闻听力的恐惧症、焦虑症，表现在能保证每天的新闻听力时间，自选的听力材料也丰富多样。

（2）学生已经熟悉了英文新闻报道的套路：一般情况下第一句是新闻概要，接下来是实践详述，最后是专家评论解释或只评论。

（3）大多数学生开始逐渐适应英美国家的口音，并能辨别英式和美式发音。

（4）在课堂上的Oral Presentation中，一半左右的学生逐渐表现得勇敢、从容了。

2.2 "两极分化"

虽然这一阶段取得了较为可观的成效，但也出现了一些问题，如：

（1）小部分学生虽能完成任务，但其焦虑症依然存在，表现为在听力材料的题材选择上不够多样化，听力笔记记录不够完整，可以看得出其实是在应付老师的抽查。

（2）几乎所有学生都难以把握新闻材料的逻辑结构及细节，只能对一些片段式的细节有较好把握。

（3）大部分学生还是难以适应印度英语、巴基斯坦英语等带有浓重地方口音的英语。

（4）Oral Presentation中，还有一半左右的学生在完成此项任务时稍显羞涩，发音不准确，句子不通顺。

另外，通过听力期末考试，笔者更是发现了"两极分化"的严重情况。跟往届的学生相比，这批学生的期末平均成绩并无明显提高——76分，往年的平均分高的时候能达到78分，低的时候也有72分。不过这次有8个学生超过了90分，其中2个同学甚至拿到了95分，而往年很少有学生超过90分。

看来此种训练方法更适合本身基础就比较好的学生。从图1可以看出，70—79分的学生占的比重过低，80—89分和60—69分这两个分数段的人数比重大，两极分化现象严重。

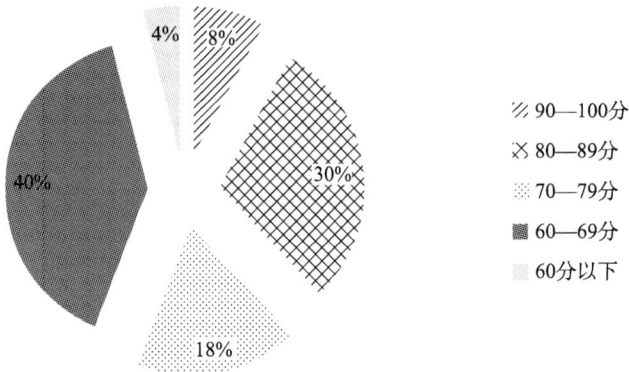

图1　第一阶段期末考试成绩分布图

2.3 反思

　　笔者心事重重，找一个老教师聊天时谈及此事。这位老教师跟笔者讲了一件真人真事：一位研究生深知自己听力不过关，决心发奋苦读。于是他每天早上都坚持听广播电台里的标准英语，这样一听就是五年的时间。然而这种苦行僧似的磨炼并没有使他的听力水平真正得以提高。这位老教师在了解了他的情况以后，告诉他，他的听力水平还未取得真正突破的最主要原因就是他的基础没有打好，总是泛泛而听，而且总是听些已经有中文背景知识的广播，就会造成一种错觉，好像什么都听懂了，又好像什么也没听懂。

　　老教师的故事让笔者深深感到震撼。大一新生英语听力的基础还不牢固，而我急于让他们克服听力恐惧症，采取了泛听的训练，这对学生提高把握新闻材料的逻辑结构及具体细节能力的帮助较小。

　　通过与30位随机抽取的学生面对面交流，笔者得知，他们对新闻听力的兴趣有所增加，恐惧也有所减少。但只有一些程度比较好的学生才能跟得上笔者的教学方法，他们能力提高较快，而其他的学生都被"揠苗助长"了。

　　通过重复观看Oral Presentation的课堂教学录像，笔者发现这一阶段的教学并没有过多关注学生发音不准确的情况。然而有学者却认为有必要纠正学生的错误发音。方淑姣（2007）认为，言语构建是提高人们听力能力的基础工程，相当一部分学生因为自己发音不准确而影响听力，他们平时不重视语音的重要性，想当然地发音，甚至不会发音，因此在听到同一单词的正确发音时也辨别不出来。

此外，笔者认为导致学生"两极分化"的另外一个重要原因是新闻听力记录的认真与否。记听力笔记的认真度与其成绩是成正比的。笔者在查阅期末成绩好的学生的听力笔记时发现，他们听力笔记记得很详实，并且在细节方面记录得很到位。然而期末成绩不好的学生听力笔记不太详实，细节很不到位，甚至还出现蒙混过关现象，比如记录与所听材料不一致。

最后，学生还反映由于笔者没有规定听力材料的具体范围导致其在搜集材料时比较盲目，也比较浪费时间。

3. 第二阶段（2012年3月—6月）：夯实基础

3.1 制定计划

第二阶段是大一下学期。上课前，笔者总结了上一学期教学中存在的不足，明白了大部分学生的听力水平还处在一个初级的阶段，对于一篇听力报道，大家都停留在猜测大意的层面，并不能真正精确理解每一句话，单词也是听得丢三落四，不能准确理解听力内容。过去那种课余时间的泛听，就像松散的沙子，虽然听了很多，但在这种沙上搭建的"辛劳"永远也不会建成坚固的大厦，而只是建了倒下、倒下再建的重复劳动。而课堂上的精听，却像永远在摆弄一粒沙子，没有规模效应，达不到应有的效果。因此，在这学期的教学计划中笔者作了如下修改和调整：

（1）考虑到大多数学生听力水平不高，笔者把"帮学生打好听力基础"作为这学期的教学重点。于是笔者改变了让学生自己找听力材料的方法，有针对性地给学生提供听力材料，并有意识地降低听力材料难度。要求学生在听笔者搜集到的听力材料时，写出大意，越详细越好，这样笔者能检查他们听得是否正确。学有余力的学生可以再记录自己感兴趣的听力材料。

（2）让更多的学生参与到Oral Presentation中来。打破上学期每次只抽查一人做Oral Presentation的方式，这学期要求学生分成小组，每组5—6人，根据笔者提供的新闻材料，以问答或问答加主持的形式对新闻进行再度阐述或分析。这样能促使学生从不同的角度思考问题，对下面听的同学来说，也是一个听力检测。

（3）对 Oral Presentation 作更严格的要求。笔者会按演讲比赛的要求，从语音语调、思想内容、举止神态方面进行打分，而不是像以前只要做了presentation 的就给分。要求学生多做口语练习，改掉不正确的语音语调。

（4）课堂上增加一项教学内容：对笔者搜集的材料和教材上的常用听力单词进行听写。学生学习英语这么多年，掌握了很多消极词汇（Passive Words），有些只知道它的意思，有些能拼写出来，但很多时候大家听不出来。这是阻碍他们听力水平提高的重要原因之一。

3.2 效果和问题

这些新的举措一实施，学生的积极性都被调动了起来，大家分小组找听力材料，再共同设计练习，这增进了小组成员之间的互动和合作，同时学生自己搜集的新闻材料更贴近他们的兴趣点，更能引起他们的共鸣。课上带领大家进行听力练习的方式也增加了新鲜感。而且，小组之间要打分，无形中又增强了小组之间的竞争，这种合作与竞争的学习模式给原本枯燥的新闻听力训练注入了新的活力，使原本有些沉闷的课堂气氛也一下子活跃起来。但个别学生声音比较小，而课堂摄影器材置于教室后面，若声音小就很难录到，不利于以后对他们进行语音纠正。笔者就鼓励他们，"只有你说得对，你才听得懂"；"说大声一点，只有大声说出来，你才能发现自己存在的缺陷，老师才能帮你纠正"。笔者跟学生说，把英语作为第二语言的学习过程是不可能不犯错误的，现在多犯错误是为了以后少犯错误。课堂上笔者常用"Enjoy losing face!"这句话来激励他们。

学期快要结束时，笔者要求学生针对这些新的促进新闻听力理解的举措进行书面反馈，让学生匿名写出感受。根据学生的书面反馈，笔者总结出下列内容：

（1）降低新闻听力材料的难度后，学生感觉到越听越有信心，兴趣越来越浓。

（2）Oral Presentation 中，小组活动的形式不仅使得他们更加放松，更加从容，也使得他们懂得如何发挥团队合作精神，使新闻听力内容在展示的过程中条理更清晰，课堂的活跃气氛也因此被调动起来了。

（3）新闻听力练习的形式比第一阶段更多样化，比如有选择题、填空题（spot dictation）、总结性题（summary writing）、句子听写（sentence dictation）等，增强了学生对新闻听力练习的热情，同时也使学生对新闻听力的细节和总体把握的能力得以提高。

（4）通过听写练习，学生会花更多的时间积累词汇，由于对单词记忆和拼写更加精准，他们的听写也得到促进。

（5）课堂上笔者采用视频录像，根据录像，提醒学生注意某些语音语调，并尽可能进行纠正。经过第二阶段的反复练习，[ei] 和 [i] 不分，[l] 和 [r] 等不分的学生纠正了发音，并在听力上取得进步。

在取得这些效果的同时，本阶段也出现了一些令人担忧的问题。比如，有的同学反映每个小组的水平参差不齐，成员水平较差的小组 Oral Presentation 效果不好，而且组织课堂活动能力欠佳，使其他同学感觉有点浪费时间。还有同学反映，由于每个组有 5—6 名成员，有些成员可能有"搭便车"现象。

从期末考试成绩来看，经过这一阶段课上和课下听力练习，学生们听力水平还是有稳步提高的，考得还不错，平均分达到了81分，上90分的学生也更多了。仅就 VOA 新闻听力考题部分来看，一共出了4个题型：选择题、填空题、总结性题和句子听写、大部分学生的选择题和填空题的成绩比较理想，句子听写的得分情况一般，但是总结性题部分比较薄弱，甚至有的学生空白不答。可见，学生对新闻听力中词汇的辨析能力提高了，但是对新闻篇章的整体把握方面仍然还需要下大力气进一步提高。

3.3 反思

目前的英语教学更加注重师生合作式或协作式的教学方法，闫骄阳（2010）认为教学应该以学习者为中心，充分利用灵活多样、直观形象的教学手段，鼓励学习者积极参与教学过程，成为其中的积极成分，加强教学者与学习者之间以及学习者与学习者之间的信息交流和反馈，使学习者能深刻地领会和掌握所学知识，并能将这种知识运用到实践中去。很多专家和学者（如史岚，2011；张建贵，2010）都认为：学生对教师提出的意见也很重要，教师应给予足够重视，对于是否采纳学生所提出的意见与建议，可以由师生间、生生间共同讨论之后作出决策。笔者也认为平时应增加更多的师生互动环节，从而随时掌握学生的学习和思想动态。

由于笔者过于注重提高学生的听力基础，在练习的时候无意识地变成了"词汇大串讲"，导致了学生对篇章的整体理解不足。文秋芳（1995）认为，在英语学习中，学生所具备的认知风格特点会直接影响学习策略的选择。如果认知风格是"场独立"型的，听的时候就会比较注意细节，如单词或词组的意义、词的语法变化、某个语法规则；如果认知风格是"场依存"型的，听力时就会比较注意文章的整体理解，如文章的主要内容，上下文的联系，篇章的结构等方面。与西方人相比，中国人学习英语时过于偏向"场独立"，在听的时候，往往是对细节的把握比较得心应手，即能比较好地处理关于细节的问题，但是对文章整体的把握较差一些，所以涉及到文章主旨大意及脉络结构时，无法准确处理信息，这就造成了学生听力综合能力的欠缺。如果英语学习者要成功的话，就应该具备"场独立"和"场依存"这两种认知能力。

4. 第三阶段（2012年9月—12月）：场依存

4.1 计划制定和实施

第三阶段是大二上学期。笔者针对第二阶段存在的问题，对教学计划又作出如下修改和调整：

（1）学生继续进行Oral Presentation，为防止同学出现"搭便车"现象，小组成员由5—6人减少至2—3人，要求有详细分工，保证每位成员有一定的上台展示时间。

（2）根据课本相应章节的内容，笔者给学生搜集相关的材料，比如，当课文提到原美联储主席格林斯潘的有关言论，笔者就查找当年获得诺贝尔经济学奖提名的经济学家的相关视频、音频和文字材料。当讲到有关中国GDP和进出口贸易的问题，笔者就给学生搜集中国近几年GDP和进出口贸易的相关视频、音频和文字材料等。

（3）改变以前上交纸质听力记录的做法，要求学生复述新闻材料，并录下来以音频的形式发到笔者的邮箱。

（4）为了增强学生对新闻听力的总结能力，笔者逐步降低选择题和填空题等练习形式的比例，而逐步增加新闻视频或音频材料的转写练习，比如总结性题和句子听写。

（5）据笔者了解，大多数学生都有电脑和智能手机，上网方便，故笔者开通微博和博客，发布相关听力材料的英文背景资料，并与学生积极交流互动，同时听取学生对授课情况的意见与建议，笔者及时给予反馈。

4.2 效果和问题

通过这一阶段计划的实施，笔者发现学生取得了如下进展：

（1）Oral Presentation中，"搭便车"现象已消失，每个成员都得到了充分的锻炼，学生分工明确，展示的逻辑性强。

（2）通过音频复述新闻的方式，不仅增强了学生对英语新闻的学习兴趣，而且他们的语音语调也得到了极大的改善。

（3）从学生总结性题的练习来看，学生的表现还是比较令人满意的。大部分学生都能总结出80%以上的原文内容，还有个别同学甚至能转写出95%以上。

（4）通过微博和博客互动，教学相长。老师及时了解学生的所需所求，并知晓学生学习中存在的优缺点，及时改进教学方法。学生通过老师的反馈和鼓励，不仅增加了学习自信心，同时也为营造良好的课堂气氛作出了贡献。

在取得进展的同时，笔者通过个别访谈的形式发现，对于一些较难的听力材料，很大一部分学生反映要做好句子听写和总结性题，必须反复听很多遍才行，故这项练习耗时比较长。不过，他们同时反映，该练习是必需的，他们很喜欢，虽有挑战性，但效果明显。

4.3 反思

经过第三阶段的训练，学生的听力水平得到了提高，但有些地方仍然做得不够，还可以做得更好。

首先，笔者应建议学生先把一篇材料从头到尾听几遍，争取听懂其大意，然后再以一句话为单位反复地听，并写下来，做听写练习。对于英语听力能力比较低的人来说，刚起步时听不懂的地方实在大多了，有时恐怕连自己也说不清到底有多少处听不懂。在这种情况下，只有把听懂了的词写出来，才能搞清楚到底有多少处听不懂。对于碰到的生词，一定要听到能模仿录音正确地念出来、准确地掌握各个音节的发音为止。某些实在听不懂也猜不出的单词，就让学生到笔者的博客来看原文。

另外，笔者应该给学生布置"比读"练习，即让学生把自己学"说"的语音录下来，与听力材料中的标准语音作对比，看看什么地方学得不像，如此不断重复，直到能模仿说出大体上正确的语音为止。

笔者还应该要求学生把一段录音的听写记录反复地高声朗读，达到基本会背诵的程度。例如标准英语新闻广播有一定的格式和句型，背上一段时间的新闻以后，就会熟悉它的风格和常用的句型，就比较容易听懂新的内容。

以上这些都是笔者在下一阶段的教学中应注意的问题。

5. 总结与体会

通过此番课程行动研究，笔者有以下几个方面的心得体会：

（1）制定研究计划要因地制宜、实事求是，充分考虑自己学生的英语水平、学习风格和个体差异。在实施行动方案的过程中要注重学生的信息反馈，及时对教学内容和方式加以必要的调整。

（2）教师要有敬业精神。教学过程中会出现很多问题，而且大部分问题都很容易发现，区别在于有些教师积极反思，寻求改进措施；有些教师熟视无睹，从来不修正自己的教学方式。后者是在逃避教学中的问题，其实也是逃避成长的机会。一个被动应付、得过且过、在平庸中消蚀着自己的生命的教师不可能自觉地反思自己的教学实践，更不能以创造性的态度对待教学工作。只有具有敬业精神，才能在教学质量和自身素质方面从一个台阶迈向下一个更高的台阶。

（3）行动研究在实践中可能会遇到来自外部的不可预料的其他因素的干扰，因而推行起来受到不小的阻力。但作为研究者，教师要认识到：遭遇困难时，不要退缩，要寻找各种解决办法，迎难而上，才能获得真正的进步。

参考文献

Anderson, J. R. 1985. *Cognitive Psychology and Its Implications* (2nd ed.). New York: W.H. Freeman.

Krashen, S. D. 1981. *Second Language Acquisition and Second Language Learning*. Oxford: Pergamon Press.

方淑姣，2007，大学生英语听力焦虑因素及对策探析，《胜利油田职工大学学报》（6）：7-8。

史岚，2011，商务英语教学存在的问题及改革措施，《民营科技》（3）：85。

束定芳、庄智象，2004，《现代外语教学——理论、实践与方法》。上海：上海外语教育出版社。

文秋芳，1995，《英语学习策略论——献给立志学好英语的朋友》。上海：上海外语教育出版社。

闫骄阳，2010，高师院校参与式教学模式研究。硕士学位论文。南宁：广西师范学院。

张建贵，2010，参与式管理学教学模式探讨，《警官文苑》（2）：4-6。

章兼中、俞红珍，1998，《英语教育心理学》。北京：警官教育出版社。

张麦强，2003，如何提高中学生听力水平，《中学外语教与学》（5）：17-18。

自主学习·竞争合作·课外拓展[1]
——提高商英听说课教学效果的行动研究

李　欣

北京林业大学

提　要：听说是一种非常有效的学习工具，是所有其他语言技能的基础。通过商务英语听说课，学生可以学习商务概念、扩充词汇、理解语言结构，这门课程对商务英语的其他核心课起到至关重要的桥梁作用。但新设商务英语专业的商英听说课往往课时少、任务重，在有限的教学时间内，既要帮助学生提高听说能力，又要涉及初步的商务知识。而且，大一新生的自主学习能力普遍偏弱。因此，为切实提高商英听说课的教学效果，针对该课程教学中存在的各种问题，从 2011 年 9 月至 2013 年 6 月，笔者分四个学期展开了行动研究。课上引入多模态小组互动活动，提高学生的竞争合作意识；课下加强学生自主学习能力，课内外贯通。为期四个学期的行动研究基本告一段落，多模态互动小组活动受到学生的普遍欢迎。通过师生互动、生生互动，各种信息模态的交互，商英听说课呈现一种立体化、多模态教学模式，切实提高了学生听说能力。

关键词：商英听说课；多模态小组互动活动；行动研究

1. 引言

2011 年之前，北京某高校外语学院只有英语系和日语系。英语系的学生通常学习语音、基础英语、泛读、英语听力、语法、写作等常规课程。2011 年之后，一切发生了变化。

1.1 故事缘起——新专业、新方案、新课型

2010 年我们学院申报商务英语本科专业，获得教育部批准，2011 年 9 月，

---

1. 本文是北京林业大学商务英语优秀教学团队建设项目的成果（项目编号：TD2012063）。

开始招收第一批商务英语本科生。同年，又恰逢学校修订2007版本科专业人才培养方案，制定2011版本科专业人才培养方案。新的培养方案的整体设计思路可以概括为"3+1"，即三大教学平台（通识教育平台、学科基础教育平台、专业教育平台）和一个综合拓展环节。在新的培养方案下，四年制专业课总学时从2007版培养方案规定的2800学时，压缩到了2500学时，必修课与选修课的学分比例、选修课中专业选修课与公共选修课的学分比例均应在6：4至7：3之间。

我院商务英语专业作为新设专业，顺应此次本科培养方案的修订，打破原有课程体系，重新架构、理顺，设立了全新的课程体系。一方面，压缩了部分课程的课时，增加了专业核心课和选修课的课型，另一方面，体现了课程之间、教学模态之间的融通和协同。比如，将一、二年级原有的听力课改为商务英语听说课，将三、四年级的阅读和写作课，合为商务英语读写课，以听促说，以读促写。

1.2　商英听说新开课困难重重

笔者自2003年开始从事本科英语专业的教学工作，所教授的课程包括基础英语、英语听力、英语口译以及经贸报刊英语选读等，商务英语听说课以前未曾开设。新的培养方案以及全新的课型给笔者出了一系列难题。**难题一**，这门课的课时由每周两次，每周四学时，一学期64学时，压缩为每周一次，每周两学时，一学期32学时。**难题二**，由原来集中上听力改为听说兼顾。**难题三**，讲授内容由通用英语变为商务英语。**难题四**，这门课前两个学期是两个班共50人合开。大一新生完全没有商务知识，并且通用英语听力的基础也较差，而这批学生第四学期仍然需要通过英语专业四级考试。这就意味着，课时压缩了，教学任务量和难度不降反升，给任课教师带来巨大挑战。

不论什么样的场合都能流利而自信地表达自己的思想是人类的基本需求，也是外语教学的主要目的（王笃勤，2011）。因此，不论对于英专还是商英的学生，这门课既是基础课，又是提高其他语言技能的桥梁和纽带，其重要地位不言而喻。而且，听力和口语又往往是语言专业学生最感到头疼、最难突破的两个方面。而笔者自2003年担任本院教师以来，学生的专四通过率一直在85%以上，因此，笔者不希望由于存在的现实困难而影响教学效果，影响学生听说技能的提高。相反，笔者希望通过"摸着石头过河"，不断探索，带

领学生一起在现有条件下，发掘一条提高商务英语听说能力的可行路径。

1.3 春风化雨的行动研究

　　正在笔者苦苦思索如何探究这条可行路径之时，恰逢北外中国外语教育研究中心文秋芳教授发起北京6所高校外语教师跨校互动团队项目，通过行动研究，提高外语教师的教学和科研能力，并通过教师自身发展加强团队建设。这个项目为期四个学期，从2011年5月到2013年1月，我们学校非常荣幸在受邀请之列。这个项目如同春风化雨，拨开迷雾，我们当时商英团队的7名年轻教师积极参加了此项目，开始了一段不同寻常的行动研究之旅。

　　2011年9月商英听说课正式开课，而此时我们已经跟着文教授开展了一个学期的行动研究，初步了解了行动研究的概念、方法和步骤。因此，任课教师对这门课程也从最初就进行了规划。总体教学目标为：通过两年的教学，学生听力水平达到专业英语四级的水平，同时培养学生在商务环境下实际的听说能力，使学生能够自如应对各种形式的商务英语听力素材，熟悉国际商务环境，并善于交流。行动研究按照学期自然分为四个阶段：2011年9月—2012年1月，第一学期为第一阶段；2012年3月—2012年7月；第二学期为第二阶段，2012年9月—2013年1月，第三学期为第三阶段；2013年2月—2013年6月，第四学期为第四阶段。

2. 故事展开——行动研究主线确立

　　面临商务英语听说课课时少，大班授课，任务重的巨大挑战，任课教师基本确立了教学主线：提高学生自主学习和创新能力；分小组展开既有竞争又有合作的课内外活动，将课堂延伸至课外，课上与课下打通。其目的是，"授学生以渔"，让他们真正掌握学习的方法，培养他们的创新精神，学会有序规划设计学习内容和组织管理学习行为，同时延长学生的有效学习时间，保证课下学习和练习的效果，从而弥补课堂教学时间的不足。

　　为期四个学期的商务英语听说的教学就围绕这条教学主线展开，因此，该课程的教学行动研究的总体设计如下：第一学期，以听音频材料为主，学生口语表达为辅，首要目的是给学生介绍听力策略和听力方法，养成良好的听力习惯，大量输入通用英语素材，为提高听力技能打下坚实的基础。开始向学生灌输自主学习、认知策略和元认知策略等概念。课下以宿舍为单位组成英语沙龙小组，课上由同学口头汇报英语新闻；第二到第四学期，引入视频材料，学生分小组合作学习，既协作又竞争。课下布置小组活动任务，课上口头陈述小组活动成果，形成多模态自主听说教学模式，不仅是为提高商英听说能力，也为大学阶段其他课程和今后学习的提高铺筑坚实基础。

课堂效果可以由三个维度来衡量：一是学生的课堂感受和对每堂课的满意度，二是学生的课堂参与度，三是实际语言技能的提高。而有创意的个性化课堂活动应该将个人体验、感受、价值观和个人观点纳入到考虑之列（Griffiths & Keohane, 2009）。本行动研究设计的课堂活动方案不但要保证课堂教学效果，而且要注重和保护学生个性化发展。

3. 行动干预第一阶段（2011 年 9 月—2012 年 1 月）：沙龙活动和新闻播报

3.1 选用教材

我们设想，随着该课程的持续开展，不断积累教学经验和素材，将来也能编著一套适合本专业学生特点和学习需求的教材，因此，我们在选取教材时作了广泛调研，进行了精心的对比，挑选出未来两年四个学期的教材。

第一学期的商英听说课选用了两套课本：一套是我们所熟知的张民伦主编的 *Step by Step 3000*（第一册，华东师范大学出版社，2008 年 8 月第一版），另一套是何光明编著的《新国际商务英语听说》（修订版，上海教育出版社，2010 年 6 月第二版）。后者共有 11 个单元，内容涉及会面、电话交流、商务演讲、工作场所、会议、商务旅行与宴请、求职面试、商务谈判、领导的艺术、企业文化与员工动力、交易会等 11 个常见的商务话题。每单元包括听力和口语两大板块。听力部分按照剑桥商务英语中级考试题型及考试难度编写而成。口语板块的编排结构为：实用句型、词汇扩展、词汇测试、口语技巧、商务演讲、文化差异、沟通技巧、案例分析、小组讨论、辩论比赛。每个单元内容丰富，听力和口语部分关联度强，形式灵活，适用于初级商英学习者。第一学期，学生完成 *Step by Step 3000* 第一册的内容和《新国际商务英语听说》前五个单元内容。

3.2 第一阶段行动干预前聚焦问题

前文已经阐述，该门课程存在先天不足的"硬伤"：课时少，任务重，需要同时提高商务英语听、说两项技能，大班授课，50名学生同时上课使得有限的教学资源更显稀缺。

3.3 行动方案的设计、实施和效果

为解决课时少、上课人数多的问题，同时也为了提高学生自主学习能力，我们将课上与课下贯通，将课内延伸到课外，主要设计了两项活动。首先，我们让学生以宿舍为单位开展课下的学习沙龙活动，由每个宿舍自行制定外语学习活动计划，并按照计划在宿舍内开展活动，进行记录，由教师定期检查。其次，这一阶段，由于我们以听力教学为主，加之学生听力和口语水平都较差，因此课内小组活动主要形式为两人一组，口头播报最近阅读的英文（包括商务类和非商务类）报纸、杂志中的新闻。并且结合文教授主持的行动研究项目，对笔者所教的常态课进行了录像，然后再组织我们小团队的成员观摩并讨论。

学生按照教师要求在学期之初都草拟了学习沙龙活动的计划。比如，有的小组计划每天一个小时，全组同学共同练习 VOA 和 BBC 听力，找出差距；有的小组计划集体阅读原版小说，集体口头讨论；有的小组计划每周集中看一部原版影片，观后集体讨论。对于所有的小组活动，教师还要求学生写反思日记。尽管作出了计划，很多小组开始也实施了，但是由于任课教师自身科研和教学任务繁重，无法坚持定期检查，据了解，到了后期，一方面由于疏于监督，一方面由于学生的自主学习能力也不够强，很多小组没能持之以恒地做下来，很多学习沙龙活动都夭折了。

课上的口头新闻播报，坚持进行了一个学期。每次课教师邀请两名学生上台播报他们收集的新闻，每个两人小组的新闻播报不超过 5 分钟。在这个环节中，笔者在课上观察，发现很多小组的学生都照着新闻稿念，两人之间缺乏互动，与听众也很少互动。通过后期观察教学录像，我们看到，台上做新闻播报的学生没有驾驭课堂和调动课堂气氛的能力，台下的听众一方面由于听力水平较差，另一方面由于台上同学的发音不够标准，而且缺乏必要的互动手段，很快就失去兴趣，不知所云了。而且在听力课正式上课前进行的这个小组活动，与教师课堂中的内容和活动是脱节的，没有任何关系。因此，这个环节的口语练习并未达到最初预想的效果，反而对于全班学生来说有点浪费时间。而教师的听力教学部分也是教师播放音频，学生完成每项练习任务，或者进行听写练习，属于非交互性听力授课方式（Helgesen &

Brown，2008），所以课堂气氛比较沉闷，教学效果不够理想。而且两套教材同时铺开，交叉进行，感觉课堂时间太有限，每本书都讲不充分；此外，还容易让学生感到混乱，甚至带错书，影响正常教学。因此，到了本学期后期，笔者将 *Step by Step 3000* 教材的内容逐渐布置给学生课下完成了。

3.4 行动干预第一阶段反思

一个学期的教学接近尾声时，通过回顾自己的教学反思日记，回看教学录像和与学生访谈，笔者又发现了下列问题：

学生存在的问题：

（1）情感方面：课堂上，由于人数较多，学生与老师无法充分交流，学生上课普遍低着头，气氛不活跃；由于是两个自然班同时上课，学生与学生之间也不够熟悉，交流不畅，这也造成班级气氛不活跃；由于是大班上课，个别学生精力不集中，有些懈怠。这样师生和生生之间的互动协同效应非常小。

（2）自主学习能力：通过访谈，笔者发现学生自主学习能力较差，很多小组都没有按照自己拟定的沙龙活动计划实施，而且学生自己课下也没有完善的学习计划，很多时间都荒废了。

（3）元认知策略和认知策略欠缺，对自己的学习管理和协调能力较差。

（4）语言能力方面：词汇量较小，缺乏必要的听力策略，开口机会较少，口语表达能力较弱。

（5）思辨能力：知识面较窄，回答问题时打不开思路，思维的深度和广度都有待提高。

教师存在的问题：

通过教学录像发现，教师为打破僵局，课堂话语较多，挤占了学生听力和口头表达的时间。

行动干预的第二阶段，将针对这些问题，并结合相关理论和教学实践成果，逐步改进。

4. 行动干预第二阶段（2012年3月—2012年7月）：引入多模态自主听说模式

4.1 选用教材

完成 *Step by Step 3000*（第二册）和《新国际商务英语听说》后6个单元

内容。而从这个学期开始，布置学生课下每周听 *Step by Step 3000* 一个单元，自学完成。为了督促自学效果，此项作业在期末考试中会占20%左右的分值，以此作为监督检查机制。

4.2 行动方案的设计、实施和效果

众所周知，提高大学生自主学习能力是我们教育的最重要的意义之一。而影响学习者自主学习态度的因素主要有四个：教师、教育机构、同伴压力和社会（Gardner & Miller, 2007）。课堂组织是课堂教学的生命，直接影响教学活动的开展。影响课堂组织的因素很多，其中最主要的三个是：教师的角色、课堂活动互动模式和指令给予。在课堂上教师应该充当组织者、控制者、检测者、启发者、参与者和信息源。而课堂活动的互动方式一般分为四种：班级、小组、同伴和个人。在全班活动（lockstep）中，教师应尽可能减少讲话时间，增加学生的活动时间（王笃勤，2011）。互动论视角下的听力教学观，强调听的重心不是孤立的单词、短语或者语句，而应是整个篇章。学生的作用也不仅是对语言形式结构的理解，而更是对内容意义的建构（任庆梅，2001）。互动论要求教师为学生创造良好的教学环境，让学生参与教学环节，模拟真实的内容意义建构过程。

多模态互动视角，是强调在多种模态信息源共同刺激下，产生互动协同效应，从而全方位、立体化地提高学生的语言技能。对话是人们使用语言互动的基本方式，潜藏着语言使用的机理。对话双方相互协调，交互启发，默契配合，自动对焦，无意识地不断构建相互趋同的情境模式，从而相互理解话语意思。这种说话者因互动而产生的大脑认知状态契合就是协同（王初明，2007，2008，2009）。而分小组合作竞争式学习就是增加学生之间对话的过程，增强语言学习的协同效应。

Halliday（1985）认为在具体的社会情境中，人们总是用各种各样的符号资源来完成意义构建，各种不同的符号资源就构成了多模态（multimodality）（Kress & van Leeuwen, 2001）。交互社会学流派的LeVine和Scollon（2004）认为多模态指交际时所采用的多种模式，如言语、色彩、味道、图像等。国内许多学者认为用两个以上感官进行互动就构成多模态（胡壮麟，2007；顾曰国，2007；朱永生，2007；张德禄，2009）。

传统听力教学模式下，学习者用听觉来获取信息的过程只是单模态学习，从听觉到大脑理解并没有模态上的转变。因而，在听力过程中引入视

频，听前加入口头背景介绍，听后加入口头复述以及课堂讨论等内容，这时就发生了模态转换，即从输入的听觉模态变换成视觉神经、发音器官、肢体动作的运动模态和书写模态。模态的转换可以增强学习者对所学知识的内化程度（internalization），把更多的输入（input）转变为吸收（in-take）（龙宇飞、赵璞，2009）。而视频的真实性本身就是最大的吸引力——理解和欣赏真实世界的事物更加令人兴奋（Sherman 2009）。杜威（1916/2001）指出，"教育是一个主动的和建设性的过程"，"智慧所学习的任何事物都是在进行有主动的兴趣的活动方面发挥作用的事物"（转自修晨，2011）。而多模态的引入就是创造学习的建设性过程，提高学生学习的兴趣。

基于以上理论成果和从第一阶段反思和反馈中发现的学生和教师存在的问题，教师应该在课堂上充当应有的角色，引入多模态自主教学模式，增强商英听说的互动协同效应，提高学习效率和效果。

具体行动方案如下：

（1）打破一二班界限，在一班和二班中各随机抽取三名学生，组成六人的小组，课下和课上均给小组布置任务。小组成员每两个月更换一次，让全班同学有机会相互接触、熟悉，增进情感交流。

（2）引入多模态自主听说教学模式，每个周由一个小组进行口头新闻汇报或两个组进行辩论等。

- 新闻汇报具体要求：小组课下共同搜集资料，要求最好找视频材料，共同协商设计练习题目，课上展示成果，并要求与其他组同学互动，完成自己设计的听力练习。活动结束后，其他小组要对其表现从内容、PPT 设计、团队合作和创新性方面打分，同时按照里克特 5 级量表，确定该小组所搜集材料的难易程度（1 最易，5 最难）和喜欢程度（1 最不喜欢，5 最喜欢）。
- 打分的目的是为了使各个小组形成竞争，使得学习过程充满竞争和合作。对难易程度和喜欢程度打分是想了解大家的听力水平和兴趣点。

（3）教师尽量减少课堂话语，但是小组活动后教师要从各个层面进行点评，鼓励优点，提出不足和今后如何进一步提高陈述效果的建议。

（4）提高语言能力和听力策略的措施：首先要求同学通过各种途径提高词汇量，可以背诵单词书，可以阅读英语原版小说等。每个月月末，教师让学生在课堂上进行 100 个单词和短语的听写，成绩记入期末成绩。其次，每单周进行随堂听写练习，教师批阅学生的听写，找出问题，双周进行点评。再次，关于听力策略，每两个周针对一个听力策略，如 main idea, note-taking, outlining, predicting 等，先讲解，后有针对性地练习。

下面以第十单元"员工激励和公司文化"的具体教学步骤为例。

Unit 10 Staff Motivation and Corporate Culture

Teaching procedures:

First week (2 hours):

1. Vocabulary accumulation

2. Listening to the Textbook

Second week (2 hours):

1. Student's group work (video-based): about the working environment of the employees in Apple Corp.

2. Teacher's video clip: Managing People

3. Case Study

在为期两周四课时的教学过程中，课本词汇讲解（文字）、听力内容（音频）、学生小组汇报内容（视频）和教师提供的视频练习，都是相互关联的且与"管理"有关的。而最后的 case study（口头）也是关于管理的，这样学生可以将文字、音频、视频和口头等多种模态的信息源整合融通，"学伴用随"，而且多种模态之间、生生之间、师生之间形成多维度的互动协同"合力"，大大提高学习和练习的效果。

在本学期末，笔者也就这些革新对学生进行了书面访谈，大部分学生都反映这学期的听说课有了很大改观。通过打破班级界限的分小组活动，同学们交流互动的机会大大增多，互相增进了了解，加深了感情。各个小组之间充满竞争，这让他们对小组课堂汇报活动感到很兴奋，有动力把 PPT 演示做得尽善尽美。而且，每节课都很紧凑，各个环节相互关联，相互促进，感觉学习的内容一下子丰盈起来，每节课都收获颇多。

4.3 行动干预第二阶段反思

但是，也有学生反馈，前两个学期听力练习主要注重量的积累，学生课下和教师课上听的内容，除完成课本练习外，精听的比例有点低，学生对自己的真实听力水平还是有所怀疑。另外，还有同学认为这样分小组活动，尽管任务比第一学期明确多了，但是任务还是比较宽泛，比如，与管理学和领导艺术话题有关的视频或者音频材料，搜集起来还是比较耗时。另外，由于每个组有五到六名成员，有个别组的个别成员存在搭便车、偷懒耍滑等现象，对做了大量工作的同学不公平，而"搭便车"的同学也失去了练习提高的机会。因此，第三阶段将针对这些问题再对教学方案进行调整和优化。

5. 行动干预第三阶段（2012年9月—2013年1月）：更加注重提高实际听力水平

5.1 选用教材

这批商英学生目前已经升至大二，《新国际商务英语听说》的教学内容已经完成，因此本学期的教材为 Step by Step 3000（第三册）和《高级商务英语听说》（第二版，江春编著，对外经济贸易大学出版社，2010年10月）前九章内容。《高级商务英语听说》内容更加专业，开始涉及到国际贸易、品牌营销、消费者行为、金融、投资、商法等国际商务领域更加核心的内容。而且听力材料的篇幅也大大拉长，比前一套教材在信息量和难度上都有所提高。

5.2 行动方案的设计、实施和效果

这一学期根据学校的统一规定和要求，语言技能课由大班授课改为了小班授课，每次一个自然班24—25人上课。基于这个新情况，也针对行动干预第二阶段中的问题，笔者又对教学方案作了如下改进：

（1）小组人数由5—6人调回至2—3人，避免搭便车和滥竽充数的现象。

（2）布置的小组口头汇报任务更加具体。比如在一段音频材料中出现了有关 Monetary Policy 和 Fiscal Policy 的术语，我就给2—3人小组布置非常具体的任务：查阅有关这两个术语的资料和"量化宽松"的资料，作口头陈述。或者，出现了 Greenspan 就让学生搜集获得诺贝尔经济学奖的经济学家的资料，并了解他们的经济思想发展脉络。再如，听到有关

GDP 的内容，就让学生查阅一个经济体相关宏观数据的报道情况。

（3）教师除了课堂上加强精听比重外，每周还会给学生公邮中发送一个视频材料，让学生进行文字转写，争取一个单词都不落，全写出来。

本学期最后一次课上任课教师又作了一次书面访谈，具体内容包括：

（1）与上学期的 presentation 形式相比，你对本学期的 presentation 形式有何评价？

（2）你是否欢迎商英听说课上视频的引入？

（3）如何进一步提高该课程的互动性？

（4）如何在此门课上加强口语的练习？

（5）你自己每天可以进行精听的时间大概是多长？

（6）你认为课下自学效果好还是课上学习效果好？

（7）你认为 transcript 转写对促进听力效果明显吗？

（8）你喜欢本学期更换的新课本吗？

对于问题（1）、（2）和（7），几乎百分之百的学生给出了肯定的回答，说明教师的用意和教学设计契合了学生的心理和学习需求。对于问题（5）和（6），很多学生课下坚持自主学习的时间不足1个小时，而且大部分学生反映课堂学习效果大大好于自学效果。这说明学生自主学习能力还有待进一步提高。

为了考察学生实际听力水平的提高，任课教师在本次商英听说课的期末考试中设计了三种BBC新闻听力题型（因为通常外语新闻的听力水平能够比较客观地反映学习者真实的听力水准）：选择题（5分）、填空听写（spot dictation，10分）和写大意（summary writing，5分）。从卷面来看，前两个客观题成绩还不错，选择题的平均分为3.8，填空听写的平均分为8.6，而写大意题的成绩不够理想，平均分只有2.8。有些同学这部分是空白，说明在完全没有信息提示的情况下，让学生写出大意还存在困难，因此，听力实际水平还有待进一步提高。这也是下一个阶段行动研究要攻克的主要问题。

5.3 行动干预第三阶段反思

总结本学期的商英听说课的教学，主要问题是学生课上口语练习机会不够，绝大部分时间都给了听力练习，可是问题在于学生如果没有足够的听的输入，在进行口头表达时往往会"词穷"，而专四专八考试中听力仍是"重头戏"。学生反映："课上练习听力比课下要好一些，因为课下听的时候自己可能注意不到太多细节的问题，听得比较粗糙，达不到精听的效果。"根据学生的书面访谈，大部分学生课下的听力效果都不理想，每天能保质保量练习听力的同学很少，有个别同学竟然直接回答课下自学听力时间为零。可见，学生自主学习能力欠缺仍是一个突出问题。因此，该课程的教学中亟待解决的问题包括：如何协调课上听和说的比例，如何兼顾听说训练，如何进一步提高学生真正的听力水平，以及如何把第四学期的课堂教学与指导学生顺利通过专四考试协调统一起来。

6. 行动干预第四阶段（2013年2月—2013年6月）：备战专四与提高听说能力并进

6.1 选用教材

本学期的教材为 *Step by Step 3000*（第四册）（课下学生自学）和《高级商务英语听说》后九章（课上教学内容）。

6.2 行动方案的设计、实施和效果

本学期的教学行动方案以专四考试时间（2013年4月20日）为节点，分为前后两个阶段进行设计。前一阶段重点是VOA和BBC新闻英语听力练习加专四模拟听力练习，后一个阶段的重点是听说结合，以听促说，相互促进。

学期前半阶段具体行动方案：

（1）要求学生课下自行下载VOA和BBC的标准英语新闻音频，进行音频材料转写，同时以学习小组为单位设计spot dictation、简答、信息匹配等练习题，各个小组共享，扩大学习资源，提高自主学习能力。

（2）课上核对答案，检查学生课下新闻练习的完成情况，同时要求学生对教师提供的VOA和BBC等英语新闻进行大意复述，这样既可以节省课上时间，又可以检查学生课下学习情况和提高程度并起到督促作用。

（3）课下进行专四模拟题听力部分的练习，由学生自己组织，找到学生共同的课余时间集中进行。通过模拟考试既可以帮助学生顺利通过

专四考试，又能促进学生听力水平的提高。

学期后半阶段具体行动方案：

（1）增加听力练习的长度和难度，并且将听力和口语练习相结合。比如利用 TED 网站里比较经典的讲演视频，如杨澜的"重塑中国的年轻一代"，英国《卫报》经济专栏作家 Martin Jacques 的"论中国之崛起"等。也可以选取励志或教育类影片，比如《当幸福来敲门》《死亡诗社》等，可以让学生先看视频（比较长的影片可以让学生课下观看），然后复述主要内容，随后再针对视频内容进行小组讨论、发表评论，使学生的口语表达有的放矢，有内容依托，可以同时提高听、说的兴趣和效果。

（2）对于课本内容，仍然沿用上学期的方式，结合商英听力材料的具体内容，给学生布置具体的口头陈述任务，增强商务知识的传输和积累，为今后其他商务类专业课程的学习奠定基础。

（3）继续将课上学习和课下自学贯通，课下仍然给学生提供包括新闻、特别报道、演讲等各种体裁的视频或者音频材料，进行文字转写练习，课上核对答案，增加学生精听的练习量，进一步提高其听力水平。

本学期的期末考试仍然沿用上学期的做法，包括课外的 BBC 和 VOA 新闻内容，题型和分值保持不变，难度和篇幅都稍微提高。从卷面成绩统计来看，选择题的平均分为 4.2 分，填空听写的平均分为 8.9，写大意题的平均分提高幅度比较大，达到了 3.7 分。专四考试成绩截止至本文交稿前还没有公布。从期末考试成绩来看，经过四个学期的听力训练，学生的听力水平在稳步提高。本学期结束后，为期两年的商英听说课行动研究将告一段落，届时将会对本轮行动研究进行全面总结和反思，从而为下一轮的行动研究设计更加行之有效的改进方案，不断提升商务英语听说课的教学质量和教学效果。

7. 结语

商务英语听说课在我院首次开设，完全没有前人的经验可循。本轮行动研究，通过自身反思、小团队讨论、大团队互动以及文教授的辅导，不断修正、完善教学方案，逐步摸索出适合本校学生特点和水平、行之有效的教学方法和内容，最大限度发挥了教师、学生和课堂的潜力与效力。

通过本轮行动研究，我们最大的感受是每个教师都应使自己的教学过程成为自我反思、自我教育、自我改进和自我提高的过程。通过开展教学研究，我们对教育理论的理解和体验进一步深化，从而对教学实践的改进和提高更加有效，对学生的学习有更大的促进和帮助，同时，自己的专业化自主发展能力得到不断的、可持续的发展和提高（王蕾，2010）。行动研究本身就有合作性的特点，此次北京高校团队互动发展项目，在像文教授这样德高望重、成果丰硕的研究者的带领和指导下，在与本校团队成员的合作和交流过程中，在与北京6所高校教师的互动对话中，我们的教学反思、专业化发展和个人的价值实现得到相互促进和强化，使得我们今后的教学、教师、学生都可以得到可持续的发展。这正是整个大团队项目的重大意义所在。

参考文献

Gardner, D. & L. Miller. 2007. *Establishing Self-access—From Theory to Practice.* Shanghai: Shanghai Foreign Languages Education Press.

Griffiths, G. & K. Keohane. 2009. *Personalizing Language Learning.* Beijing: Foreign Language Teaching and Research Press.

Helgesen, M. & S. Brown. 2008. *Practical English Language Teaching: Listening.* Nanjing: Yilin Press.

Jane, S. 2009. *Using Authentic Video in the Language Classroom.* Beijing: Foreign Language Teaching and Research Press.

Kress, G. & T. van Leeuwen. 2001. *Multimodal Discourse: The Modes and Media of Contemporary Communication.* London: Arnold.

LeVine, P. & R. Scollon (eds.). 2004. *Discourse and Technology: Multimodal Discourse.* Washington D.C.: Georgetown University Press.

顾日国，2007，多媒体多模态学习剖析，《外语电化教学》（2）：3–8。

胡壮麟，2007，《语言学教程》（第三版）。北京：北京大学出版社。

龙宇飞、赵璞，2009，大学英语听力教学元认知策略与多模态交互研究，《外语电化教学》（7）：58–62。

任庆梅，2011，《英语听力教学》。北京：外语教学与研究出版社。

王初明，2007，论外语学习的语境，《外语教学与研究》（3）：190–198。

王初明，2008，语言学习与交互，《外国语》（6）：53–60。

王初明，2009，学相伴 用相随，《中国外语》（5）：53-59。

王笃勤，2011，《英语教学策略论》。北京：外语教学与研究出版社。

王蔷，2010，《英语教师行动研究》。北京：外语教学与研究出版社。

韦琴红，2009，多模态化与大学生多元识读能力研究，《外语电化教学》（3）：28-32。

辛志英，2008，话语分析的新发展——多模态话语分析，《社会科学辑刊》（5）：208-211。

修晨，2011，新手教师关于认识课堂教学目标的行动研究，《中国外语教育》（1）：31-35。

张德禄，2009，多模态话语分析综合理论框架探索，《中国外语》（1）：24-30。

朱永生，2007，多模态话语分析的理论基础与研究方法，《外语学刊》（5）：82-86。

提高商务英语专业"工商导论"教学效果的行动研究

蒋 兰

北京林业大学

提 要：本文探讨了针对"工商导论"这门商务英语专业的新课程所进行的行动研究。文章首先介绍了这门课的基本情况以及学生和授课教师的背景。通过使用原版教材、用英语讲经济知识并互动、让学生分组预习讨论后介绍案例、鼓励学生撰写商业计划书等措施，提高了这门课的教学效果。

关键词：工商导论；教学效果；行动研究

1. 引言

北京林业大学外语学院自2002年起在英语专业下设立商务英语方向，从三年级起开设经济学、管理学、营销学等课程。2011年，该院通过教育部审批，正式设立商务英语本科专业，当年首次招生，共录取50人，全部为理科生，分为两个班。一年级课程以提高学生的英语听说读写能力为主，包括语音、基础英语、听说、写作、语法、语言与文化等课程。二年级第一学期在此基础上开设"工商导论"，这是一门基础阶段的专业必修课，是学生后续学习经济学、管理学、市场营销学、电子商务等课程的入门课程，主要介绍如何建立企业、企业的外部环境、组织结构与决策方式、企业伦理与文化、企业管理、人力资源管理、市场营销与财务管理等。课时为48学时，共3学分，每周两次，每次两节，共12周。在多媒体大教室上课，学生为商务英语专业11级共50人。教材选用人民邮电出版社出版的《商学导论》（*Introduction to Business*）第四版，作者为美国的杰夫·马杜拉（Jeff Madura）。成绩考核中，期末考试占60%，作业20%，上课表现20%。

这门课对授课教师来说是一个新的课题和挑战，因此在上课前一个学期接到教学任务后，笔者就开始分析这门课程的性质、任务、教学方法等，预测可能会碰到的困难，并寻找相应的对策。这门课的挑战主要来自以下几个方面：

教师自身的挑战：作为任课老师，笔者虽然在对外经济贸易大学获得了商务英语硕士学位，也曾在多家公司实习和工作，有一定的实践经验。但近年来所教课程主要是基础英语、听力等语言技能类课程，对"工商导论"这种专业知识课程接触较少，比较陌生，缺少经验，因此必须做好从零开始的准备，准备好付出大量时间和精力系统地学习、备课。

教学内容的挑战：相对于课程的学时来说，课程的教学内容多、任务重。尽管教材具有条理清晰、编排合理、内容丰富、案例典型、语言规范等优点，但是教材的目标读者为美国学生，所以几乎不涉及任何关于中国经济和企业的内容，其中涉及的美国经济制度、企业相关法规、社会文化背景等对学生来说都较陌生。

大班教学的挑战：该课程上课学生有50人，属于大班教学，如何调动学生积极性、如何与学生密切互动等都是要考虑的问题。

2. 初步观察与反思

第一节课上，在介绍课程前，笔者先请学生谈谈对该课程的预期和想法。学生表达了对课程既期待又畏惧的心情，一方面，他们认为这门课将让他们第一次真正全面接触商业知识，走上专业课程学习的第一步，所以很期待能多学知识，为今后的专业学习打好基础；另一方面，他们第一次用原版教材上课，而且内容还这么多，共500多页，有同学甚至提出，用英语讲经济商业，他们担心听不懂、看不懂、考试过不了等，认为应用中文授课，因为他们几乎没有任何工作经验，对各类企业知之甚少，感觉所学内容离自己的学习和生活比较远，因而感到比较陌生。

在"工商导论"这门课的备课和上课期间，笔者参加了文秋芳教授的跨校大学英语行动研究项目，通过学习，逐渐认识到行动研究是一个在教学中不断发现问题、聚焦问题、制定计划、实施计划、反思后再改善计划的循环上升的过程，正如文秋芳教授概括的行动研究的基本流程：先聚焦问题，再提出方案，然后实施方案，评价成效，再提出问题。

根据这一流程，需要先从诸多问题和困难中找出关键问题，也就是问题的核心，这是行动研究的出发点。这门课的主要难题是学生第一次用原版教材学习商业知识，英语作为学习工具而不是学习目标，学习的首要目标是初步了解与企业的设立和运营管理相关的各方面的理论和实践。因此，首先要向学生介绍该课程的性质、特点，使他们清楚这门课与以前学过的英语课程的不同之处，同时，要唤起他们对这门课的兴趣和热情。其次，要大量引入中国的案例，这些案例应该是发生在学生身边的，或者是学生通过各种媒体能够接触到的人物和事件，这样可以拉近所学理论与实际生活的距离，消除学生对课程内容的陌生感和距离感，让学生深刻理解和掌握所学知识。此外，安排一些理论联系实际的活动，比如让学生自己寻找与所学内容对应的案例，分析案例的成功经验，然后自己分析市场，模拟设立自己的企业，制定商业计划书，并争取付诸实施，检验学习效果。

按照制定的初步计划，教学于2012年9月正式开始。

3. 行动干预第一阶段：通过引入案例激发学生对课程的学习兴趣

3.1 初步动员

在第一次课上，教师先向学生们介绍学习"工商导论"的意义：将来毕业后，大多数同学会进入各类公司工作，所以对企业的所有制形式、内部组织结构、生产与销售、管理与企业文化等方面的了解对将来的工作是一个很好的准备。同时，这门课程中的许多概念、原理和方法也适用于学校、医院等非盈利组织，所以，即使同学们选择这样的机构工作，这些知识也很有用。如果有同学选择自主创业，那么在这门课上所学的知识更是有用武之地。另外，企业就像一个国家经济的细胞，一个国家的经济离不开千千万万个企业的发展，企业的进步和发展是推动经济发展的基础力量，了解企业，也就是了解经济的微观世界。因此，这门课会给同学们提供观察世界、认识世界的新角度，会使他们从中获得学习新知识的满足感。

这门课采用原版教材，以英文授课，所以在学习专业知识的同时，也会进一步提高同学们的英语阅读水平、口头表达水平和写作水平。这种"浸润式"语言学习方法并不直接讲解词汇、语法等语言知识，而是通过大量的语言应用，在不知不觉中提高语言能力（杨祖宪，2008）。因此，只要认真学习，这门课可以起到"一石二鸟"的效果。

第一节课上之所以需要为同学们做一次学习"工商导论"的总动员，目的是激发他们学好这门课的好奇心和好胜心。

3.2 计划实施

开始讲解的第一个定义就是"Business"，教材上的定义是"A business is an enterprise that provides products or services desired by customers." 我向同学们提出了一个问题："What are the products and services that you are using in your life? Who are the producers of these products or the providers of these services?" 教师让每位发言的同学只介绍一个产品或服务，后面发言的同学不能重复前面提到的内容，每个同学都举出一个例子，从面包房、小超市、到电影院、网店、中国移动、苹果公司、维达纸业等等，这些都是商务的例子。学习这些相关内容，必然要研究这些企业，因此，教师让学生每人选定一家企业，作为自己研究的目标，随着课程的进展对其进行深入的分析调研。这样做的目的在于，让学生认识到商务活动就在日常生活中，影响着我们的吃穿住行，影响着我们的学习与生活。

该课程的授课方法采用的是案例教学法。这一方法就是将真实案例引入教学，启发学生思考、讨论，达到理论联系实际的效果。案例教学法可以使专门用途外语教学更具科学性、更有针对性和可操作性（赵革等，2009）。虽然教材本身提供了一些经典的案例，但是这些案例全部来自美国的企业，对学生来说有距离感。笔者认为，引入大量来自中国企业的及时的、鲜活的例子，可以加强同学们对概念、理论等的理解。

在讲到企业重要决策时，笔者引入中国好声音"这个案例，作为一档成功的电视节目，它是制作公司一系列决策的结果，包括产品的选择（引入荷兰的原创节目Voice，该节目已在多国复制成功）、人员的选择（四位导师的人选与搭配等）、融资方式（广告招标，"加多宝"冠名）等，这一系列的决策决定了节目的成功定位和包装，以及节目的表现和价值。这个例子使同学们认识到企业决策如何决定企业的价值。

在讲解公司结构中的downsizing时，正好介绍百度CEO李彦宏写给公司员工的一封信，主题是百度要鼓励狼性，淘汰小资，减少管理层级。他鼓励百度员工，特别是中层经理们不要满足于以前的成绩，不能退居二线，而要保持在一线时的干劲，这样才不会被淘汰，企业才有发展。这番话与所讲内容契合，可以结合这个案例让大家分析为什么要减少管理层级，在这个过程中会遇到什么困难，如果你是其中的员工会怎么做等等。

在讲到矩阵式组织形式时，笔者将校庆办公室的特色等作为案例，获得了很好的客观效果。校庆办公室是特殊时期的一种矩阵式组织，它是为了一个特别的项目（即校庆）而从原有部门抽调人员组成的临时性部门。这种形式的优点是集中优势兵力办大事，即把各个部门有特殊才能的人聚在一起完成校庆这件大事。正好，教这个班的另一名老师参与了校庆晚会的主持工作，学生们有身边的例子。这种形式的缺点在于人员之间不熟悉，需要磨合，人员和部门需要协调原来的工作与新工作的矛盾，因此临时组合可能造成职责不清、分工不明等情况。因为这位老师排练和演出的时间有时与上课时间冲突，就需要调课，这会对正常的教学造成一定的影响。通过对这样身边的案例的讲解，同学们比较清楚地理解了矩阵式组织形式的特殊性和优缺点。

这样的案例几乎每节课都有，贯穿始终。

3.3 效果与反思

上课三周后，笔者对部分学生进行了访谈，并让全体同学写了反馈。同学们对引入大量身边案例这种方法还是很认同的，在访谈中他们谈到：通过这些案例，抽象的概念变得形象、具体、生动，加深了他们的理解和记忆。有同学在反馈中写道："开始觉得上这课压力山大啊，后来，被生动的案例吸引，投入进去了，认真听讲，很好啊！"

但是也有同学反映说，上课形式有些单一，有时甚至觉得枯燥乏味。这个反馈有助于教师反思第一阶段的授课形式，因为内容多，时间紧，而且学生对这些知识比较陌生，因此，尽管课上引入了大量案例，但并未让学生提前思考，只是上课时介绍给他们。而且尽管布置他们预习任务，但并没有任何形式的检查，所以并不清楚学生们的预习情况。学生上课主要是听讲，有些同学能保持长时间的注意力，效果就比较好，否则，可能会走神，听课效果就不太好。上课提问时，只有几个同学会主动回答问题，课堂气氛不够活跃。

4．行动干预第二阶段：加强课上与学生的互动，让学生介绍案例，深化其对课程内容的理解

4.1 计划制定

针对检查预习力度不够的问题，对策是在课前布置明确的预习任务，比如：看教材第七章，准备回答一些基本问题，并找出不理解的难点。上课的

前几分钟，提出一些基本问题让学生抢答。为了鼓励大家踊跃发言，有必要采用一种激励方法，如学生每次上课发言后，到老师这里在学生名单上自己的名字前划正字，发言次数将作为上课表现和课堂参与的主要依据，计入平时成绩。

针对上课形式单一的问题，对策是让学生分组预习，讨论要讲的内容，并结合自己选定的企业作为案例，制作 PPT，上课时向同学们介绍。这样做一方面是为了打破"一言堂"的局面，另一方面是督促学生预习，并让他们到实践中搜索合适的案例，将课本知识与实际相结合。

4.2 计划实施与效果

在课堂提问环节，因为事先布置了预习任务，明确了激励措施，效果非常明显。比如，在讲到企业招聘中 internal recruiting 和 external recruiting 的利与弊时，教师请学生们先发言，每人说一条，结果有近 20 人发言，经常是好几个人同时举手，非常积极，课堂气氛活跃。在热烈的讨论中，他们不仅谈到了教材上列出的几点，还补充了很多自己的想法，比如 internal recruiting 可能造成类似近亲繁殖的问题，还有内部腐败、裙带关系的问题等等。在讲到广告效度时，笔者让同学们谈谈让自己印象深刻的一则广告并简要分析该广告所采用的手法，因为每人都有喜欢的广告，所以几乎每位同学都想发言，笔者就把机会先给没有发过言或发言少的同学，让开始不自信的同学也逐渐有勇气主动发言。到结课时笔者统计了一下，50 人中只有 1 人从未主动发言，3 人发言少于 3 次，发言次数最多的学生发言 18 次，平均每人发言 8 次。在结课时收到的同学的反馈中，有多人提到喜欢课堂互动这个环节，他们写道："上课时老师与学生有积极的互动，例子也很生动"；"互动部分很好，气氛很活跃，也锻炼了同学们的口语能力"；"课堂气氛活跃，学习气氛非常浓郁"。这些观察与反馈都表明加强互动这个措施计划周密，实施效果令人满意。

在让同学们分组预习，准备案例这个环节上，同学们也积极配合。每次被布置任务的两组同学都有备而来，为全班做案例介绍。比如，在讲到特许经营（franchise）这种企业形式时，除了在课上讲解其性质、类型、特点外，还重点介绍了一些典型例子，如麦当劳等。同时，笔者让同学们调查身边的特许经营加盟店，其中一组同学调查了一家"翰皇"擦鞋店，询问了加盟条件、加盟费用、营业收入、营业支出，以及店主的工作时间、感想等，获得了特许经营的第一手资料，并向全班同学做了口头报告，使大家对这种经营方式有了更直观、更真实的了解。在讲到营销网络时，有一组同学介绍了娃哈哈公司的独特营销网络，PPT内容丰富，形象生动，给大家留下了深刻的印象。

4.3　问题与反思

上课加强了互动，增加了同学的口头报告环节，课堂气氛活跃。但是发言和口头报告的环节都时间有限，所展示的内容并不能全面体现所学内容，有些同学的口头报告流于形式，与授课内容结合度不高。从作业中也反映出来，有些同学对所讲内容仍然没有真正理解。例如，教材上已经有一个商业计划书的例子，笔者让同学们再从网上或书刊里找一个商业计划书的例子，但是有的同学交上来的是一个解释：什么是商业计划书。显然，这部分同学对商业计划书的概念和内容、形式等还没有真正理解。因此，对这样实践性很强的内容，如果只停留在阅读其他人的样文上是远远不够的，必须通过亲身实践发现自己的不足，进一步学习钻研，然后再把学来的东西付诸实践，才能真正得以提高。在文秋芳老师的讲座中，她提到了一些有关形成性评估的文章，其中的一句话对笔者很有启发：教师要不断地收集学生的学习证据，以此判断学生的进步（文秋芳，2012）。所以，笔者也想用让学生自己写出商业计划书这样一种形式作为他们学习"工商导论"这门课的一个收获知识、运用所学的证据。

5.　行动干预第三阶段：通过学生亲自实践提高学生将理论应用于实践的能力

5.1　计划制定

针对上述问题，经过反思，笔者决定让同学们真正应用所学知识，策划一个项目或成立一个企业，形成一份商业计划书，要包括企业组织形式、人员组成和招聘、SWOT分析、营销方案、融资方式、财务计划等。正好，学校每年有大学生创新和创业项目申报机会，这个项目计划书也可作为申请材料的主体部分。如果申请成功，学生可获得一定的资助，实施计划，实现创业梦想。

5.2 计划实施与效果

笔者在课上进一步介绍了商业计划书，让每位同学又找了一份与自己的创业计划类似的商业计划书作为参考，将它们打印出来后与全班同学分享，使大家对商业计划书有更明确的认识。然后，让学生自由组合，组成5—6人的项目组，做市场调查、市场分析，探索创业机会，进行可行性研究，分工负责，最后形成商业计划书。期末时，各组同学交上了比较成熟的商业计划书，虽然有很多方面还很不深入，但已经具备了商业计划书的雏形，经过修改、完善，可以申请大学生创业项目。最后，各组同学进行答辩，由评委老师打分，选出优秀项目申请创业资助。

6. 整个行动研究的总结与反思

虽然这是笔者第一次上"工商导论"这门课，但得益于参加了文老师行动研究项目，笔者有意识地在备课和上课过程中不断地思考，发现问题，聚焦问题，制定对策，实施计划，观察效果，反思问题。在为期12周的上课过程中，不是自始至终地应用同一策略、同一方法，而是不断地总结经验教训，不断地改善提高。在期末考试前，又请同学们做了最后一次书面反馈，其中对这门课的正面评价主要包括：

（1）上课内容全面系统，逻辑清晰，信息量大，学习到了工商企业的基本知识，极大地拓宽了我们经济方面的知识面，了解到了许多以前看似知道，却是一知半解的东西，非常有用，为今后的学习和工作打下了坚实的基础。

（2）原教材上的案例多为美国的企业和法规，老师补充大量中国的案例，很有意思，很生动，有点有面地让我们了解了这门课的框架。

（3）上课互动热烈，气氛活跃，学习气氛浓。

同学反馈中列出的问题主要包括：

（1）内容太多、过泛，进度过快，不够深入，重点不突出。

（2）希望能把理论应用于实际，希望得到去公司实习的机会。

（3）可以增加一些视频材料。

不难看出，这些反馈既对这门课给予了充分的肯定，也反映出一些同学的不满意之处，一部分学生认为难度过大，进度过快，还有些同学认为内容太浅，深度不够。这门课最后的评价结果是20%的学生非常满意，68%满意，还有10%基本满意和2%不满意。

笔者毕竟是第一次上课，还有许多的经验教训需要总结。行动研究在下一轮上课时还要继续下去。如何扬长避短，如何提高教学效果，提高满意度是需要继续思考的问题。

随着学生英语基础的提高，增加这类以内容为主的知识型课程势在必行，但是如何解决学生水平差异大，需求复杂，以及内容与语言的矛盾等问题，可能是我们未来必须要面对的挑战，这也为行动研究提出了更多的课题。教师们应通过深化行动研究，努力使自己成为"有创新精神的研究型外语教师"（王蔷，2001）。

参考文献

王蔷，2001，行动研究课程与具有创新精神的研究型外语教师的培养，《国外外语教学》（1）：1-7。

文秋芳，2012，提高"文献阅读与评价"课程质量的行动研究，《中国外语教育》（1）：32-39。

杨祖宪，2008，《商学导论》推荐序。北京：人民邮电出版社。

赵革、王青梅，2009，论案例教学法在专门用途英语教学中的应用，《宁波教育学院学报》（4）：43-45。

北京工业大学团队行动研究

通过互动团队建设提升教师专业发展

杨 凤

北京工业大学

在北京工业大学外院领导和前院长周俊英教授的指导下，北工大外语学院教师互动发展团队2011年3月组建，并有幸参加了由文秋芳教授主持的六大院校（北京工业大学、北京首都医科大学、北京政法大学、北京林业大学、北京化工大学、北京联合大学）参加的跨校教师团队项目。团队从组建开始，两年来，每月定期在校内开展两次教学研讨活动，校外一次大团队活动。共开展校本活动22次，参加跨校大团队活动18次。我们的跨校团队始终以课堂教学问题为出发点，以提高教学质量为目的，以有理据的行动为解决问题的方案，发展经历了四个阶段。团队成员在文老师的引领和北京工业大学外语学院领导的大力支持下，"从做中学、行中思，不断实践、不断提高"，成绩斐然。

第一阶段： 2011年第一学期（2011.3—2011.7）为预热尝试阶段。主要工作是组建团队，建立"平等、合作、互利、共赢"的信任关系。

在团队建立之初，团队成员因来自外语学院不同的系，有的来自大学英语系，有的来自专业英语系，教授课程也不一样，平时很少有机会交流，相互之间很陌生。为建立相互信任、协作的关系，我们从讨论教师倦怠感的问题入手，逐渐搭建了团队成员的交流平台，让不同专业的教师找到了归属感。

第二阶段： 2011年第二学期（2011.9—2012.1）为项目的正式开始阶段。本阶段主要是以课堂录像为抓手，围绕课堂关键问题，探讨提高课堂教学质量的有效途径，旨在提高团队成员的教学能力。

在这一阶段，我们遇到的难题是：团队成员专业不一，有的教大学英语综合课程，有的教大学英语实验课程，有的教专业英语，有的教商务英语，课程、教材和授课内容均不一样，如何利用各学科教师的自身特色，探索有效的统一的课堂教学互动模式对我们来说有相当的难度。经过文老师的引导和点拨，团队成员通过讨论、协商，逐步筛选，找出了既具有普遍性又体现全局性的8个课堂关键问题，以课堂录像为抓手，共同研讨解决问题的有效途径与方案。因为是大家关心的问题，团队成员积极参与录课和讨论，每次讨论的气氛热烈活跃，团队成员互相启发、互相补充，团队活动讨论的话题也由浅入深，真正起到了教学相长的作用，每位成员都受益匪浅。我们北京工业大学最先推出的通过课堂观摩进行评课的活动模式也被其他院校采纳和借鉴，成为后来六大院校团队活动的形式。

第三阶段：2012年第一学期（2012. 2—2012. 7）为项目深入开展阶段。本阶段以课堂教学与行动研究并重，探讨每个团队成员在教学过程中碰到的具体问题，研讨解决方案，相互取长补短，提高教学能力、教研能力与合作能力。

行动研究的"计划—行动—观察—反思"的各环节使我们团队的各位教师更加关注自身的教学理念和实践，解决了教师课堂教学中存在的实际问题，对于改进自身的教学效果、提高教学质量有着直接的作用。我们团队的青年教师都学会了如何开展行动研究，这不仅提高了教师们的某些微观教学技能、技巧，还提高了他们的教学研究与合作能力。行动研究把相关的教学理论和个人的教学实践紧密结合起来，教师不仅能够在教学、科研两个方面取得进展，同时又保持了教学风格的独特个性。

第四阶段：2012年第二学期（2012.9—2013.1）为项目的全面开展阶段。本阶段主要以行动研究为主，研讨如何撰写行动研究论文，提高行动研究论文的撰写能力。

这一阶段也遇到了问题：因我校可持续性发展的需要，团队骨干教师在不同的学期承担不同的课程，教学形式和内容都不同，导致同一课程的行动研究无法充分实施与开展。文老师打破了大家的思维定势，建议大家除了按几个学期的行动研究来报告外，也可以从新课型入手，进行新课程的行动研究。文老师的这些提纲挈领的指导，点燃了团队成员的思想火花，让大家顺着自己的思想找到自己的研究方向。最终，团队每位成员在总结两年来的教学和行动研究素材的基础上，将理论与实践紧密结合，写出了自己的行动研究论文。

经过两年的探索，我们四个阶段的工作取得了很大成效。通过校本团队活动和跨校团队活动，团队成员通过阅读理论书籍、录制课堂教学录像、撰写反思日记、撰写行动研究论文、阅读别人的反思日记、阅读别人撰写的行动研究论文草稿等活动，提高了课堂教学能力和教学研究能力，进而提高了反思与合作能力，形成了校内和跨校的开放式的学习共同体。团队成员乐意在跨校团队中分享自己的教学录像，善于发现别人教学中的闪光点，并学会以专业方式给别人提出改进教学的建议。老师们不仅改变了教学理念，加深理解了教学与科研的关系，还提高了教学能力、行动研究能力和反思能力。

我们团队的具体成果总结如下：

1）形成了开放式的学习共同体

在跨校方面，建立了以课堂关键问题研究为抓手的教师—研究者共同发展的合作团队：三所市属高校（北京工业大学、首都医科大学、北京联合大学）和三所部属高校（中国政法大学、北京林业大学、北京化工大学）的教师与中国外语教育研究中心研究者团队（北外中国外语教育研究中心专职研究人员、在读博士生）组建了合作发展团队，改变了一线教师的教学理念，提升了一线教师的教学、研究与反思能力，也使研究者透彻了解了一线教学情况，增强了今后研究的有效性和现实性。更为重要的是，双方能够取长补短，互相促进，共同进步。

在校内建立并发展了北京工业大学外语学院教师学习共同体：在8位团队骨干成员的带动下，新的大学英语、学术英语、专业英语、商务英语等教学团队已经组成并初见成效；团队8位青年教师参加的由北京外国语大学中国外语教育研究中心文秋芳教授所主持的"北京市高校英语教师互动发展团队建设"项目，是教育部人文社会科学重点研究基地北京外国语大学中国外语教育研究中心专项课题，已经通过专家评审，被评为优秀。

2）我们团队首推的活动和研究模式已经确立并在参加高校外语教师互动发展团队建设项目的六所高校中得到推广

我们首推的研讨模式是以课堂录像为抓手，围绕课堂关键问题，探讨提高课堂教学质量的有效途径，提高团队成员的教学能力，这一模式成为参加高校外语教师互动发展团队建设项目的六所高校的共同活动模式。

通过互评教师的教学录像，讨论相互的反思日记、研究方案和论文，建立了一套行之有效的评课方式，帮助青年教师改变了教学理念，对青年教师提高教学能力、加深理解教学与科研的关系、提高行动研究能力等具有实质性的指导意义。

3）团队青年教师的教学能力与教学研究水平大幅度提高

团队成员均成长为各学科的骨干，获得市级和校级各种教学奖项共22

项；三位团队成员的课程被外语学院评为示范课程；项目组青年教师陈浩的授课录像被用作外语教学与研究出版社高等学校教师培训课程的教学观摩录像；团队成员的论文获得2013年美国第24届信息技术与教师教育国际会议的优秀论文奖；团队成员均完成了自己的行动研究论文，其中有三篇在本论文集中发表，包括："一项基于学术英语写作教学的行动研究"，"提高学习者口头报告参与度与参与质量的行动研究"和"一项基于小组合作学习的行动研究"。

　　总之，在文秋芳教授的引领下，北京工业大学外语学院教师互动发展团队探索出了一条一线外语教师相互合作、开展研究性教学的有效途径，形成了一支勇于创新、素质过硬的队伍。构建跨校教师互动发展团队，为教师的教学理论研究及实践操作研究提供了切实有效的帮助。通过跨校研究，教师可以共享教学研究成果，对提升我校外语教师自身专业素养及教学能力具有重要意义。

一项基于学术英语写作教学的行动研究[1]

杨　凤

北京工业大学

提　要：本文报告了为提高非英语专业本科生的学术报告写作水平而进行的行动研究。学术报告写作课程是为提前通过国家大学英语四级考试的非英语专业本科生开设的，目的是培养学生用英语获取信息、进行专业学习和国际交流的能力。笔者在首次教授这门课程的过程中，通过三个阶段的行动研究，提高了学生学习学术英语的兴趣，帮助学生熟悉学术论文结构和学术写作评估标准；同时，提高了学生的学术规范意识。

关键词：学术英语；非英语专业本科生；移动互联网；量规；学术规范

1. 引言

随着高等教育国际化进程的加快，高素质的专业人才需要加强国际交流能力，大学生将越来越多地被要求直接用英语阅读专业文献，听取专业课程和讲座，撰写综述和论文，参加国际学术会议进行论文宣读和讨论，出国留学等等。因此，大学生在掌握了一定的英语语法和词汇知识，具备了一定的听、说、读的能力之后，非常需要具备较强的专业学术写作能力。但我国的非英语专业写作，尤其是学术英语写作教学与研究尚未引起普遍的重视（熊丽君、殷猛，2009）。在大学英语基础教学阶段，很多高校只是在大学英语阅读课中附带教授写作，很少有学校开辟专门的课时讲授学术英语写作。目前，在大多数高校的大学英语写作讲授中，限时即兴写作仍然是写作测试研究的重点（韩宝成、赵鹏，2007）。教师花大力气教学生四、六级写作，学生得不到系统的写作训练，只是为了应试而学习写作，造成了中国大学生

1. 本研究获得2012北京市人才强教计划"整合语言教学与信息技术以提高学生英语交际能力的有效途径"（项目编号：018000543112510）和北京工业大学教育教学研究课题"探索大学综合英语向通用学术英语转型之路"（项目编号：018000514113003）的资助。

（本科生、研究生）学术文章水平偏低的状况。

近些年来，国内部分专家对我国学术英语写作进行过研究，如熊丽君和殷猛（2009）基于中美学术英语写作的研究对非英语专业学术英语写作课堂的构建提出了理论指导；杨莉萍和韩光（2012）开展了基于项目式学习模式的学术英语写作教学。但我国学术英语写作方面的实证研究报告仍然不多，需要进一步将理论和实践相结合以促进我国学术英语写作研究的深入发展。

为此，笔者根据高等教育国际化人才需求和笔者学校培养国际化人才的需求，将学术英语写作作为培养学生英语综合应用能力的重要载体，对非英语专业本科生的学术英语写作课进行理论探讨与实践探索，帮助学生顺利地从一般写作能力向专业学术写作能力发展，切实提高学生学术英语写作的能力，最终提高其科研能力和国际学术交流水平。

1.1 2012年秋季课程概况

笔者所在的院校为北京市属的一所工科院校。学术英语（EAP）可分为通用学术英语（English for General Academic Purposes，EGAP）和专门用途学术英语（English for Specific Academic Purposes，ESAP）两种（蔡基刚，2012a）。我校的通用学术英语（以下简称学术英语）为公共基础必修课，属大学英语课程的提高部分。2012年秋季课程是针对2011级实验班学生开设的，他们已经提前通过了国家大学英语四级考试。这些学生的英语基础比较好，听说读写都已达到较高的水平，所以笔者将学术英语的教学重点放在学术英语写作和相关技能的培养上。课程从2012年9月正式开设，内容涵盖学术英语写作和交流的相关语言知识和技能，例如听讲座、记笔记、口头陈述、撰写文献综述和论文、参加学术讨论等（蔡基刚，2012a）。

表1介绍了2012年秋季学期学术英语写作课的教学目标、教学内容、教学时数和考核方法（2012年秋季学期学术英语写作课程安排详见附录）。该课程4个学分，64个课时，分16周进行教学，每周4课时。2012年秋季学期的教学以学术英语写作为主，听说为辅，两者相辅相成，以提高学生在英语学术环境下的论文写作、研究、批判性思维以及口语表达等能力。课程以项目为导向，要求学生完成一篇研究报告或实验报告。学生选定与本专业相关的课题，通过互联网及其他电子资源搜集相关信息进行研究，并用口头和书面英语在多媒体环境中汇报研究结果。该课程希望学生完成的学习目标有两个：一是掌握常用的学术研究相关文件的写作方法，包括实验报告、开题报

告、进展报告、评估报告和说明书等；二是掌握学术论文写作方法，着重于论文的标题、摘要与关键词、引言、文献综述、研究方法、结果、讨论、结论和参考文献等部分的写作。学生的考勤、课堂表现、自我评估和互相评估等都计入平时成绩（20%），期中完成开题报告（20%），期末完成800至1500字的研究报告（45%）和6至8分钟的口头报告（15%）。

表1　2012年秋季学期"学术英语写作"课程简介

教学目标	教学内容	教学时数	考核方法
学生初步掌握学术英语的基本知识和技能，能用英语独立地开展以项目或课题为核心的最基本的研究，学会各种学术规范；能撰写实验报告或符合学术规范的学期小论文（1000词左右）；并能用口头和书面的形式报告研究成果。初步具有进行国际学术英语交流的能力。	围绕自然学科的话题进行跨学科的听、说、读、写学术技能的训练。教学生如何选题，如何写标题、摘要、引言、文献综述、研究方法、结果、讨论、结论和参考文献等，以及如何避免各种学术剽窃的策略和方法。	4课时×16周	平时成绩（20%），包括出勤、作业、课堂讨论、个人和小组评估；期中开题报告（20%）；期末研究报告（45%）；期末口头报告（15%）。

1.2　对授课对象的分析

笔者学校的非英语专业本科生入学后即参加英语分级考试，共分3个级别：一级班、二级快和二级实验班（以前叫三级快）。实验班学生总人数为350人，共10个班，占2011级学生总数的15%。这些学生英语基础好，入校后直接学习大学英语三级课程，一年之后通过全国大学英语四级考试，进入学术英语的学习。笔者所教授的班级是2011级实验班中的3个班，学生共100人。

按照以往的课程安排，实验班学生只需学一年大学英语（每学期16周，每周4学时，每周两次课），通过大学英语四级考试后，他们的大学英语学习即结束，转而可以根据自己的情况选择英语或非英语的通识课程。但2012年学校新的课程改革要求，将学术英语纳入大学英语必修课的范畴，要求这部分学生在第三学期全部进入学术英语课程学习。这在很大程度上造成了这批学生对学术英语课程的质疑。

在正式开课之前，根据学院上一学期期末对这些学生的问卷调查，笔者发现，其中只有四分之一的学生真正表示"愿意上学术英语课"，约一半的学生对学术英语课持观望态度，另四分之一的学生表示对学术英语"没有兴趣"。在访谈中笔者也了解到，不少快班学生提前考完大学英语四级后，更愿意像以前的三级快班学生那样，自己选择英语选修课或其他课堂，或者专心准备大学英语六级、托福、GRE或雅思考试，不愿意被直接划入学术英语课堂，所以对学术英语课持迟疑态度。

1.3 授课教师开设学术英语课的准备情况

笔者教授大学英语综合课（读写和听说课）已经十几年，尤其对大学英语四、六级考试教学经验丰富，但真正教授学术英语课还是第一次。自从大学英语改革以来，不少重点高校开设了学术英语课，但每个学校的学生基础不一，既没有统一的教材和教法，也没有现成的经验可以借鉴，因此开设这样一门新课即使对于"老"教师来说无疑也是极大的挑战。为了开设学术英语课，笔者在之前的四年中，在大学英语综合课上尝试让几个英语水平高一点的普通班的学生在第三学期根据从《新视野大学英语》课本内容提炼出来的两个话题（中西方文化差异和社会问题），让学生写研究报告。指导学生使用互联网及数据库等数字资源搜集相关信息进行研究，并就研究内容用英语完成一篇800—1500字的研究报告。在将英语阅读、写作和计算机网络结合在一起进行教学方面积累过一点经验。因此在第一次正式教授学术英语课时笔者计划尝试将计算机网络与学术英语教学融合在一起。笔者在教学中只能不断摸索，边教边反思边总结，在教学过程中不断产生灵感，不断发现问题并解决问题。

笔者的行动研究在一个学期中分三个阶段进行，以下是具体报告。

2. 行动研究的第一阶段：通过导学，抓住学生的兴趣点，提高学生 对学术英语的学习兴趣（第1周—第2周）

2.1 行动设计与实施

为了改变学生对学术英语课的质疑态度，调动学生的学习兴趣，引导学生进入正常的学习过程，笔者决定在开学第一次课对学生进行总动员，先介绍笔者学校学术英语的特点、该课程与以往课程的不同之处，以及校学术英语课的性质、目标、模式等。重要的是利用移动互联网平台,将信息技术与学术英语课程深度融合,激起学生对该课的新鲜感。

首先,学习目的不同。在第一次课上,笔者就跟学生强调这门课跟以往大学英语课堂的不同之处在于把英语作为工具来使用,而不是作为学科去学。正如蔡基刚(2012b)所言:外语教育既有工具性又有人文素质性,但前者是根本。如果大学生不能用外语这个工具来汲取信息和交流信息,包括专业信息和文化信息,他们就不可能参与国际竞争和国际谈判,也不可能吸纳世界文化。因此,这门课的教学特色之一就是鼓励学生"用"英语来"做事情",即"从做中学",以期改变学生以往学英语不是为考试,就是纯粹为打基础的状况。

其次,教学工具不同。学术英语课程的另一个特色是利用一个移动互联网教学辅助平台支持教学,在教学沟通、信息收集、交流展示等方面大大提高了教学效率和效果。学生们在学习的过程中可在教学辅助平台中建立一个个"项目",比如"课件"、"阅读材料搜集"、"反思及读后感"、"意见反馈"等等,学生们可随时上传课件和各种阅读材料,不定期地用英文写课程的反思日记和读后感、反馈意见和建议等等;教师能够及时通过互联网或手机看到每个学生的最新进展,并及时给予评价;学生们也都可以通过互联网和手机管理自己的资料和信息,及时查看教师的批复,向教师进行回馈,还可选择是否允许其他同学查阅或评论自己发布的内容等。开学后笔者要求学生完成的首次作业,就是在该平台上作一个自我介绍,看谁的介绍给人留下的印象最深刻,同学们可以相互留言和评论。

第三,评估手段不同。学术英语课程是以项目为导向,没有专门的期末考试。整个课程即是一个项目完成过程,学生一开始就要根据自己的专业背景和学术兴趣选定研究课题,通过互联网及其他电子资源搜集相关信息进行研究,期中完成开题报告,期末写出800—1500字的研究报告,并用口头和书面英语在多媒体环境中汇报研究结果。

第四,用以前学生写的反思日记来引导学生。为了真正抓住学生的兴趣点,笔者精选了三篇前届学生撰写的英文反思日记,并打印出来,发给实验班的学生,人手一份,让他们当堂阅读。希望通过阅读和讨论以前学生的反思日记,使学生对本课程有初步了解。

2.2　观察与发现

在第一次课上,在介绍完学术英语课的第一个特点时,笔者发现在座的学生没有一个开小差的，学生对英语是拿来"用"而不是"学"的说法非常赞同。学生们纷纷感叹这么多年一直把英语当成一门学科来学习，以往的学习确实只是在"学英语"而不是"用英语"，没有摆正英语的位置，现在终于摆正了。有学生在反思日记中说：

> 刚开始接触学术英语这门课时，我对如何写出一篇英语（学术）论文完全没有概念。回想自己学习英语的经历，突然发现在我十几年的英语学习生涯里，似乎一直忙忙碌碌追求的就是一堆堆永远背不完的单词，一篇篇永远做不完的阅读题，而后争一个看着好看的分数。不知不觉的，我一直在把英语当成抢分数的工具，而不会从心里产生主动利用它为我的学习生活服务的需求。如此看来，辛辛苦苦地学英语似乎对我未来生活的意义不大，不禁有些迷茫。直到学习英语学术论文写作之后，我才似乎真正开始有意识地把英语当成了一项学习工具，渐渐找到了用英语为生活服务的感觉。

对移动互联网与课堂相结合的授课模式，好多同学都感到新鲜，说没想到枯燥的学术英语课还可以通过移动互联网这种时髦的手段来上。学生们的好奇心被激发，频频表示在信息时代确实应该掌握和提高这些综合技能。在开学前两周，学生们陆续登录教学辅助平台，一方面作自我介绍，让其他同学了解自己；另一方面在平台上发言，发表开学以来对学术英语课的感想。这次动员在调动学生学习学术英语的积极性方面收到良好的预期效果，大部分学生都积极参与课上课下的活动。

通过对几篇反思日记的阅读和讨论，学生对本课程有了初步了解，同时增强了对学术英语写作课的信心。有学生在网上留言："According to these reflections, I get more willing to attend this course and experience this new learning way. I am looking forward to doing a real English report for academic purpose by myself one day, no matter how difficult it will be."这些都比苦口婆心的讲解和规劝效果好得多。

当学生们被告知以前的普通班学生写过类似的研究报告时，他们都不大相信；之后当笔者激励他们要相信自己会比普通班学生做得更好时，对于期末写出800—1500字的英语小论文这一任务，不少学生跃跃欲试，在课后的reflection中纷纷表示愿意试一试。有学生在随后的反思日记中写道："Now I am filled with motivation and curiosity to explore my unusual English study in this brand-new semester and I hope I could learn those useful English articles as many as possible, as well as the most effective way to utilize databases and reference books."大部分学生非常期待能够将所学的东西"用"出来，希望在老师的指导下能完成一篇类似的论文。

　　但热闹了一周后，笔者从学生的发言中还是明显感觉到很多学生仍然对于学术英语写作课上要求完成的写作任务没有概念。大多数同学的写作经历仅限于大学英语四级作文，对于真实的写作任务没有概念。学生出现两种状况：一方面，在笔者的表扬和鼓励下，部分同学的自信心开始膨胀，出现盲目乐观的情况，认为研究论文与四级作文一样，只要套用一些模板或句式就行。有的同学觉得普通班学生都能写好的东西，作为英语水平略高一筹的实验班学生，写一份英文的研究报告自然不成问题。另一方面，很多同学仍然感到困惑，不知道研究报告到底有些什么形式和内容，该从何处着手。而且在与学生的交谈中笔者发现几乎所有学生都懒得对自己写的东西进行修订，想当然地认为自评和同学互评都是浪费时间，只有老师评估才是最有用的，认为文章写完后剩下的就是老师的事了，学术报告也一样。

2.3 反思

　　从前两周的教学看来，假期的充分准备和开学的引导达到了预期效果。学生对新课程有了初步了解，同时增强了学习学术英语写作的信心。尤其是通过移动互联网教学辅助平台跟学生实时交流，发布信息、上传课件资料和课后阅读材料，确实抓住了学生的兴趣点，在很大程度上调动了学生的学习积极性。很多在之前持观望态度的学生开始参与到课堂活动和课后活动中。这为下一阶段帮助学生掌握信息时代所需的新知识与新技能，包括基本的计算机操作，以及网络环境下的读写能力，即网上搜索、超文本阅读、评判分析数字信息与知识重组等技能（Gilster, 1997）打下基础。

　　因为没有期中和期末考试，很多学生感觉很放松，愿意在教学辅助平台上跟老师和同学交流。教学辅助平台上学生编制的成长记录袋为教师和学生提供了便捷的反馈机会。笔者通过阅读教学辅助平台上的学生反思，实时了解学生的学习情况并对学生的问题及时反馈。开学以来的动员工作基本达到了预期效果，学生开始进入学术英语写作的学习状态中。

　　但笔者也发现，在教师没有跟学生全面介绍学术论文的结构、特点与评价标准的情况下，学生就开始根据自己的专业或自己的兴趣选题，这会让学生对于真实的写作任务没有概念，对写作过程存在误解，以为研究论文跟四级作文一样。所以要让英语基础好的学生了解自己的真实水平，明白通过了大学英语四级考试并不能代表学术写作能力的同步提升，学生才不会出现盲目乐观的情况。同时，要及时告知学生研究报告到底包含什么内容和形式，该从哪里入手，让学生有大概的了解，才能解除他们的困惑。

3. 行动研究的第二阶段：帮助学生熟悉学术论文结构，了解学术写作评估标准（第 3 周—第 4 周）

3.1 行动设计与实施

为了帮助学生了解论文的写作流程，改变学生认为只要找到一篇模板文章，就能学会写研究论文的想法，笔者通过教学辅助平台向学生推荐两篇文章：一篇是 How Learners and Teachers Understand Writing，另一篇是 Rewriting：Writing is Rewriting，让学生课下读完后写感想并在课堂上讨论。通过这两篇文章让学生充分意识到，写作是一个过程，尤其是学术写作，一般包括三个过程：规划（planning）、写作（writing）和修改（revision），绝不是一蹴而就的事。其中最难的修改（revision）包括重写（rewriting）、编辑（editing）和校对（proofreading）。

另外，为了让学生一起参与制订研究报告的评估标准，笔者提供了笔者2008 年给学生作评估时设计的量规（Yang，2008），该量规当年借鉴了美国国际课程项目（International Baccalaureate）的量规（Hill，1996）和北大张薇老师开设的"网络英语论文写作"一课所设计的量规（Zhang，2003；张薇，2006），此次笔者结合本校学生的情况作了微调。同时笔者在网上找了两篇北大学生在学术英语课上写的研究报告，先拿出较优秀的一篇来引导学生讨论评价标准，与学生一起总结和提炼出从"内容"（content）、"清晰度"（clarity）和"创造性"（creativity）三个方面来评估研究论文的3C标准（见表2）。采取整体评分（holistic scoring）和分解评分（analytic scoring）相结合的方法来评估论文。总分为15分，三个分项各占5分，整体评分是分解评分三项内容的总和。分优（12—15分）、良（8—11分）、中（0—7分）三个等级来描述学生作文。通过讨论学生论文的优缺点，让学生们对研究论文的写作流程以及评价标准有更深层次的了解。大多数学生开始意识到，论文要达到"优"的水平不是一件容易的事情，需要一个过程，要付出很多努力，反复地修改。

表2　评分标准（Scoring Rubric）

Categories	Accomplished (5)	Promising (4)	Developing (3)	Beginning (1)
Content (5)	*Defined central claim *Highly sufficient support *Varied sources	*Central claim *Moderately sufficient support *Some sources	*Unclear central claim *Slightly sufficient support *Few sources	*Unclear central claim *No sufficient support *No sources
Clarity (5)	*Overly organized *Varied and appropriate choice of words; highly effective cohesive devices	*Organized *Appropriate choice of words; effective cohesive devices	*Organization mixed up *Frequently inappropriate choice of words; limited cohesive devices	*Organization mixed up *Inappropriate choice of words; no cohesive devices
Creativity (5)	*Fresh personal thought *Highly consistent control of material	*Personal thought *Moderately consistent control of material	*No personal thought *Slightly consistent control of material	*No personal thought *No consistent control of material

（Hill，2006；Zhang，2003；Yang，2008；张薇，2006）

学生了解评分标准之后，笔者让学生用总结出的评价标准评估第二篇论文。第二篇论文属于中等水平，优缺点比较明显，让学生分组讨论并提出修改意见，以帮助其进一步掌握评价标准和熟悉论文的组成部分。之后笔者再点评和总结。课下笔者通过网络平台将评估的成绩和点评发布出来供学生参考，帮助学生加深印象。

对于这一评估标准，刚开始学生理解得不是很透彻。在后来的教学中，笔者特意将这一评估标准应用于学生研究论文写作的每一阶段，贯穿于学生选题、写引言（introduction）、写文献综述（literature review）、写正文（body）、写结论（conclusion）、对初稿和终稿进行评估的始终。尤其在初稿完成后的学生自评和互评过程中，引导学生使用这一标准对自己的论文和同学的论文进行评估，并提出修改意见。

3.2 观察与发现

笔者告诉实验班学生这两篇论文都是以前普通班学生写的文章。在评论第一篇优秀论文时，学生在应用评价标准时没有什么障碍，因为论文从"内容"、"清晰度"和"创造性"三个方面都跟优秀的标准对等。当评论完第一篇时，很多学生发出感慨：没想到普通班学生的文章写得这么好！感觉很震撼，自己要写出这样内容相关、结构清晰、有创意的文章来还真不容易。同学们对文章涉及的超大词汇量和顺畅的表达也赞不绝口。很多学生感慨学术论文跟四、六级作文真的大不一样，内容和形式上都比四、六级作文复杂得多。很多学生自己有意无意地在跟这位没见过面的同学作对比，表示要认真规划自己未来的研究主题。还有学生感慨以前写的四、六级作文真的很naive，想到哪写到哪，随便编点内容也无所谓，没有人去考察内容的真假，显得很不"学术"。笔者很高兴学生逐渐意识到研究论文写作是一个比较复杂的过程，而且真正写好一篇研究论文不容易。

学生对自己能参与讨论并制订评分标准的做法感到不可思议。首先，四、六级作文标准专家已经制订好，跟学生没有关系，学生写完后交给老师就完事了。老师怎么评分是老师的事，大家都没有什么异议。而且，大多数学生都背了很多优秀的"范文"和"万能句型"，150字的作文按照优秀范文模板或万能句型套用后，基本的分数就拿到了：15分总分，大多数人都是9分以上，很多同学还能得12—13分。至于有没有自己的观点或看法，大家都无所谓。对于150字文章中所引用的数据，没有人去查证，反正是"一锤子买卖"，写完上交完事，无所谓准不准确。但学术英语写作课上自己竟然能"当家作主"，参与制订评分标准，学生们开始感到既新鲜又自豪，而后认真运用这一标准来评估第二篇论文。

但在评论第二篇论文时，学生出现了分歧，评判结果不一致，一半给优秀，一半给中或良。很多学生看到文章有头有尾，结构不缺，内容也"还行"，就给了高分，没有注意到文章中有些地方的表达前后矛盾，缺乏逻辑性。另外，虽然笔者在引导学生分析第一篇论文的内容时提醒学生文献引用标注的注意事项，但大多数学生对学术规范仍然没有概念。文章中有一个部分，连续几段都是学生直接引用别人的段落，未加任何改动也没有自己的评论和衔接的语句，但很多学生认为只要引用的段落加引号并注明出处，就算"规范"了。而且几乎没有学生注意到文章中的引文的标注与参考文献不一致，有的引语的来源在参考文献中没有出现，有的参考文献列出的内容在文章中找不到。

通过对评估标准的讨论和使用，学生基本掌握了研究论文的基本组成要素，对研究论文的内容和结构的把控比较好，但同时也发现学生的学术论文规范知识严重匮乏，不懂如何区分各种文献资料的真假，不知道如何解释和组织这些资料，不懂得如何避免学术剽窃。这些都说明我们需要培养和提升学生的学术素养，帮助学生掌握正确的规范知识。

3.3 反思

向学生推荐阅读的两篇文章，使得大多数学生读后明白了写作需要一个过程。从学生对两篇论文的评估来看，大部分学生虽然知道了量规的内容，但并没有透彻理解评价量规的使用标准。这需要在后面的教学中，将这一评估标准应用于学生研究论文写作的每一阶段，并用来评价学生的论文和网上的论文，因为从开始理解到后来逐渐掌握这一标准需要很长的实践过程。事实上，大多数学生直到完成初稿进行自评和他评时，才真正对这一标准有深刻的领悟。

另外，笔者在引导学生评议两篇论文的过程中重点讲述了"内容"、"清晰度"和"创造性"的具体要素和评判方法后，大多数学生基本掌握了研究论文的基本组成要素，对研究论文的内容和结构的把控比较好，所以在评论第一篇优秀的论文时，学生在应用评价标准时没有什么障碍，因为论文的"内容"、"清晰度"和"创造性"三个方面都与优秀的标准对等。这一点达到了预期效果。

但学生对第二篇论文评价结果不一致确实在笔者的意料之外。学生们对第一篇文章的评判结果一致时，似乎已经掌握了评价内容和评价标准，可以推而广之了，但事实上学生并没有透彻掌握评价标准。这说明在短短的一次课内，要求所有学生真正吃透评估标准，并能恰当地运用该评估标准来评判他人文章，真的很不容易。从学生对两篇论文的评估和后来初稿的自评和同学互评来看，评价标准的使用确实需要渗透在教学过程中，只有通过引导学生评价别人的论文和自己的论文，才能帮助其真正掌握研究论文写作的流程和评价量规。这也验证了"学习是一个过程"的说法。

另外，因为之前没有给学生系统讲解学术论文中的学术规范的具体内容，也造成了这次"意外"。所以学术规范意识的提高并不是一点就通的事，而是需要一个系统、完整的训练。这是笔者在以后的教学中需要关注的地方。

笔者通过让学生阅读和参与评价北大学生的论文，一起讨论和制订评价标准，达到了最初的目的，既让学生们了解了研究论文的写作流程以及评价标准，同时也让大多数学生，尤其是那些心高气傲的学生，意识到论文要达到"优"的水平不是轻而易举的事，需要付出很多努力，使他们能更加客观地对待自己后面的学习任务，避免了盲目乐观。这一过程也带来了意外的惊喜：学生认为这一让他们参与讨论与制订评价标准的过程颠覆了自己以前总是被动地被测评的方式，让学生有了主人公的感觉，极大地调动了学生课堂参与的积极性。看来老师要想在课堂上真正做到"以学生为中心"，需要尝试不同的方式，不能只是纸上谈兵。

4. 行动研究的第三阶段：加强练习，提高学生学术规范意识（第5周—期末）

4.1 行动设计与实施

剽窃（plagiarism）一词源自拉丁文的kidnapper一词，学术剽窃是指"复制或者改写他人作品而不归认来源"（方流芳，2006）。2012年美国科学技术政策办公室将其定义为："剽窃是指把他人的观点、程序、结果或话语据为己有，而没有给予他人适当的荣誉"（引自王阳、王希艳，2009）。剽窃从根本上说是一项有关知识产权的问题，词句代表着思想，也是一种知识产权的形式。因此，抄袭他人或者其他群体的措辞、句子、段落，甚至整篇文章都是不可接受的。

为了进一步了解学生的学术规范知识以帮助他们系统全面地提高学术素养，笔者在开学第5周对全体学术英语班学生作了一个问卷调查，借用了蔡基刚设计的针对理工科学生学术规范的问卷调查的8个题目（蔡基刚，2012c）。然后在后面的教学中针对学生的情况给予系统的训练。

结果在预料之中：学生的学术规范知识确实严重欠缺。接受问卷调查的绝大部分学生主观意识上都知道不应该剽窃他人成果，但是他们对这8个问题的回答却显示出他们有意无意地犯了剽窃的错误。如果不帮助学生提高学术素养，他们将来在真正作研究的过程中极有可能会持续地犯剽窃的错误却没有意识到。

为提高学生的学术素养，教会学生如何鉴别各种文献的真假，并学会解释和组织这些材料、合理引用这些资源而避免学术剽窃，笔者把这些知识从第5周开始渗透到学术英语教学的各个环节中，随时提示和警醒学生。

在教学中，每一个环节笔者都举例演示各种严格避免剽窃的方法，提醒学生在整合、改写和概述别人的材料时注意哪些事情"要做"、哪些"不要做"，比如，教学生如何写概要（summary），如何改写（paraphrase），如何在文章中直接引用他人文献，如何间接引用他人文献，如何对参考文献进行标注等。笔者要求学生用的是APA格式，在授课过程中对图书、期刊和网上文章的标注格式作了详细的讲解，以期提高学生的学术素养。

在学期过半之后，笔者专门用了两节课的时间，将问卷调查的题目拿到课堂上来讨论。让学生分组重新回答和讨论这些问题，要求学生除了报告每个小组对每个选项的选择结果外，还要陈述原因，作为对前一阶段所学内容的检查和总结。

当时正值学校在搞"学术规范知识"宣传月活动，课后笔者让学生们去阅读校园内的宣传文章，在下一周课堂上汇报他们所读到和看到的内容。

4.2 观察与发现

在教学生写概要（summary）时，笔者用课本上的文章作示例。做改写（paraphrase）练习时，除了用课本上的练习外，笔者还找了一些其他文章中的例句来讲解，并带领学生一起改写。笔者在介绍方法时发现，基础特别好的学生一点就通，而基础差一些的学生必须多提示。所以在课堂分组练习中让基础好的学生带领基础差一些的学生先做练习，然后再讲解。这样，组员互相帮助、互相学习，缓和了沉闷的课堂气氛。

在专门用两节课的时间让学生讨论问卷调查题目的时候，很多学生的回答比第5周作问卷调查时的回答有进步，但还是有不少模糊的地方，所以分组讨论时经常出现冷场的情况。需要不停的提醒，课堂又成了老师的一言堂，学生觉得很没意思。

但当学生们阅读完宣传栏里有关"学术规范"的知识和事例之后，第二次课的气氛就活跃多了。学生们课下阅读了大量遵守学术规范的名人的范例，同时也读到很多名人或大学教授因为年轻时没有遵守学术规范，在成名后被揭发出来而身败名裂的事例。不少同学除了汇报宣传栏里的东西，还汇报了自己上网查到的事例，如："逐字剽窃或引用原文而无引证"的事例、"从他人作品中摘取段落和单句或短语而不显示出处"的事例、"改写原文而保持原文段落或文句的结构"的事例，"用他人的观点而隐去出处"的事例等等。笔者借机把以前讲的内容都复习了一遍。课堂效果明显比上一周好许多。

经过大半学期的学习和讨论，虽然在实践过程中，学生仍有不少不符合学术规范的问题，如仍有学生在引用原文和他人观点时，"懒得"在文章中注明出处；还有的学生在文章中根本没有引用该文献，却在参考文献处列了出来；有的正相反，文章中标注的文献在参考文献中没有踪影等等。但笔者在第二次课上让学生参与讨论，学生的学术规范意识得到了大幅提高。这种边讨论边复习的做法效果不错，在汇报和讨论的过程中大家逐渐对这一原本枯燥的内容产生了兴趣，并且意识到学术规范的重要性。

有学生说，"最开始，我对文献引用不以为然，经过学习，我认识到它也是学术论文的重要一环，它也表达着对被引用人的尊重。"

有学生在反思中说，"……我觉得最麻烦的就是参考文献，各种细节都要注意，还有文章中的标注问题，但这也让我认识到了研究论文写作的严谨性，以及我们很少注意的'剽窃'问题。""What I get to know in today's class is just what I have favored in a long-term process."

学生对笔者课上教授的几种改写的方法较为认可："将所选取的文献的内容引用到自己的报告中，最开始我不知道应该用自己的话来说明引用文献的内容，但经过老师的讲解后，我了解了其必要性。除非是难以叙述的专业用语必须用引文摘抄的形式出现在报告中，剩下的都应该用自己的话复述出来。我们还专门学了几种方法用来改写别人的话语，然后将其引用在自己的文章中……"

4.3 反思

学术剽窃有两种情况，一种是故意的，另一种是无意的（Coyle & Law，2011）。接受问卷调查的学生在主观意识上都知道不应该去剽窃他人成果，但如果他们没有学术规范知识，将来还是会无意识地犯剽窃的错误。作为教学术英语写作课的教师，有责任帮助学生提高意识，并教会他们如何避免学术剽窃。

但开始光靠老师苦口婆心的规劝和讲解，学生没有感性认识，效果欠佳。笔者利用学校"学术规范知识"宣传月的时机，让学生自己寻找遵守学术规范的典范和名人不遵守学术规范而身败名裂的事例，使学生意识到了学术剽窃的严重后果，对学生今后进行学术研究有警醒的作用。这一点得到学生的首肯。

笔者通过学生自己汇报大学里学术剽窃的事例，让学生自己总结出学术剽窃的种类之后，再告诉学生如何避免学术剽窃的方法，如教学生如何鉴别各种文献的真假、学会解释和组织这些材料、合理引用这些资源等等，学生的学术规范意识得到了质的提升。

从实践看来，学生的学术规范意识仍有待提高。要想真正提高学生的学术素养，需要系统的训练，将如何遵守学术规范、避免剽窃的方法融入到教学的各个环节中。

5. 总结

学术英语写作课程是笔者第一次给理工科的本科生开设的大学英语提高课程。为上好这门课，笔者在课前和上课期间做了大量的准备工作，在授课过程中也在不断地摸索和改进。首次学术英语写作教学取得了较好的效果，为下一阶段的教学提供了很好的借鉴。

2012年秋季对学术英语课进行行动干预的三个阶段是相辅相成的。其实在实践中还有很多环节，在此只总结了几项。笔者从设法调动学生的学习积极性入手，让学生将英语作为工具来使用，而不是作为学科去学；学术英语写作以项目为导向，不以学校的测验来评价学生的表现，改变了学生以往学英语不是为考试，就是纯粹为打基础的状况；其次，通过将移动互联网教学辅助平台与课堂相结合，加强了教师与学生以及学生与学生之间的适时沟通，及时了解学生的思维过程，并据此诊断出学生学习过程中的问题所在，及时调整教师的教学以满足学生的需要，在很大程度上提升了学生的学习兴趣；同时在授课过程中注重学术规范知识的讲授，极大提升了学生的学术素养。

虽然在第一轮的授课过程中仍存在一些问题，但笔者从中总结出了很多有用的经验。笔者相信只要课程设计科学，课堂活动安排合理，经过合理的策略培训，学生们是会接受、喜欢学术英语写作课程的，并将从中获得有价值的提升。

参考文献

Coyle, W. & J. Law. 2011. *Writing Research Papers*. Beijing: Beijing Language and Culture University Press.

Gilster, P. 1997. *Digital Literacy*. New York: Wiley Computer Publishing.

Hill, C. 1996. *Exemplar Essay Project: Theory of Knowledge*. Cardiff, Wales: International Baccalaureate.

Yang, F. 2008. Applying the Model of Digital Literacy Assessment in *New Horizon College English* Teaching. M.A. dissertation. Beijing: Peking University.

Zhang, W. 2003. Doing English Digital: An Assessment Model for a New College English Curriculum in China. Ph.D. dissertation. New York: Teachers College, Columbia University.

蔡基刚，2012a，上海市大学英语教学参考框架（征求意见稿），《外语教学理论与实践》（4）。

蔡基刚，2012b，我国第一份以学术英语为导向的大学英语教学指导文件的制定与说明，《外语教学理论与实践》（4）。

蔡基刚，2012c，"学术英语"课程需求分析和教学方法研究，《外语教学理论与实践》（2）。

方流芳，2006，学术剽窃和法律内外的对策，《中国法学》（5）。

韩宝成、赵鹏，2007，高校学生英语作文自我评估与教师评估对比研究，《外语界》（5）。

王阳、王希艳，2009，论美国"科学不端行为"定义的历史演进，《自然辩证法研究》（5）。

熊丽君、殷猛，2009，论非英语专业学术英语写作课堂的构建——基于中美学术英语写作的研究，《外语教学》（3）。

杨莉萍、韩光，2012，基于项目式学习模式的大学英语学术写作教学实证研究，《外语界》（5）。

张薇，2006，英语数字素养的研究型评价模式，《外语教学与研究》（2）。

附录

2012年秋季学期"学术英语写作"课程安排

	Time	Schedule
1	Week 1	Introduction to the teaching plan and the skills of extended writing and research
2	Week 2	Choosing a good topic & planning your project
3	Week 3	Co-constructing evaluation rubrics
4	Week 4	Using evidence to support your ideas—reading critically, taking notes, writing a summary
5	Week 5	Writing a literature review
6	Week 6	Citation, documentation, avoiding plagiarism, paraphrasing
7	Week 7	Writing an introduction/conclusion/annotated bibliography
8	Week 8	Writing the body of a secondary research essay Writing the body of a primary research essay
9	Week 9	Writing a lab report
10	Week 10	Writing a research proposal
11	Week 11	Writing an abstract & writing a reference list
12	Week 12	Developing the first draft of a research report
13	Week 13	Editing for clarity
14	Week 14	Preparing for PowerPoint presentation
15	Week 15	Project presentation I
16	Week 16	Project presentation II

行动研究

提高学习者口头报告参与度与参与质量的行动研究[1]

陈　浩

北京工业大学

提　要： 在外语教学中，同伴互助学习对于促进学习者的语言学习和社会性发展起着重要作用。本项行动研究以世界名校网络公开课为学习者的报告主题，通过高质量的口头报告凸显同伴示范效应，建立恰当的同伴评价体系引领同伴互助学习，最终达到在口头报告教学课堂中建立同伴互助学习共同体，提高学习者口头报告参与度和参与质量的行动研究目的。

关键词： 口头报告；行动研究；同伴互助学习；口头报告参与度；口头报告参与质量

1. 引言

Topping 和 Ehly（1998）提出："所谓同伴互助学习，是指通过地位平等或匹配的伙伴（即同伴）积极主动地帮助和支援来获得知识和技能的学习活动。"他们认为同伴互助学习的涵义广泛，包括同伴指导（Peer Tutoring）、同伴示范（Peer Modeling）、同伴教育（Peer Education）、同伴咨询（Peer Counseling）、同伴监督（Peer Monitoring）与同伴评价（Peer Assessment）。受我国传统教学方式的影响，"同伴互助"学习共同体的学习模式在当前的大学英语教学中未得以广泛实行。

近年来"90后"已成为大学英语学习者的主体。"90后"学习者具有明显的时代特征，他们思维活跃，熟悉互联网，接受新生事物的能力以及独立意识都较强，对知识内容和知识传递方式两方面都有很高的要求，因而不会

1. 本文为北京市教育委员会青年优才计划项目"提高大学生口头报告能力的教学改革与研究"（项目编号：YETP1597）与北京工业大学教育教学项目"数字媒体辅助英语教学策略研究"（项目编号：018000514111016）的部分研究成果。

自然而然地接受老师的权威。相反，他们非常容易接受来自同伴群体的影响。同伴对他们的影响和引导作用在某种程度上超出了老师的影响力。表现为在班风好的班级，课堂教学气氛活跃，学习者相互感染、激励，共同进步。"90后"学习群体的这种新特点，要求我们更应关注、实现和促进学生与学生之间的互动，通过同伴示范和同伴评价，建立互惠的同伴学习共同体，促进学生的语言习得与社会性发展。

1.1　对过去课堂口头报告的反思与问题聚焦

口头报告能力是现代社会必备的能力，对企业经营、组织、管理的各个环节以及个人发展起着至关重要的作用。鉴于此，课堂口头报告是语言课堂上常见的语言学习活动方式。这种教学活动方式主题灵活多样，个性化强。如果设计得当，能够给学生很大的个人展示空间，减轻教师的教学负担；反之，如果设计不得当，就会耗时且效率低下。在实际课堂中常见的情况是作口头报告的学生演独角戏，其他的学生或袖手旁观或漠然置之，更谈不上在生生互动基础上的同伴互助学习了。

在当前外语教学与研究领域，国内探讨通过同伴互助学习模式提高学生口语能力的文献不多，楼荷英（2005）论证了通过自我评估和同伴评估提高学习者英语口述能力的有效性，王红艳等（2010）探讨了在口语教学中实施同伴学习与同伴评估的可行性、有效性和存在的问题，但并没有讨论实施同伴互助学习的具体模式。针对这种课堂口头报告教学与研究的现实，笔者想通过行动研究改进课堂教学中的口头报告，通过同伴示范和同伴评价来提高口头报告教学的效率，建立班级范围内的同伴学习共同体。在学习共同体中，分享知识和信息只是一般层面上的内容，优秀的学习者在口头报告中潜移默化地给予其他学习者在学习习惯、思维方式、知识技能掌握、价值观以及情感上的示范，达到影响、教育同伴的效果；学习者通过评估口头报告，梳理分析、判断事物的思路，"掌握一定的传达技巧，包括传达的方式、方法和途径等……参与双方在评估与被评估中学会交往、相互融合，构建共同的价值和意义"（左璜、黄甫全，2008）。

1.2　对授课对象的分析

笔者在北京市市属高校北京工业大学任教。该校为本科一批院校，学生大多为北京生源，大学英语实行分级教学。新生入学经过分级考试后，划分为A、B、C三个模块。笔者所教授的班级为C模块普通班学生，高考英语成绩平均分为95分左右（满分150），入学分级考试平均成绩为45分左右（满分100分）。跟其他高校的京外生源相比，北工大C班的大部分学生语音语调的基础较好，有一定的认知词汇量，但会使用的积极词汇量偏少，且语言学习的动机低。作为北京生源，他们开始学习英语的时间早，大多有一定的特长，个性自我张扬，表现力强，对于网络的熟悉程度及依赖程度较高。进入大学后，他们在英语语言学习上非常期待新的教学方式，希望有别于以前的语言学习方式。考虑到他们个性突出的特点，在同一班级的学生之间不太容易开展同伴指导、同伴咨询、同伴教育和同伴监督，笔者期望通过同伴示范、同伴评价来引导他们的同伴互助学习。

1.3 行动研究的整体设计

为了保证学习者参与课堂口头报告的兴趣，笔者充分考虑了90后大学生对网络和多媒体为载体的学习方式的偏好，脱离了教学大纲的课程内容，选择了世界名校网络公开课（以下简称公开课）作为学生口头报告的主题。

自2010年起，国内各大门户网站，例如网易、搜狐与新浪大规模引进世界名校的网络公开课，并提供中文字幕，免费向公众开放。这些公开课由名校的知名学者授课，教学内容新颖，学科广泛，国内高校几乎各个专业的学生都可以找到自己专业方向的公开课。有些公开课非常新颖，在国内比较少见，例如哈佛大学的"幸福课"，加州大学的"家庭夫妇心理学"。对于"90后"的大学生来说，公开课的内容与语言输入的质量都非常高。这些公开课均有一定的长度，少则为几集的讲座，多则长达几十集。因而笔者要求学生在寒暑假期间观看公开课，并记录所看每集公开课的主要内容、关键词、高频词和短语以及观看感受，开学后以书面作业的形式上交，计入平时成绩，以保证他们能够按时完成公开课的学习。开学后每位学生就自己所学习的公开课作口头报告，报告内容为所学课程的核心内容、个人收获和学习感受。时长为5分钟，需要做PPT。

笔者在所教授的2010级三个班级的学生中进行了三轮公开课口头报告的行动研究。时间包括两大时间段，分别是大一下学期暑假和大二上学期，大二上学期寒假和大二下学期的前半学期（因为大二下学期的后半学期学生要进入全国大学英语四级考试的备考阶段）。

在三轮行动研究中，笔者从两个方面不断地完善教学设计，即以高质量的口头报告凸显同伴示范效应，建立恰当的同伴评价体系引领同伴互助学习。下面是整个行动研究过程。

2. 以高质量的口头报告凸显同伴示范效应

2.1 第一轮行动

2.1.1 第一轮行动效果

在行动研究之初笔者认为学生对公开课的兴趣以及所布置的假期作业能够保证他们完成高质量的汇报内容，但在第一轮课堂口头报告的前期（开始后一个月），出现了以下问题。

（1）有的学生自觉性差，在假期内没能完成公开课的学习，进而放弃作口头报告。

（2）部分英语基础弱、学习动机不强的学生不参与口头报告活动，把课堂报告活动的时间当作了休息时间。

（3）有的学生学习的公开课为专业课程，但大二上学期学生刚刚开始学习专业课，学习公开课的困难比较大，因而口头汇报的质量不高，其他的学生也听不懂。

（4）有些学生虽然很好地完成了公开课的作业，但口头报告的质量仍然不尽人意，主要表现为：报告内容混乱，缺乏条理性逻辑性；PPT字数过多，照着念；报告人缺乏作口头报告的技巧，表现拘谨，与听众没有交流；报告时间冗长，节奏拖沓。

（5）笔者所教授的每个班级的人数为30—35人，参与口头报告的学生人数较多，由于难以控制每个学生作口头报告的时间以及听众点评的时间，课内教学的时间大大被压缩。

（6）口头报告的质量良莠不齐，从一定程度上打消了听众参与口头报告活动和评价口头报告的兴趣，甚至有学生反映在课堂进行口头报告浪费上课时间，没有价值与意义。

针对上述情况，笔者非常想改进现状，但发现有的报告者的报告内容和自身的语言水平都比较差，且缺乏口头报告的愿望与动机，笔者想花时间和精力对他们的报告加以辅导都无从下手。

在此阶段，笔者教授的三个班级对此次口头报告活动的反响均不是很理想。在学风较弱、语言基础也较差的班级，口头报告活动成为鸡肋，只有少部分学生较好地完成了口头报告，近一半学生失去了参与活动的兴趣，远没有达到同伴示范和同伴教育的效果，与笔者行动研究所设立的目标差距较远。

2.1.2 反思

反思第一轮课堂口头报告活动的效果，笔者发现其中的教学设计有缺陷。因为上述问题出现后笔者分两次在课堂上对学生介绍同伴互助学习的理论，阐述同伴学习的重要性，然而每次面对负面的示范作用时，学生参与口头报告的热情立刻就消退了，对口头报告活动的价值和意义产生了怀疑。

课堂口头报告的教学方式直接让学习者作为主体，参与到语言教学的过程中，自然起到一定的示范作用，但这个示范作用不一定是积极、正面的示范作用。由于只有优秀的口头报告者才能起到示范作用，而笔者所教授的对象为C模块普通班的学生，必然不可能每位学生都成为优秀的报告者。为了保证全体学生在同伴学习中受益，笔者认为首先要确保报告者口头报告的质量，这样才能起到好的示范作用，建立起学习氛围浓厚的学习共同体，激励和引导其他的学习者。通过反思，笔者意识到要达到行动研究的目的，首先要对学生进行分流，让学生分层次地参与到口头报告活动中，即：优秀的学习者进行口头报告，其他的学习者听取报告和评估报告。

2.2 第二轮行动

2.2.1 行动设计

在第二轮行动研究中笔者改变了口头报告活动的设计。主要措施为挑选优秀的学习者作口头报告，通过教师的面授辅导提高其口头报告的质量。由于已经开学，指导时间有限，笔者只能在现有基础上对作口头报告的学生进行调整。根据第一学年笔者对学生的了解，结合学生的成绩与假期作业的完成情况，重新确定了各班级作口头报告的学生名单，每个班多则20人左右，少则15人左右。这部分学生的语言基础好，作业完成的质量也不错，更为重要的是他们本身的学习动机也很强。因而笔者对他们的指导重点集中在口头报告的内容、逻辑以及口头报告的技巧方面。每周作口头报告的学生按照既定的顺序，在报告前一周与笔者就报告的内容进行沟通，并作演示，演示之后根据笔者提出的意见和建议，对报告进行修改。

对于少量英语成绩不佳、不听报告的学生，笔者采取的措施是让全体学生在听报告时，记下报告的主题、二至三个信息点、至少三至五个报告者提到的词或短语，听完报告后上交给教师。这个教学设计的灵感来自北京外国语大学中国外语教育研究中心文秋芳教授组织的"北京市高校英语教师互动发展团队建设"项目。在第一轮和第二轮口头报告交替轮换期间，笔者参加了该项目。在第二次团队活动的研讨交流会上，笔者代表本校汇报了自己在课堂口头报告教学中的教学实践，在大团队的讨论和点评环节文秋芳教授指出在口头报告教学活动中如何保证让学生听的几个措施。笔者觉得非常有价值，就应用到了本轮研究中。

2.2.2 观察实施效果

上述举措很快起到了一定的作用。通过笔者的指导和提前演示，报告者感觉有收获，增强了作口头报告的信心，积极性大增，每个班都出现了精彩的口头报告，引发了其他学习者对听报告的兴趣。虽然还有部分口头报告的总体效果不是很好，但由于听报告后要交报告记录，大部分学生听报告时都很认真。

另一个改观之处是由于报告者人数减少，用于评估的课堂时间大大增加，正常课时被压缩的压力也随之减小了。

在这轮报告中又出现了新问题，虽然大部分学生能够坚持听口头报告，但还有少数学生听了几句就不再听了，转而在课堂上背单词或干别的事情，等到交笔记时，从别的同学那里抄几个词应付差事。这个问题在第二阶段没有得到好的解决，一直到第三阶段才有改观。

2.2.3 反思

第二轮行动研究中笔者感觉特别累，因为所教授的学生来自6个院系，上课的时间不一致，找时间与学生讨论报告内容就耗费了很大的精力。加上前期对他们口头报告没有统一的要求，在指导过程中重复了很多工作。这让笔者感觉自己前期的准备工作非常不到位，在下轮行动研究开展之前，要重新进行设计。

2.3 第三轮行动

2.3.1 行动设计

由于第二轮和第三轮行动研究的时间间隔了一个假期，在第三轮行动研究中笔者吸取了前两轮的经验，采取了一些新举措以提高口头报告的质量。从假期一开始就有重点地跟踪学生的准备情况。在向全班学生布置公开课学习作业时，笔者引入了竞争机制，告诉学生笔者会根据他们假期作业的准备情况遴选出15—20名学生在班级作口头报告，给予平时分的奖励，而其他学生只能听报告和参与报告的评估，以激发他们参加口头报告的积极性。

笔者建议学生尽量学习公开课中的人文通识课，以降低学习的难度，同时也降低报告者报告的难度和听众听报告的难度。要求学生在放假后一周内试听并选择要学习的公开课，将其名称报给老师备案，以保证学生学习公开课的进度。收到反馈的课程名单后，如果课程太专业，笔者会建议学生学习别的课程。

在假期内监督学生的学习进度是遴选报告者的另外一项措施。在公开课学习启动后，笔者每周都让学生上交电子版的听课笔记。听课笔记有提前设计的固定的模板，包括课程名称、讲授者、课程长度、听课日期、主要内容、关键词、高频词或短语、听课感受（由学生自定，不是每次听课笔记的必备内容），以监督和确保学生的学习进度。在假期的最后一周，要求学生上交口头报告的PPT。根据5分钟的时间限制和第一轮学生作口头报告的经验，统一规定了PPT的张数与格式。要求10张左右，最多不能超过15张，每张PPT上的字数不超过20个，信息以图片或单词和短语的形式呈现，不允许出现大量完整的句子，以免学生照着PPT读。为了确保口头报告的质量和示范作用，笔者提前跟每个班语言基础好，且积极主动的7—10名学生进行了沟通，要求他们认真做好准备工作，并重点查看他们的作业。

需要说明的是，在上述假期作业管理的过程中，每个班级的课代表做了非常重要的教学管理辅助工作。笔者在每个自然教学班有两个课代表，他们平时跟笔者沟通的次数多，责任心强，都是笔者的得力助手。在假期内这些课代表通过飞信或邮件跟所负责的学生群组沟通，记录班级学生的作业完成情况，更新笔者所设计的作业管理的表格，反馈给笔者，大大减少了笔者的工作量。

在开学的第一次课上，笔者做了口头报告活动的动员工作，带领学生分析了行动研究第一阶段优秀口头报告的两个案例，指出了师生双方点评汇报内容的优点和不足之处，并回顾在《新视野大学英语》第一册中学习过的How to Make a Good Impression的课文，帮助总结口头报告中用得到的各种非语言信号。

2.3.2 观察实施效果

经过上述行动研究，学生第三轮口头报告的质量大为提高，几乎所有被选拔出来作口头报告的学生都能表述清楚，重点突出，无论是 PPT 展示还是汇报的内容、方式，好的创意不断涌现，引发了学生听报告的强烈兴趣。

从课堂观摩看，在第三轮口头报告中学生非常喜欢每周课堂口头报告的环节，基本上全体学生都在聚精会神地听报告。为了了解学生的看法，在每个班笔者都挑选了 10 名左右的学生进行了访谈，这些学生包括英语水平在优、良、弱三个水平段的学生。他们都觉得本学期的口头报告活动很有意思，在听取报告中收获很大。有不少没作报告的学习者表示没想到自己身边的同学有这么棒的个人表达能力和感染力，意识到了和其他学习者的差距后，他们对自己的学习习惯和学习目的进行了反思，更为主动积极地参与到口头报告活动中来。每个班都有刚开始没有被选拔出来的学生，询问笔者有没有机会在班里作口头报告，展示自己学习的内容和感受。他们在学校的期中教学检查座谈会中还向年级管理者提出建议，可以把本班的口头报告活动在全年级推广。

让笔者感到欣慰的是在第三轮口头报告中，笔者发现很多学生在学习公开课时，更注重学习的方法和解决学习中所碰到的问题。以学生 P 为例，由于他的专业是城市规划，在公开课学习中他选择了耶鲁大学的公开课 The Roman Architecture。这对大二的本科生是有一定难度的。虽然笔者建议他换一个课程学习，但他坚持了自己的选择。在学习的过程中他发现有一课没有中文翻译字幕，很多都听不懂，但他并没有放弃，而是通过反复听，并利用课程录像中的英文单词，得出了该课程的几个关键词：Nero，Vespasian，Artificial Lake，Colosseum。

在口头报告中他详细汇报了如何通过搜索引擎"百度百科"的功能查询到这些专有名词的意义和相关信息，最后看懂课程内容，非常好地展现了他解决问题的思路与能力。为了让听众认识到他所做工作的价值和意义，他下载了没有中文字幕的那一集公开课，播放给全体学生听。同时汇报由于搜狐公开课的视频不允许下载，他是通过什么样的方式，想办法把公开课从搜狐网站上下载下来的。在最后一页 PPT 上他跟全体同学分享的学习心得是：But I think all the work is worthy. No pains no gains.（图 1）他的汇报最后赢得了全班学生热烈的掌声。在第一学期的口头汇报准备工作中P同学表现平平，没有被挑选出来作口头汇报。前两轮的行动研究激发了他作口头报告的积极性，引导他注重掌握有效学习的知识与技能。这样高质量的口头报告也在全班起到了非常好的同伴示范作用。

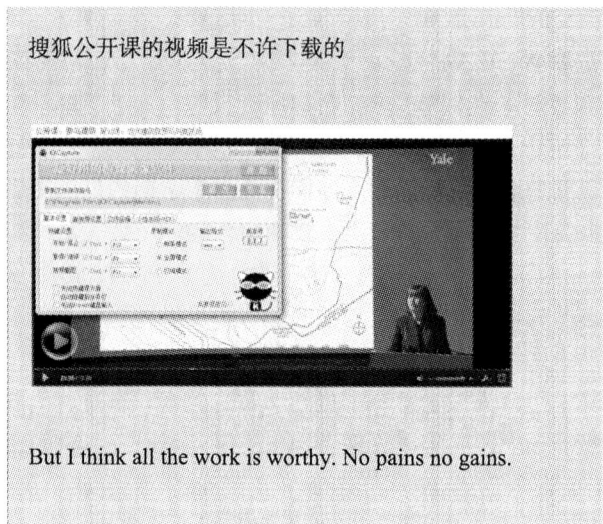

图1

3. 建立恰当的同伴评价体系

建立恰当的同伴评价体系是本次行动研究的第二项重要举措。对于口头报告的评价，大部分语言学习者缺乏参与评价的主动意识，不愿意思考和参与评价，认为这是老师的事，跟自己没有关系，除非老师点名评价，其他时间都处于被动听的状态；有的学生对评价有主观意愿，但不知道如何评价，只会说好与不好；评价质量普遍不高，说上几个简单的词就不说了。总之，很少有学生能作出有质量的评价，语言课堂上口头报告的评价环节常常成为教师的独角戏。

虽然教师对学生学习活动的评价能够检验、促进和改善学生的学习活动，然而不能忽略学习活动的另一个重要环节和要素，即同伴评价。同伴评价是促进和改善学习活动的另一种方式，因为"评价他人能帮助学生形成正确的自我评价，自我评价又能帮助学生自我监控和调节自己个人的学习活动，加强自我认知。而且学习者在学习评价的过程中，能够习得人际互动技巧、促进人格发展、形成社会技能以及生活技能"（左璜、黄甫全，2008）。

笔者在建立同伴评价体系的过程之初走了不少弯路。

3.1 第一轮行动

3.1.1 行动设计

在此次行动研究的初始阶段，笔者主要采取教师评价和同伴评价相结合的评价手段。在教师评价中，注重将形成性评价与终结性评价结合起来。在学生作完口头报告后，对报告评价的顺序为：首先评价报告人的准备程度；其次评价汇报内容所传递的信息量和知识量，同时评价口头汇报的结构是否合理和具有逻辑性；最后分析报告人与听众的互动技巧。在此阶段笔者没有将自己的评价标准详细地告诉学生，只是简单地要求学生从口头报告的内容、逻辑思路和技巧三方面予以评价。

3.1.2 观察实施效果

在第一轮的口头报告的评估过程中出现了以下情况：

（1）部分学生对评价其他学生的口头报告不感兴趣，认为这是老师的事，跟自己没有关系；

（2）有的学生主观偷懒，不愿意思考和参与评价；

（3）大部分学生缺乏参与评价的主动意识，除非老师点名评价，否则都处于被动听的状态；

（4）有的学生有评价的主观意愿，但不知道如何评价，只会说好与不好；

（5）评价质量普遍不高，学生说上几个简单的词就不说了。

在第一轮行动研究中，很少有学生能作出有质量的评价，最后口头报告的评价基本上成了笔者的独角戏，学习动机强的学生还在听和学习，动机稍弱的学生就开始打瞌睡了。

3.1.3 反思

学生在第一轮口头报告中的评估表现让笔者感觉此阶段行动研究基本

上是失败的。笔者意识到期待普通班的学生从笔者的评价中主动地学习如何评价口头报告不太现实。三个方面的评估要求貌似已经告诉学生如何评价，其实仅仅只是提供了一个大致的方向，并没有让学生掌握实际的评价工具。为此，亟需建立新的评价体系，让学生掌握同伴评价的指标体系。

3.2 第二轮行动

3.2.1 行动设计

上文提到过，在此轮行动期间，笔者参加了北京外国语大学中国外语教育研究中心文秋芳教授组织的"北京市高校英语教师互动发展团队建设"项目。在大团队活动的交流会上，团队成员讨论过笔者班级的课堂口头报告的教学情况。在该团队活动中笔者吸取了一些非常好的想法，结合教学实际，采取了如下行动方案。

设计学习者口头报告的评价指标表（如表1所示），以书面的形式发给学生，要求学生每节课都带上，便于他们评价其他学习者的口头报告。

表1旨在提供评估方法，帮助学生扫除评估时的语言障碍。从表1可以看到，口头报告者完成口头报告后，同伴评价的内容具体包括：评价报告人的准备程度，即评估报告人的学习态度与学习习惯；评价汇报内容所传递的信息量和知识量，即报告人所掌握的一般意义上的知识；评价口头汇报的结构是否合理和具有逻辑性，即报告人的逻辑、思维能力；分析报告人与听众的互动技巧，即评估报告人在人际交往中所掌握的传达技巧，包括面部表情、语调语速、肢体语言、眼神、活力等。这种评价模式注重将终结性评价与形成性评价结合起来，有助于促进同伴互助学习的双方在学习中构建共同的价值和意义，达到获得知识与技能的共同目的。

针对部分学生偷懒，不愿思考和参与评价的情况，笔者在课堂上运用了联想企业面试应届大学生的视频，让学生评价面试大学生的表现并预测用人单位是否会给予面试者求职机会。

这种结合大学生未来就职和社会实际的评价活动马上引起了学生的兴趣，在播放完面试者的面试陈述后，笔者并没有立即展现视频里联想集团对面试者的评价，先组织了小组讨论，让学生先进行思考和评价。在他们评价之后，笔者向学生详细阐述了让他们作同伴评估的用意。通过笔者的阐述，学生们认识到课堂口头报告的同伴评估活动旨在促进他们的个人认知能力和社会性发展，这一活动将对他们未来的社会生活技能和社会生涯发展产生深远的影响，并不只是学习者之间传达知识、分享信息的学业学习。

表1 口头报告评价表

评价指标	必备词汇	
	褒义（commendatory）	贬义（derogatory）
报告人的准备程度（preparation）	thorough, well-prepared, enough, adequate, careful	inadequate
内容是否有知识量与信息量（information）	informative, a good source of information, correct, vital/essential, rich, new, valuable, interesting	lack information
结构是否具有逻辑性（structured and logic）	well-structured, logic, well-organized	poor-structured, illogic, disorganized
报告人与听众的互动技巧（presentation skill）	facial expression, energy, rate of speech, pitch and tone of voice, gesture, expression through the eye/eye contact, ability to hold interest, smile, calm/relaxed, energetic, good control of ..., (gesture) match, right, keep eye contact, move eyes comfortably	nervous, speak too fast/slowly, high/low-pitched, lose eye contact
附加评价词汇（additional words）	deep-going, fabulous, striking, fantastic, terrific, great, perfect, magnificent, impressive, strong and solid, thorough, rich, clever, tactful	poor, undesirable, shallow, disorganized, stay in surface

3.2.2 反思

在第二轮行动研究中，班级成员参加课堂口头报告评价的积极性和评价质量大为提高。大部分学生，包括语言基础差、学习动机弱的学生也基本具备了同伴评估的能力。然而在此轮行动中，部分口头报告的质量不是很高（前文也提到过），对这部分报告的同伴评价也出现了问题。有的学生非常不情愿对口头报告作负面评价，只说好的方面，甚至有学生直接说："老师，您让我怎么评价呢？我不太好说。"这让笔者和被评价者都感到有些尴尬。有的学生即使评价了，也主要集中在好的方面，不能很好地帮助汇报者正确认识自我，提高其思维认知水平。

笔者思考并进行了分析，其原因可能在于受传统的面子文化影响，学生不太会当面给予他人负面评价。事实上学生很少使用笔者列在表1里的负面评价词汇。

3.3 第三轮行动

3.3.1 行动设计

在假期间隙笔者认真回顾了学生在前两轮口头报告中的问题，阅读了口头报告的相关文献，建立了三个行动目标。第一，打消学生作负面评价的顾虑，全面客观地评价口头报告，以提高学生的社会生存技能和人际互动技巧；第二，除了要求1—2名学生对报告进行口头评价以外，要求全班学生对报告作简短的书面评价。即在口头报告之后给予学生3分钟的时间，要求他们根据评价表的提示，从四个方面对报告作简短的评价；第三，为了丰富评价体系，加强学习者的自我认知，在口头报告的评价体系中引入报告人的自我评估。

在实现本轮第一个目标时，笔者从文秋芳老师组织的跨校团队行动研究活动模式中获得了灵感。在历次团队活动中研讨团队成员的教学录像和设计时，文老师均要求各校团队成员不要关注和评价团队成员某个教学环节设计和教学组织的好坏，以保护团队成员的积极性。为此，要从评价具体的教学活动中脱离出来，研讨某一教学现象背后深层次的问题，把具体问题类别化，研究教学中存在的普遍问题。在本轮行动中笔者同样也要求学生在评论他人的口头报告时避免简单地说好还是不好，要以口头报告中的问题为出发点，分析问题背后的原因。并帮助学习者意识到：没有完美的口头报告，有做得好的方面就是成功的。从分析不尽人意的口头报告中学到的东西更多。为了提高评价的质量，笔者充分利用了《新视野大学英语》听说课本中提供的提建议、表达不同意见的日常用语句型，例如If I were you ..., If you could ... it would ..., How about ... 等句型，使负面的评价和对报告者所提的建议更加容易被接受一些。

　　除了口头评价，笔者在本轮行动中引入了书面评价，要求全体学生在听完报告后利用三分钟的时间写一小段评价。

　　在本阶段笔者还常常要求口头报告者进行自我评价。根据报告者的性格特点、临场报告表现，自我评价有时是在同伴评价前，有时是在同伴评价之后。

3.3.2 观察实施效果

　　在本轮行动研究中学习者基本上能做到公正地评价口头报告，不再忌讳点评报告者的弱点，而且评价用语比较冷静、客观，让评价和被评价双方都能接受。在前两轮评价中，有的学习者评价语气过于生硬，在本轮评价中，这种现象比较少见。

　　笔者让学生写书面评价的本意是为了敦促他们参与听报告，让笔者惊喜的是大部分学生比较认可书面评价，认为写书面评价的教学环节帮助他们提高了写作能力。在一次次的评价中，学生不仅提高了写作的速度，扩大了词汇量，较好地把握了英语语篇的特点，评价的内容也更多地集中在报告的内容和逻辑层次上，而不是简单地评价报告技巧、准备程度等表层的内容。

　　口头报告者所作的自我评价质量出乎意料地高，由于身临其境，他们对自己的评价往往比其他学习者更加直接、客观和准确。

4. 总结

　　此次行动研究通过选择世界名校的网络公开课为口头报告的主题，在三轮教学行动研究中不断提高学习者口头报告的质量以凸显同伴示范效应，逐步建立恰当的同伴评价体系引领同伴互助学习，提高了学习者对口头报告教学活动的参与度与参与质量。在整个行动研究过程中，笔者认识到在同伴互助学习的行动研究中最容易忽视的是教师的中介作用。提倡同伴互助学习容易产生的偏向是教师从整个教学环节或某个教学环节中脱离出来，"旁观"学生的学习活动。在学校教育条件下，学习者与学习内容之间的互动以及学习者之间的互动，都需要借助教师这一中介来完成。为了更好地实现同伴互助学习，教师需要更好地设计和组织教学活动，对整个报告活动实行教学过程管理，其他同行在开展类似研究时需要注意这点。

　　由于笔者进行行动研究的对象为普通班的学生，学生的水平不高，所以对报告者和评估者做了一定的分流。如果行动研究的对象为高水平的学习者则不需要分流和分层次的措施。另外在进行行动研究之前，教师需要对报告活动的频率、报告时间和评估时间有很好的控制，以免干扰和冲击正常的教学进度。例如：笔者在每个自然教学班一周有四课时，分两次上。因此每两课时安排一次口头报告，整个流程控制在15分钟以内。具体时间分配如下：报告者报告5分钟，学生书面评估3分钟，学生口头评价2—3分钟（一般为2名学生，各评估1分钟），教师评估并总结2分钟。这个时间控制是经过一段时间的调整后才形成的。

　　本次研究还有许多可以改进和提高之处。就时间而言，这次行动研究最好安排在大一下学期期末和大二上学期，这样既可以利用假期的时间让学生观看公开课，又可以错开学生大学英语四、六级考试的时间，以便将行动进行得更深入一些。

　　由于大学英语自然班的学生数量多，在笔者三个班的103名学生中不少学生选择了同样的公开课。如果安排得当，可以让选择相同公开课的学生在学习网络公开课的过程中就开展同伴互助学习。在这样的安排下，其他同伴互助的学习模式，如同伴指导、同伴咨询和同伴监督，就能发挥作用了。

参考文献

Topping, K. & S. Ehly. 1998. *Peer-assisted Learning*. Mahwah, New Jersey: Lawrence Erlbaum Associate.

楼荷英，2005，自我评估同辈评估与培养自主学习能力之间的关系，《外语教学》（4）：60–63。

斯特弗等，2003，《教育中的建构主义》，徐斌艳等译。上海：华东师范大学出版社。390–391。

王红艳、江雪梅、吴彬，2010，"同伴学习"与"同伴评估"在高校英语教学中的作用，《煤炭高等教育》28（2）：114–116。

左璜、黄甫全，2008，试论同伴互助学习的涵义及研究的主要课题，《课程·教材·教法》（9）：16–19。

一项基于课下小组合作学习的行动研究

陈丽娟

北京工业大学

提　要：本文报告笔者在非英语专业本科生一年级英语综合课程上所开展的为期一学期的课下小组合作学习的行动研究的过程和成效。本课程针对综合课程课时少、教学任务量大的实际情况引导学生进行课下小组合作学习，以促进学生对教师课堂教学的理解和课下自学。通过布置常态化的课下小组学习任务，帮助学生落实通过语言学交际、在交际中学语言。

关键词：小组学习；合作学习；综合课堂；行动研究

1. 引言

本文报告笔者在一学期的非英语专业本科生一年级英语综合课程教学过程中引导学生进行合作学习的一项行动研究的过程和成效。

笔者所在院校自2005年以来，面向非英语专业的大学英语教学采用了分级教学模式。新生一入学就进行分级考试，根据成绩分为三级，按水平高低依次为A班、B班和C班。笔者教授对象为A班学生，即入学时英语水平在全体新生中最高的那部分学生。学校要求A班学生一学年两个学期之后通过国家大学英语四级考试并取得优秀成绩，为二年级进入学术英语模块打下坚实基础，以响应2010年10月颁布的《国家中长期教育改革和发展规划纲要（2010—2020年）》中对"国际化人才"培养的号召。笔者教授综合课程，听说课程由外教担任。每学期教学周16周，综合课程每周1次，2节，共计32课时。

笔者自2006年开始教授A班综合课程，2012级教学与以往教学相同的是要求学生一年过四级；变化则是更高的要求。首先体现在由要求四级通过率发展到要求优秀率；其次是为了响应"国际化人才"培养号召，A班学生增加了后续的学术英语课程；相应地，为了能与学术英语有效衔接，学生在一年级基础英语课学习结束时必须具备和往届学生相比更高的口头表达能力和书面表达能力。另一变化是教材由《新视野大学英语》换成《新标准大学英语》，后者较前者文化内容更丰富，其中许多文章因文化内涵丰富而具有一定难度。

在以往教学过程中，笔者发现即便是在水平最高的A班，也始终存在学生课下自主学习难以落实这一问题，而且由于A班教学时数少和教学内容多，这一问题更加突出。主要表现是A班学生对于个人的课下自学普遍不是特别重视，尤其第一学期基本忽视，主要是因为大家都认为自己英语基础好，即使不进行课下自主学习也不要紧。因此即便笔者布置了自主学习任务并纳入总评成绩评估，还是有相当一部分入学成绩很好的同学因为思想放松而导致成绩下降。除了自主学习的个人自觉性不够之外，笔者还发现，A班学生合作完成任务的能力离预期越来越远，这一现象近几年来尤其明显。例如布置小组调查并形成课堂口头报告或上交书面报告的任务，通常最后只是小组中某一个同学独立完成，并没有小组成员全部参与讨论。

基于以往学生出现的问题和趋势，考虑到新教材内容更多更难，而教学时数不变，笔者对于2012级A班综合课程的基本设想是：将课堂上有选择的精讲和课下小组自主学习相结合，以此形成课堂内外两个群体氛围，通过合作学习来推动学生个体的自主学习。

合作学习是教育家们普遍认同的有效学习手段。Slavin（1990）认为："合作学习是指使学生在小组中从事学习活动，并依托他们整个小组的成绩获取奖励或认可的课堂教学技术。"美国明尼苏达大学合作学习中心的Johnson和Johnson（1994）认为："合作学习就是在教学上运用小组，使学生共同活动以最大程度地促进他们自己以及他人的学习。"我国学者王坦（2002）认为："合作学习是一种旨在促进学生在异质小组中互助合作，达成共同的学习目标，并以小组的总体成绩为奖励依据的教学策略体系。"尽管存在种种不同，但不难看出合作学习的定义的共同特征是强调学生之间的互动合作。对于英语水平高的A班学生来说，他们基本的英语交际能力和学习能力良好，同时容易在大学开始阶段忽视英语课下学习，因此笔者认为可以引导学生在课下进行小组合作学习，充分进行生生互动，和课堂形成互补，并且尽快让学生的内部合作产生作用，达到学生尽快熟悉大学学习、尽早建立良好自主学习习惯的目的。

作为教授A班多年的教师，在新要求和新形势下如何进行有效的教学成为笔者在开学之前就不断考虑的问题。在日常的教学活动中教师开展行动研究是提高教学质量的有效手段，也是提高教师自身专业化能力的有效途径（文秋芳、韩少杰，2011）。根据教学安排，本次行动研究以学期初、期中和期末为大致节点，共进行了3个阶段"设计实施—观察发现—反思"的循环教学。

2. 行动研究第一阶段（学期初阶段）：通过导学和即时任务布置，培养学生合作学习的意识

2.1 行动设计与实施

在第一堂课的导学课上，笔者为同学介绍了本学期课程安排、教学计划、考核方式等，尤其介绍了课下小组合作学习作为自主学习的一部分列入平时成绩的考察，十分重要。如何进行合作学习呢？笔者当即布置任务，学生分组完成。由于是新学期第一节课，任务就是介绍自己。笔者要求全班以 This is me! 为主题，从一个关键词入手，拓展为一个短小的 speech，向新同学作一个相对深度的介绍。流程如下：首先每人思考一分钟，确定一个关键词。该词可以是描述某个事件（如 driving），性格的某个方面（如 shy），一次难忘的经历（如 late），此刻的心情（如 excited）等，但无论哪个词，都是同学认为的当下能够表达自己的一个突破口。一分钟之后，小组同学开始交流（exchange），不规定谁先开始的顺序，自然交流，时间5分钟；最后每组有一位同学发言，向全班介绍自己的组员，发言时间为2分钟。介绍完任务之后，笔者将全班同学按学号分成6组，每组6人，开始活动。

该活动的设计目的包括：（1）使同学们尤其是组内成员之间能够迅速了解彼此；（2）使老师和同学都能迅速了解本班第一批乐于表达并能够表达自己的同学。实际情况也是如此，大部分同学通过交流和发言，在大约20分钟的时间里，互相之间有了基本了解。之后，笔者随即将每组发言的同学安排为小组长。考虑到无论是出于自告奋勇还是组员推选，这些同学都代表了该小组，也代表自己作了大学里的第一次英语发言，能力和水平都还不错，因此安排这些同学作为小组合作学习的组织者，让他们担任组长。

接下来，笔者为全班同学总结了小组合作学习的大致流程，首先是独立

学习（如1分钟思考自己的关键词），然后是交流（如5分钟的互动发言或问答），最后总结（如小组发言人的总结介绍）。在结束第一次课之前，笔者布置了与第一单元主题相关的小组任务，主题是My first week at university，要求学生使用课文里学习的新单词和表达方式，第二周上课时每个小组作综合发言 The first week at university—Group X，时间2分钟。

　　第二周的观察和反馈在第一阶段尤其重要，笔者特别关注了第二次课上每个小组的表现，并在课间询问了小组长和组员关于课下合作学习的情况。首先小组发言很不错，每个小组都能作至少2分钟的发言（囿于课堂时间，超时就不能继续发言）；有的小组还有简单的会议记录；组员之间进一步互相了解，彼此认识。基于这一良好的反馈，笔者在第二次课结束的时候布置了第二次小组任务，要求各小组学习第二单元，根据Food这一大主题作一个口头报告，介绍中外饮食文化的某一方面或进行比较。要求两周后在课堂上进行3分钟的口头展示，同时上交相应书面报告一份。第二次课的课堂内容是复习第一单元（通过学生发言总结），并学习第三单元。当天的个人作业是复习第三单元，小组任务是关于第二单元的报告。也就是说，整个第二单元交给学生自学，笔者并不讲授。布置的主题报告口头阐述和书面写作都要建立在对本单元饮食文化这一主题的理解上，并积累词汇量。由于是第一次要求学生自学，又试图引导学生了解自学并不简单等同于单纯背单词，所以第二单元自学报告这一小组合作学习任务要求学生用两周时间完成。

2.2 观察与发现

　　开学第一个月里，所有学生都完成了个人的课后作业；通过课间询问学生得知大家也都了解自主学习很重要，"大学里主要靠自己学，辅导员也说过！"，有同学这样跟笔者说。第四周以PPT形式为辅助的口头报告和相关书面报告任务，大部分班级和小组都能够完成。观察发现：（1）学生的自主学习意识得以建立；（2）小组合作学习模式基本形成，大部分小组都清楚了解任务执行的流程，有固定时间共同交流；（3）学生具备了从学习课文内容入手延伸至文化解读的能力。

　　同时也发现了一些问题：（1）个别小组不知道如何以PPT形式进行口头报告，任务完成得不好或无法完成任务；（2）个别小组成员之间各持己见，因个性原因出现合作问题，组长无法解决，导致小组学习无法进行；（3）许多小组的口头发言和口头报告都是由某一位同学担任，大部分是组长本人，其他成员得不到锻炼。

2.3 反思

是什么原因导致这些问题出现呢？哪些环节有问题？笔者开始反思。首先想到的是可能存在导学不够充分的现象。虽然笔者遵循了小组任务由易到难、循序渐进（即第一、二次讨论后个人发言—第三次讨论后个人或多人口头报告）的原则，但是第一次要求学生作口头报告之前却疏于具体介绍如何去作口头报告。未详细讲解是因为课堂时间有限。如果要确保精讲课文，基本就没有更多时间去作口头报告方法和策略上的讲解。因为没有讲解清楚，所以一部分小组不知道如何准备。那么既然课堂没时间，课下如何呢？是不是可以尝试把如何作口头报告这个问题本身作为小组任务布置下去，让学生自己学会掌握方法？或者教师提供资料，放在班级论坛里让大家学习，这样就不会占用课堂时间。笔者按照这个思路思考下来，想到了元认知策略之于学习者的内化十分重要。之前笔者仅关注到小组合作学习的形式和流程问题，其实学习内容的设计也可以推动小组合作学习的落实，尤其是元认知策略和学习策略方面的内容也可以引入到小组合作学习中，学习者可以共同讨论学习方法，取长补短。

其次是分组问题。由于分级教学的原因，每个自然班分数达标的同学进入到相应水平的班级。有的自然班里就只有一位同学进入A班，有的班有两三个，有的班有十几个。因此，A班每个班都由来自3个或3个以上自然班的学生组成，这意味着这些同学上同一门课的机会并不多。考虑到这个原因，当初笔者是按照学号分组，尽量使同院系同班的同学在一个小组，这样从时间上方便他们课下进行小组合作学习。但是这样无法保证小组的同质性，例如有的小组都是女生；有的小组只有一位女生；有的小组成员之间水平差异较大，有的小组成员水平都差不多，可是个性都很强，不配合组长的组织安排等。

这其中也包含着选组长的问题。第一次课上笔者根据小组发言的情况基本上都选择了小组的发言人作为组长，但是这些同学里面有一部分是口语不错但是组织能力欠佳的，这些组长往往在无法组织合作学习的情况下，独自完成小组任务，使真正的小组合作学习无法进行。

在这种情况下，如果还要继续进行课下的小组合作学习，要怎么改进呢？为了避免出现更多的状况和走更多的弯路，笔者查阅了更多文献。

3. 理论依据

3.1 合作学习

Slavin（1990）、Kagan（1994）、Johnson和Johnson（1994）发展的三大合作学生主要模式都具有以下5个特点：（1）积极互赖（Positive Interdependence），在合作学习的情境中，学生们要认识到他们不仅要为自己的学习负责，还要为其所在小组的其他同伴的学习负责。除非每个组员都获得成功，否则他们自己也不能获得成功。个体要与其他组员协调起来完成任务。这里强调的是合作学习的整体性。（2）面对面促进性互动（Face-to-Face Promotive Interaction），这是学生们相互鼓励和支持，为取得良好成绩、完成任务、得到结论等而付出的努力。这种学习方式要求教师要激发学生之间的互动和言语交流，使学生相互帮助、支持、鼓励。这里强调的是合作学习的互动性。（3）个体和小组责任（Individual and Group Accountability），它是指每个学生都必须承担一定的学习任务，并同时掌握所分配的任务。个体责任是使所有小组成员通过合作学习取得进步的关键。这里强调的是合作学习的个体责任性。（4）人际和小组技能（Interpersonal and Small Group Skills），它要求教师必须教会学生社交技能，以进行高质量的合作。学生要学会彼此认可和相互信任，进行准确交流，彼此接纳和支持，建设性地解决问题。这里强调的是合作学习小组成员的交际性。（5）小组自评（Group Processing），通过定期的小组自评能够使学习小组的活动保持有效性，使小组成员保持良好的工作关系，便于合作学习的进行。这里强调的是合作学习的自我诊断性。

3.2 形成性评估

1956年，美国认知心理学家Bloom根据评价在教学中实施的时间和发挥的作用不同，把学习评估进行了分类，分别是诊断性评估、形成性评估和终结性评估。教育教学评估不仅包含了以标准化考试为代表的终结性评估，同时也包括考查学习目的和学习过程的形成性评估。1967年，美国芝加哥大学哲学家斯克里芬著书《评估方法论》，提出在教学实践中，形成性评估不单纯从评估者（教师）的需要出发，更注重从被评估者（学生）的需要出发，重视学习的过程，重视学生在学习中的体验；强调人与人之间的相互作用，强调评估中多种因素的交互作用，重视师生交流（罗少茜，

2003）。在形成性评估中，老师的职责是确定任务、收集资料、与学生共同讨论、在讨论中渗透教师的指导作用，与学生共同评估。学者们认为，与终结性评估相比，形成性评估贯穿于整个教学过程之中，与教学的各个环节与因素密切相关。其目的是帮助评估的设计者、教师和学生及时了解既定教学目标的实施情况，发现目标实现过程中的不足并适时作出策略调整。因此，它是多方参与的、以改进教学过程和提高教学效果为目标的评估方式，具有渐进性、诊断性、开放性和指导性的特征（王华、富长洪，2006）。

4. 行动研究第二阶段（期中阶段）：进一步明确小组任务，加强小组管理指导

4.1 行动设计与实施

　　国庆假期之后，笔者整理了学期初阶段的小组合作学习的情况，针对前面的问题进行了调整。首先是进一步明确小组任务，并给予充分指导。对于口头报告的问题，除了课堂点评总结之外，笔者把讲解如何作口头报告的文件资料放到班级论坛和公共邮箱，供同学们课下阅读学习。在本阶段，笔者将小组学习的任务常态化，每周布置小组合作学习任务，每次任务都是自学一个单元。例如，第6单元的课下任务是：（1）小组成员a、b同学阅读第二篇文章，以mind map形式归纳主要内容，小组的c、d两位同学阅读第二篇文章，同样以mind map形式归纳主要内容，另外e、f两位同学阅读第三篇；（2）小组开会时互相分享各自所得，共同探讨疑难问题；（3）小组上交书面报告，内容包括：所有文章的大意总结，不懂的问题，阅读心得（包括策略和自己的观点表达），限期上交老师。对于自学的单元，每个单元安排一个小组作5分钟单元主题口头报告，并在展示之前对该小组进行指导。

　　其次，在综合考虑学期初合作学习的反馈之后，笔者没有重新分组，另选组长，而是加强了对于组长的指导和对个别小组的跟踪关注。因为存在跨院系和跨班级小组的实际操作难度，也因为已经建立起来的小组刚刚熟悉了合作学习的模式而不便改变，加上问题小组的数量毕竟不到总体的三分之一，所以关于少数小组合作困难的情况，基于合作学习中学生的"人际和小组技能"需要教师的指导，笔者选择加强对小组长的培养。每周或定期和小

组长们开会，了解课下小组学习的情况。针对有些组长不知道如何组织的问题，笔者建议他们：布置任务时具体落实到个人；集体交流讨论时规定每个人必须讲一点，可以是问题，也可以分享一点心得，至少说一点；安排同学轮流做书记员、书面报告执笔人、校对员等。在课间和课下，笔者通过和组长交流，不断鼓励需要帮助的组长，希望这些口语好的同学能够发挥更多影响力，带动其他同学积极交流，互相监督和促进，实现课下有效的自主学习。

同时，笔者在小组长会上强调了个体和小组责任的相互依存性。规定组长在组织工作时明确每一位组员的任务和责任，例如一次口头报告任务中，可以设置中文资料搜集、英文资料搜集、资料汇总、文化比较、PPT制作、文字校对等任务，并设定好完成时间。工作依次轮流，让每位组员熟悉每个环节。通过明确任务、细化分工来保证每位组员参与合作学习。除此之外，组长根据每位同学的表现进行A/B/C级别的评分；组员同时也为组长的组织工作打分；打分情况每周统计上交。

4.2 观察与发现

由于在学期初期发现问题并给予解决，整个期中阶段学生的学习状态比较平稳。经过对各个小组长的管理和指导以及对评分方式的强调，各个小组开始重视课下小组合作学习，基本上有问题都会及时问老师。小组的管理组织方面出现的问题大大减少。同时，得益于课下小组任务的常态化，大部分同学开始对于如何总结大意、如何归纳要点越来越熟练，表达逐渐清楚；同时，通过课下小组交流，同学们对于课堂上精讲文章的理解和消化得到了进一步深化；课下的小组合作学习也带动了课堂上小组讨论的开展，活跃了课堂气氛，增强了师生互动的良好氛围。

与此同时，笔者还是发现了问题：很多小组上交的书面自学报告多数为同一人撰写；更明显的是口头报告的展示部分由同一位或两位同学担任。尽管小组合作学习持续进行，组长和组员的互评都不错，进展要优于学期初表现，但是笔者更希望通过合作学习使同学之间能够机会均等地锻炼自己，互相学习。有的小组同学的具体分工不清楚。至于组长对于组员的打分和组员对于组长的打分，大家都希望相安无事，因此随意打分应付差事。另外，组长由于和组员相处时间长了彼此更加熟悉而疏于小组管理，组内出现不同的声音，个别小组在执行合作学习任务时甚至出现闹情绪无法开展的情况。

4.3 反思

自从增加了小组评估方式和组员互评之后，书面报告的质量不断提高。笔者由此意识到，仅仅依靠教师和学生双方的积极性来提高课下小组合作学习的有效性是不够的。无论是教师作思想动员、鼓励以及方法指导，还是学生本身的学习主动性和自觉性，都不足以与学习过程中的惰性抗衡。必须介入有效的评估方式规定学生完成任务。虽然目前已经有了组长—组员之间的互评，但是评估方式只是打分，这一分数并不能反映出小组合作学习的实际情况。

笔者和同事就此进行了讨论，同时查阅了关于形成性评估的一些文献（Buck & Trauth-Nare，2009），了解到如果要判断学习者在学习过程中是否取得实质性进步，教师必须不断收集取证。因此搜集学习过程中的学习证据十分必要和重要。据此，笔者经分析发现，常态化小组合作学习的基本任务就是书面报告和口头报告，这种任务完成方式容易集中到个人，而导致无法判断全体同学的参与和互动情况。因此，必须加入有效的教学环节或评估方式对现有情况进行改进。而且，合作学习中小组自评（Group Processing）也是一个不可缺少的一环。

5. 行动研究第三阶段（期末阶段）：小组合作学习形成性评估，重点辅导问题小组

5.1 行动设计与实施

为了促使学生真正做到有效参与合作学习以促进个人的自主学习，笔者在第十一周增加了新的评估方式。每位同学的个人平时成绩与小组合作学习成绩挂钩。具体来说，每周小组进行一次小组内自评和互评，不打分，而是让组员至少写出一条自己在小组活动中的贡献以及至少一条令自己受益匪浅或印象最深刻的其他组员的贡献，即自己和他人具体做了什么。contribution description 必须结合每一次自学内容具体描述，而不是仅仅写出自己是搜集资料还是校对这样的概括内容。综合这些，加上老师课堂观察和评阅课下小组任务的完成情况，得出小组的等级分。如果个人的出勤、课堂问答和个人作业综合评估为A级，但是小组得分为B级，那么该生的最后得分需降一级处理为A−；如果个人评估为B+，而小组整体为A，那么个人最后可得到A−。自第十二周开始每周及时公布小组成绩。

除了评估方式之外，笔者在第十二周、十三周有选择地参加了4个小组的小组交流会（group session），重点关注几个问题小组，现场指导并答疑。

5.2 观察与发现

通过重点关注和个性辅导，笔者了解到了学生的更多面，也更立体地看待学生的英语学习，加深了对他们的了解。同时，学生也更加了解老师了。因此，后一段的小组任务都完成得不错。例如某同学学生会的活动较多，经过笔者做了思想工作之后，该生认识到要平衡学生工作和学习之间的关系。

更重要的是由于个人成绩与小组表现挂钩，加上期末临近，同学们在态度上严肃了很多。尽管contribution description只要求写几点，内容不多，但是相当多的同学通过这个环节认真思考了自己在小组合作学习中的角色，确实有一部分同学从中受益，整理回顾了自学过程中的心得和收获。例如有几位同学在汇报中提到自己的进步，让笔者感到无比欣慰：

I draw a flowchart for the major points of the text, they think that's very clear, and I'm proud of it.（学生 X）（阅读能力和总结归纳能力）

这次 session 我把他们几个人说的总结了一下，突然发现我能够把他们像又不像的一堆话给说明白了，如果这也算 contribution。（学生 M）（归纳能力和恰当的语言表达）

每次 session 之前我都会把所有的文章至少看一遍，这次有几个没来得及看书的，我就给他们讲了讲文章的内容，中英文结合的，我觉得这个算我的吧。（学生 ZXD）（阅读能力和口头输出能力）

It was my first time to collect data for our presentation and I learned a lot.（学生 P）（搜集资料能力）

前几期我都是负责校对的，图省事，不过现在我发现我纠错比他们快，而且现在对拼写和语法也比较在意了。这期我是负责英文资料的搜集，发现自己浏览英文网页速度慢，快读能力需要提高。（学生 C）（综合能力）

这期让我写报告不太适应，之前我都是说 presentation，我口语比作文好，所以写的时候不太自信，希望得到老师指导。（学生 ZZP）（发现问题）

......

这些Contribution description从不同的方面让笔者看到同学们从开学到期中到期末一路走来的学习体会，而这一形式毫无疑问也帮助了学习者本人认真思考自己的英语学习。

6. 总结

本次行动研究主要聚焦于课堂外的小组合作学习，经过了学期初、期中和期末三个阶段。基于《新标准大学英语》教材丰富的内容和每学期16周、每周2课时、合计32课时并不宽裕的课堂容量，笔者试图通过学生课下小组合作学习形式帮助学生进行课下自学，弥补以往学生以个体为单位进行自主学习效果不好的缺陷。

一个学期下来，总体情况良好，大部分同学都能够参与到教师布置的小组合作学习任务中来。课上和课下，独立与合作，互为补充。笔者自己总结关于合作学习最重要的几个因素包括分组（grouping），小组任务的布置（the task）包括难度和进度等，任务完成好坏的评估（the assessment）包括小组和个人成绩之间的联系等。在学期结束之前，笔者请全体同学认真撰写本学期小组合作学习的反思，其中有同学提出针对合作学习时间安排上的意见，如"……期末考试前两周就不要安排小组学习了吧，毕竟复习考试这事因人而异，懂的不懂的都不同，我更喜欢自己复习"（学生LS）；还有关于小组任务布置的，如"……不要总是一样的作业，虽然会写总结了，但是时间长了会觉得枯燥，少写一点儿最好……"（学生W）；"……最大的收获是通过写summary学会了用新学的单词，归纳能力感觉进步了一点儿……"（学生M）；还有组长表示"……虽然有外教课，但是不怵当众发言还是从您的presentation练的……每周组织同学session也让我说话思路更清晰……大家伙儿在一起说说各自的方法挺好的……"（学生F）；"……开始也排斥所谓的合作学习，觉得就是形式而已，没想到您的强制执行居然进行了一个学期！我以前很闷的一个人，不过到期末的这几期session我们组数我发言多，最后的report主要都是我想的，他们都说我逆袭成功……"（学生LX）。学期结束，当笔者看到一份份学生的反思时，心中很是感慨，这个学期既紧张又忙碌，曾怀疑过犹豫过，幸亏最终坚持了下来，同学的进步确实就是教师继续探索的动力！

回顾一个学期短暂而紧张的学习，笔者甚有收获。三个阶段的摸索实践可以具体总结为表1。

表1　三个阶段的实践

阶段	目标	任务	具体实践	观察发现
学期初 1—4周	培养学生合作学习的意识	导学课和即时任务	1. 第一堂课为导学课，课前根据学号分好组；教师介绍小组学习要求；布置This Is Me的小组任务，每组一位代表作口头发言；教师点评并总结小组合作学习模式；布置课下小组学习任务。 2. 第二次课首先检查上次课的小组任务即每组代表的口头发言；根据发言和课间访谈情况布置游的小组任务，加大难度，小组自学第一单元并于两周后周进行PPT形式的口头报告。 3. 第四周上课进行第二单元的小组学习汇报，教师点评并讲解难点。	课堂气氛好，小组讨论积极；课堂发言积极；学生之间增进了解。 每组均能出色完成发言；组员之间增进了解；了解课下学习重要性并表示愿意进行小组学习。 大部分小组完成得不错；问题：个别小组不知道怎么做presentation；组内意见不统一，有矛盾。
期中 5—10周	进一步明确小组任务，加强小组管理	小组任务常态化和定期组长会	1. 将关于如何作口头报告的指导文件放在班级论坛上让同学课下学习，每周必做的小组任务为自学一个单元，告知程序并要求上交材料。 2. 增加课间和学生交流，每两周周小组长开会，收集同学反馈和发现问题，并给予指导。 3. 增加小组互评和组员互评等评估方式。	个人自学发现问题—小组交流问题—延伸课主题讨论等；了解如何写summary；组长—组长、组长—组员、组员之间的打分情况有敷衍的现象。个别组员仅专注于一项任务，如口语或写作，而缺席小组集中学习。
期末 11—16周	小组合作形成性评估，重点辅导和个性辅导	著实完成评估方式，关注重点问题小组	1. 增加个人自评、小组自评与他评相结合的评估方式，要求学生每周上交contribution description；小组合作学习与平时成绩挂钩。 2. 参加同问题小组课下活动，当场指导答疑。	总体情况良好。大部分同学都能够做到从课上—课下。独立—合作相结合进行语言学习和使用。明确了小组学习对自己的贡献力量以及自己对于团队的贡献。

学生的课下自主学习近几年来一直是大学英语教学中的热点议题。在本学期的研究中，笔者重点关注学生面对面的实际交流与合作的小组学习。在下一轮的教学实践中，在面对面交流的基础上，如何利用 Web 2.0 互联网技术鼓励学生通过网络和移动网络进行小组学习将成为新的课题。笔者作为教授《新标准大学英语》的新手教师，对于如何在有限的时间里帮助高水平的学生有效地完成教材学习，提高实际语言能力，如何引导学生通过课下小组合作学习这一群体学习方式来促进自学，仍然需要不断的探索。

参考文献

Buck, G. A. & A. E. Trauth-Nare. 2009. Preparing teachers to make the formative assessment process integral to science teaching and learning. *The Journal of Science Teacher Education* (20): 475-494.

Dornyei, Z. & A. Malderez. 1999. The role of group dynamics in foreign language learning and teaching. In J. Arnold (ed.). Affect in Language Learning. Cambridge: Cambridge University Press.

Johnson, D. W. & R. T. Johnson. 1994. *Learning Together and Alone: Cooperative, Competitive, and Individualistic Learning*. Bonston: Allyn and Bacon.

Johnson, D. W., R. T. Johnson & M. B. Stanne. 2000. Cooperative learning methods: A meta-analysis. http://www.clcrc.com.

Long, C. & B. Mohan. 2004. Teacher formative assessment and talk in classroom context: Assessment as discourse and assessment of discourse. *Language Testing* 26(3): 335-359.

Putmam, J. A. 1997. *Cooperative Learning in Diverse Classrooms*. Upper Saddle River, NJ: Prentice Hall.

Slavin, R. E. 1990. *Cooperative Learning: Theory, Research and Practice*. Englewood Cliffs, NJ: Prentice Hall.

罗少茜，2003，《英语课堂教学形成性评估研究》。北京：外语教学与研究出版社。

王华、富长洪，2006，形成性评估在外语教学研究中的应用研究综述，《外语界》。

王坦，2002，合作学习简论，《中国教育学刊》（1）。

文秋芳、韩少杰，2011，《英语教学研究方法与案例分析》。上海：上海外语教育出版社。

北京化工大学团队行动研究

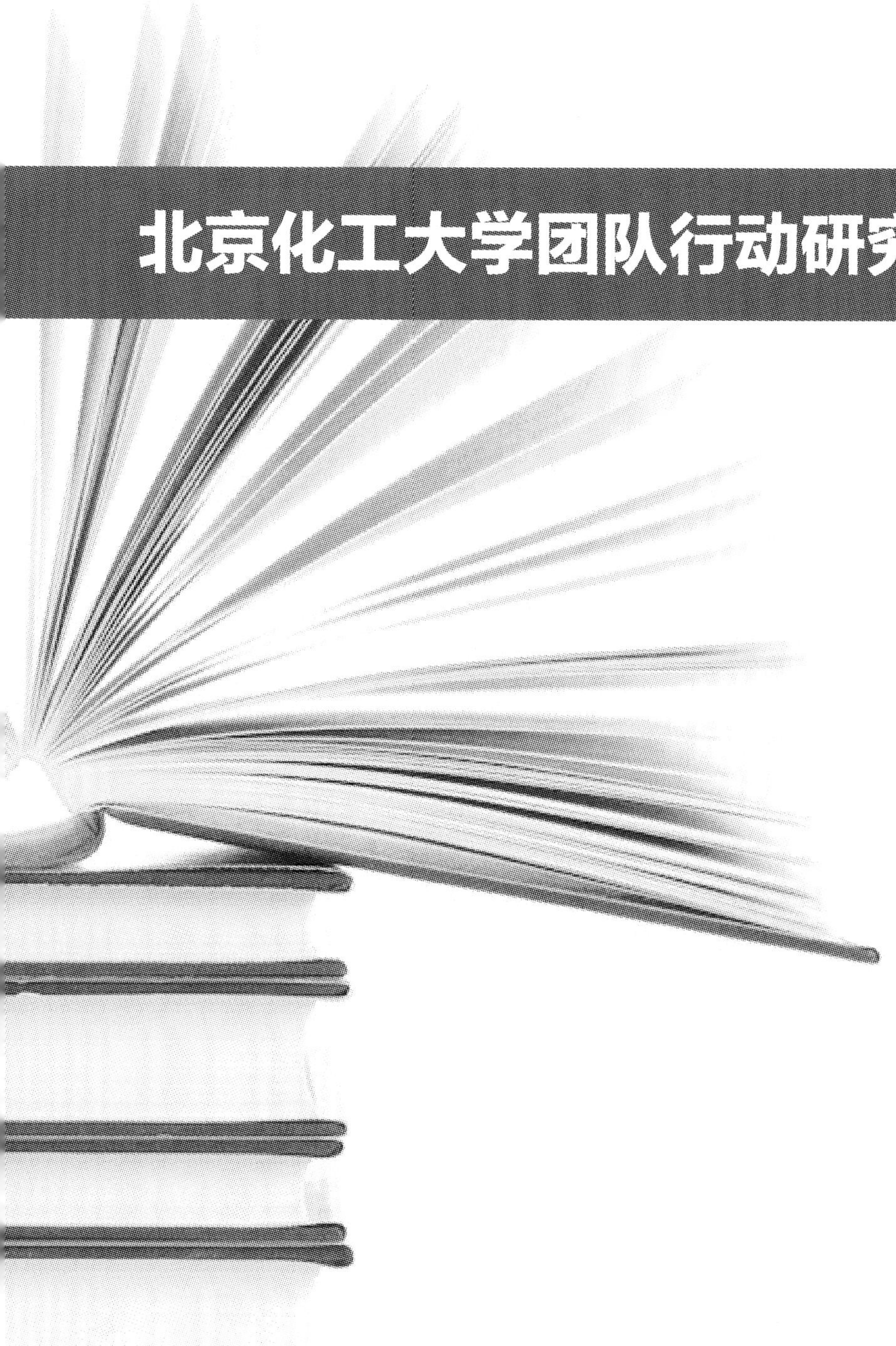

名师引领，跨校行动研究项目助我们插上奋飞的翅膀

——北京化工大学大学英语教师自身素质发展的有效尝试

徐黎娟

北京化工大学

2011年3月，本着互助、互信、互惠、互动团队建设的原则，同时也本着增强教师自我发展能力，提高教师的工作与生活质量，提高培养学生的质量的团队发展目标，来自北京化工大学文法学院外语系教授普通班英一、英二课群，多课时上课的国贸课群以及教授校级实验班的四个不同等级群体的8位教师参加了由北京外国语大学中国外语教育研究中心文秋芳老师和外语教学与研究出版社共同组织的"北京市高校英语教师互动发展团队建设"项目。我们都有着一定职称（副教授4人，讲师4人）、有着十几甚至二十年以上的教龄，都算是比较资深的教师们，在过去两年的时间里，通过参加由本校成员的各项校本活动和参与由六校团队成员共同参与的大团队活动，无论从教学、科研，还是个人成长方面，我们都开始具备一定的教学科研品质了。

由文秋芳老师首创的这一专家引领、跨校同行合作，旨在促进一线教师职业发展的"北京市高校英语教师互动发展团队"项目，始终坚持在自愿和互助的原则下展开活动。项目最初的8个团队因为这样那样的原因变为现在的6个团队，其中有些教师成员也因各种原因中途退出，但我校的8位成员，除了被迫出国进修的教师缺席了半年，所有老师都坚持到了最后。之所以能够坚持下来，是因为大家都深深体会到参与这一项目，已经成为自己职业生涯中一个转折点，在真正意义上促成了自己的事业发生巨大变化，从而达到发展自身素质的目的。

正如我们团队成员所感慨的那样，在整个项目的运作过程中，所有老师都不得不迫使自己静下心来，重新审视大学英语教师的工作问题，开始区分教书育人的教师与教书匠的不同：教书育人的教师应该是能够理论联系实际，在教学相长中不断完善自己的个体；而教书匠只是按时完成自己所谓的

教学任务的讲解员。同时我们用理论的武器来充实武装自己，在教学中学会了如何用不同的教学策略及测试策略来教会学生掌握语言学习的方法和策略；通过思考别人的教学以及生活轨迹、历程和选择，来反观自己的职业和生活，寻求解答内心疑问的方法，力图在职业和生活中寻找最合理的平衡点；逐步学习，使自己职业发展目标化、思维理性化、教学行为理据化。

其次，教师们都已建立起不断自我反思的教学习惯，学习聚焦教学问题并探索用切实可行的行动研究方案来解决和改进教学中的实际问题。正如一位老师在反思日记中写道的："……最值得一提的收获是'自我反思的职业发展习惯'的养成。"通过反思可以发现自己教学中的问题，从而逐步完善自己的教学；反思会促使自己提高，形成和丰富自己的经验；反思会使自己的思维更加活跃、深刻，并促进自觉学习。以前，教学中很多问题或稍纵即逝的灵感因为没有及时被记录下来，很快就被忘记了，现在基本养成了记反思日记的习惯，这样可以帮助我及时有效地捕捉教学中的灵感，从而使我对一些问题的思考能够更加深刻，更符合逻辑。反思教学不是简单地在头脑中想一下，或者跟同事聊天时随便探讨一下，而是"教师通过收集教学数据，进而审视其对教学所持有的态度、信念和假定，并以此对个人教学实践进行批判性反思与创造性建构"（Richards & Lockhart, 1994），以不断加深对教学的理解，促进自我评估与专业发展。

不止一位老师欣喜地发现自己在参与项目过程中思想所发生的变化：

（1）开始摆脱原有的较为狭窄的教育理念，重新理解和定义优秀外语教师的品质。

（2）开始体会到作为优秀教师，领导能力和管理能力同样不可或缺。

（3）能够专注于专业领域的研究，具备了个人定力、向他人学习、与同行合作的团队精神；善于在自己日常教学中时常进行反思并不断发现问题；学习将问题分类后，抓住某个亟待解决的关键问题开始进行行动研究。

（4）开始真正着手尝试做教学科研，并对以往视为畏途的教学理论产生兴趣。因为真正意识到没有理论指导和专业文献的研读，一切行为和想法都会流于表面感觉。

第三，团队成员都不同程度地改变了以前对于科研的狭隘理解。原来我们几乎都认为科研和教学是脱节的、矛盾的，但自从参加互动发展团队建设项目以来，特别是跟随文老师进行行动研究之后，我们明白了将教学中的问题或困惑作为研究话题并采用一定的研究方法加以解决，这也是一种很实际的、很有意义的科研方法，有利于教师真正致力于改进课堂教学实践、解决实际教学问题的研究。反思我们过去的教学，无非是一些"经验总结"。大家经常关注的是一些自己的不良教学习惯，课堂活动设计的形式是否有缺陷，或师生关系是否融洽等，没有对日常教学进行深度挖掘，没有审视自己的教学理念和相关理论知识结构的建立并将其应用在日常教学中去。

比如词汇教学，虽然大家都知道词汇教学问题很多，但只过度关注或挖掘学生的原因，如懒惰、态度不认真、学习词汇的方法不当等，却很少去分析教师自己的教授方法是否有效，词汇教学的理念是否正确等。在大团队活动时，兄弟院校关于词汇教学的课堂录像展示，启发和督促了我校团队成员对词汇教学进行深入了解和教学改革试验。随着探索的深入，我们越来越发现词汇教学远非我们原来所认为的那么简单和无聊。此外，大家还根据自己的教学兴趣和教学目的不同，采用不同的形式，并用不同的时间来循序渐进地解决相应的问题，同时不忘用理论来充实提高并指导自己的教学实践，从而形成了各自领域里的行动研究。从教学实践到行动研究再到写行动研究的文章，需要经历不断思考教学实践、阅读文献寻求灵感、动手开始大胆试验、再循环不断地总结和思考，直至文章写就的艰巨工作，但同时也收获了自身职业的发展和自我满足感的实现。

第四，团队成员都认为自己的教学能力有所提高。在这一项目中，通过校内小组活动，大家互相观课、配课；六校大团队活动时，有机会看到众多同行老师的真实课堂和教学场景，这也是学习经验、交流困惑和启发思考的最佳手段。迄今，我们已覆盖了专业英语、商业外贸和大学英语三类学生；教学模式、入学程度和专业背景各不相同的学生；不同课型，含听力、阅读、演讲、听说综合课、写作课；不同教学环节，如导入、词汇讲解和文章结构分析；英语教学的内容如基础知识的传授和技能的培养、四级应试技巧的讲解、人文知识和全人教育、学生批判性思维能力培养。所有这些无疑给自己的教学行为和思考带来更多启发性视角，从而促进教学能力的提高。

总之，专家引领、跨校同行合作、旨在促进一线教师职业发展的"北京市高校英语教师跨校互动发展团队"项目为我们建立了开放式的学习共同体，特别是文秋芳老师渊博的学识、严谨的治学态度以及超凡的人格魅力，使得所有参与项目的教师受益终身。期待她为更多的同行插上奋飞的翅膀。

大学英语课程学生课堂展示活动 有效性的行动研究

崔文琦

北京化工大学

提 要：本文针对提高课堂展示的有效性进行了历时 1 个学期的行动研究，本次研究分 3 个阶段，采用结构框架和构思策略解决课堂展示活动中展示者的内容杂乱、条理不清、重点不突出和逻辑关系不明确的问题，并采取保存学生档案袋的方式提高学生的参与度，最终提高了课堂展示活动的有效性。

关键词：行动研究；课堂展示；PPT；结构框架

1. 引言

进入 21 世纪以来，随着世界经济的全球化与中国经济的国际化发展，我国对大学生的英语能力特别是口语交际能力的要求不断提高。同时，大学生们也迫切要求提高英语口语能力。广大英语教师也在积极探索提高英语口语能力的途径，常用的做法是在课堂教学中加入各种口语活动，如对话、角色扮演、看图说话、小组讨论、演讲、辩论、课堂展示等。其中的课堂展示活动（presentation）在英、美等西方国家的大学课堂中被广泛使用，作为一种教学形式，presentation 是指借助有声语言、肢体语言和其他工具发表一个介绍或描述某事物的演说或展示。通常，一个完整的 presentation 应该包括演说者的演讲和演讲之后的听众与演讲者之间的问答两个环节（李爱萍、王中锋，2006）。就形式而言，presentation 在教学中的应用可以分为个人和小组两种；就内容而言，可分为书中某个章节、教授指定的某篇文章，或个人自选相关文章（张丽华，2004）。本文中的 presentation 是指学生以小组为单位根据所学课文的主题选择相关话题，然后课上借助 PPT、肢体语言等工具向全班同学作口头报告。

2. 行动研究的定义和实施步骤

　　行动研究这一术语最早由社会心理学家Kurt Lewin于20世纪40年代提出。Lewin（1948）指出行动研究是一个螺旋上升的过程，大体分为计划、行动和反思3步。Kemmis 和 McTaggart（1982）对行动研究进行了重新定义："行动研究是一种自我反思的研究，这种研究方法最基本的特征是'行动'和'研究'相互结合，在实践中验证理论、改进教学，以增强对课程大纲、教学和学习的认识，更好地诠释和检验目前的教学理论。"文秋芳（2011）认为"行动研究是教师为解决教学实际问题或变革教学现状而采取某种新措施的研究"。行动研究是一个呈螺旋形向前发展、永无止尽的过程（Kemmis & McTaggart，1982），一个问题解决了，就会又发现一个问题需要解决。但是，每一轮教学行动研究都包括以下5个步骤：选题、制定计划、实施计划、观察和反思。Ferrance（2000）提出行动研究的 5 大步骤是：发现问题、收集数据并对其归类、解释数据、根据数据开展行动以及反思。文秋芳（2011）提出行动研究包括四个环节：聚焦问题、提出（解决问题）方案、实施方案和评价成效。本研究根据以上步骤和环节开展。

3. 提高课堂展示有效性的行动研究

3.1　课堂PPT展示中存在的问题

　　在我国，课堂展示活动受到欢迎，被多数老师在课上采用，因为它不但能提高学生的口语表达能力、逻辑思维能力，还能增加自信、培养沟通和合作能力。但是想要组织好此项活动，使得展示者和观众都有收获，实现预期效果，实非易事。课堂展示活动不但要求展示者有一定的口头表达能力，还需具有选择主题、收集整理素材、组织篇章结构等逻辑思维能力。吴潜龙（2000）认为中国学生的第二语言习得经历四个阶段：开始阶段通过模仿掌握发音、简单词汇、短语及短句；初级阶段在理解和推论的基础上学习词汇扩充，掌握简单构词知识，形成基本的语言规则；中级阶段通过总结和应用进一步完善语言规则，生成口头、书面表达，自觉纠正错误；高级阶段时能熟练应用语言，全面处理语言资料，分别用两种语言思维，摆脱母语干扰，流利使用目的语。做好课堂展示活动，需要学生具有高级阶段的语言能力，但在多年的教学实践中，笔者发现许多大学生还没能达到熟练应用语言的水平，过分依赖母语思维，母语的负迁移严重，在课堂展示活动中主要表现为：口头报告时主题不清，重点不突出，逻辑性和层次性差，上下文衔接不紧密。

3.2 研究数据收集与分析以确定解决方案

为了验证以上问题，笔者选择某理工科院校非英语专业一年级学生53人作为研究对象，请他们填写一份调查问卷，目的是了解他们对课堂展示活动的了解和看法。问卷分为两部分，第一部分是研究对象的基本信息，包括性别、年龄、英语考试成绩，全是填空题；第二部分一共10道选择题，涉及3个方面的问题，一是课堂展示活动的好处，二是困难，三是如何评判。发放问卷53份，收回48份，其中有9份无效。收回的有效问卷中73%的学生认为自己在准备和展示中遇到了组织归纳内容和结构安排的逻辑性和层次性的问题；65%的学生认为展示的内容应该重点突出，逻辑性强；56%的学生在准备时会考虑内容结构安排的问题。笔者结合课下和学生们的访谈，了解到学生们已经意识到展示或演讲时要注重内容结构的安排，但还不明确该如何做。

造成以上问题的主要原因是中西方思维方式的差异，思维方式的差异正是造成语言差异的一个重要原因（连淑能，2002）。中西方思维差异主要体现在两个方面：一是螺旋形与直线形思维逻辑。西方人的思维方式是直线形的，说话、写文章习惯开门见山，先阐明主题或提出问题，再分析论证，最后得出结论；而中国人螺旋形的思维逻辑在语言表达上表现为首先叙述事情的背景，或罗列客观上的条件，或说明问题的原因，或摆出事实的证据，最后再作出结论，说明自己的观点或看法，是一种围绕主题绕圈子的"迂回式"的思维方式（李松涛，2005）。中国学生常用母语思维方式说、写英语，因而在篇章的组织和发展上受到负迁移的影响，表现为主题不明确，缺乏逻辑性。第二个方面是英汉语在篇章连贯方面的差异。英语多采用连接手段如关系代词、关系副词、连接代词、连接副词、介词等连接词衔接语句，而中文靠句子间的意义、语境和语用因素构成连贯的语篇，较少使用词汇衔接。中国学生在说或写英语时经常发生不用或错用连接词的现象，表现为文章缺乏连贯性，上下文衔接不紧密。

3.3 实施行动研究方案

针对以上问题和原因，笔者对研究对象开展行动研究。本次研究历时一个学期，教学使用的教材是由外语教学与研究出版社出版的《新编大学英语》。一学期共学习6个单元，每两周完成一个单元。课堂展示以小组为单位进行，每组4—5人，按自愿原则分组，每组负责一个单元，课上展示时小组成员轮流到讲台上进行口头报告，每人2分钟。尽管课堂展示的最终形式是口头报告，但口头报告之前需要收集资料，整理归纳内容结构，写成演讲稿。Lucas（2011）认为演讲者需要有策略地组织演讲内容，否则听众无法听懂。Ernest（1960）的研究表明结构安排合理的演讲有助于听众理解。Harry和McClang（1966）的研究表明听众认为能够合理安排内容结构的演讲者的能力更强，更可信。为改善母语思维模式的负迁移的影响，帮助学生采用英语思维方式组织内容结构，笔者制定了如下行动研究计划：

一是向学生灌输中西方思维模式差异的相关知识。增强他们对英语和汉语语篇的组织规律的认识或敏感性，采用对比分析法使学生掌握英语特有的语篇思维模式，发现英语和汉语之间的显著差异，抑制汉语思维模式的负向迁移，即避免把中文的组织规则迁移到英语之中，造成语篇结构差异。

二是提供英语常用的语篇结构的框架供学生学习和模仿。Lucas（2011）认为要点是演讲的中心部分，构成了演讲的基本框架，演讲者应认真选择要点、明确表达要点并有计划排列要点。

根据Lucas的提纲设计结构框架，框架中主要强调三点：一是要全面，框架要包含主题句、所有要点以及分要点和论据；二是要有逻辑关系，利用关联词体现要点和论据之间的逻辑关系；三是措辞要简练准确。笔者从网上找到一些PPT，让学生对比，使他们了解到结构一致、措辞整齐的语言更容易理解和记忆（Lucas，2011）。然后给学生示范和讲解如何做才能使语言简练、结构和措辞整齐一致：（1）使用关键词或短句；（2）采用平行结构使语言结构和措辞整齐一致，如关键词的词性一致，都使用动名词、动词不定式短语等。

三是采用构思策略指导学生采用西方思维方式构建语篇。课堂展示前，学生都是先写成书面讲稿。写书面稿的过程类似于写作的过程。写作的心理学领域的研究者Hayes和Flowers（1980）认为在写作过程的三个阶段中（构思、转换和修改）构思是核心。写作构思是一种准备性的思考（Hayes & Nash, 1996），就是作者根据所给定的题目要求，在头脑中确定所要表达的信息，并从长时记忆系统中提取这些信息，把它们组合成文章的内容结构和形式结构的过程（范琳、朱立霞，2004）。在构思过程中可以运用书面提纲或心理提纲（即仅在脑子里构思提纲，不写下来）来帮助组织文章结构。提纲可以最有效地帮助作者把与主题相关的零乱的观念（素材）组织起来，把文章框架有序地安排好，并考虑符合潜在读者需要的写作目标。不少实证研究表明构思策略这种关注写作者内部认知规律的做法有效地促进了写作水平的提高（戴健林、莫雷，2001；Spivey & King, 1987；Kellogg, 1987；Nelson, 1988；Carey et al., 1989；Wright & Rosenberg, 1993）。

戴健林、莫雷（2001）提出了作文构思阶段的教学程序，这套程序的具体操作包括提纲运用、作文构思时间分配和目标设定。本次研究根据这个教学程序，将每个单元的课堂展示活动安排如下：（1）运用书面提纲构思，负责课堂展示的小组按照老师提供的框架将提纲制作成PPT；（2）延长构思时间：（a）集体制作好的提纲PPT要提前一周发到老师邮箱，（b）老师收到提纲后提供书面反馈，小组成员修改，（c）修改稿再发到老师邮箱，老师和小组成员约定时间面谈，并进一步修改提纲；（3）设定构思目标：提纲的重点是主题和篇章结构安排以及提纲上的语言表述。

以《新编大学英语》第三册第三课Latchkey children—Knock, knock, is anybody home? 为例阐述基于构思策略的教学安排，详见表1。

表1

第一次课上（第1周）	课下（第1—2周）			第三次课上（第2周）
（1）老师分析课文结构；（2）提供结构框架模板：提炼全部要点，按逻辑顺序排列；（3）讲解如何遣词造句：提纲上的语言要简洁清楚。	（1）小组确定主题；（2）制作课堂展示提纲PPT；（3）发送提纲至老师邮箱。	（1）老师邮件反馈；（2）小组成员第一次修改提纲。	老师和小组成员面谈，讨论并指导进行提纲的第二次修改。	（1）小组成员轮流利用提纲PPT进行口头展示（每人3分钟）；（2）观众记录并用评价表打分。

　　给学生示范的提纲框架包括:(1)结构安排,首先写明主题,之后在PPT上罗列出各个分要点以及论据或细节等信息,表明逻辑关系;(2)语言范式,尽量采用相同词性的关键词,如need, choices, effects等,用结构一致的短句,如to express, to balance, to increase等(如表2所示):

表2

Topic: Latchkey children—Knock, knock, is anybody home?

Central idea/Topic Sentence:

A social problem in USA

Main Points:

I. *reasons for the social problem*

　1) **first:** financial need

　2) **second:** career choices for personal fulfillment

II. *effects of the social problem*

　1) **on the one hand:** effects on the parents: later dinner, guilty

　2) **on the other hand:** effects on the children:

negative impacts: feeling hurt and resentful, abandoned, angry

positive impacts: feeling trusted and loved, developing a sense of independence and responsibility

III. *possible solutions to the social problem*

　1) **first:** to express their feelings and concerns to the family members

　2) **in addition:** to balance their work and family

Conclusion:

Feeling loved provides strength to cope with any difficulty.

　　此外,在整个学期中,要求学生建立小组学习档案,方便老师对学习过程进行监控和管理。小组学习档案的内容包括:小组共同完成的展示提纲以及修改稿,每位组员的贡献(准备课堂展示过程中收集的资料),每位组员的观众记录和观众评价表,每位组员的反思日志。

　　开学后的第一周,教师讲解课堂展示的要求和安排,各学习小组确定负责展示的单元;明确建立学习档案的目的和意义,并介绍学习档案的构成和建立方法，以及如何写反思日志，反思日志的好处等。第二周向学生灌输中西方思维模式的差异的相关知识，并举例分析说明其产生的影响。第三周到第十六周实施基于构思策略的课堂展示活动。其中第九周安排一次小组学生档案展示的交流学习活动。第十六周期末对课堂展示表现和小组学习档案进行综合评估，课堂表现占4%，学习档案占6%。最后填写一份问卷，了解学生的想法和感受。根据评估结果和问卷调整思路，改进课堂展示活动。

3.4 评价与反思

一学期的行动研究结束后，笔者从两个方面进行了反思：一是课堂展示的效果，二是此次行动研究的不足和有待改进的地方。

3.4.1 课堂展示的效果

第一，学生们的态度发生了转变。从开始的观望，不以为然，只关心自己的展示到后来认真观看其他同学的表现，热烈讨论，并积极参与。不过仍有一小部分学生拒绝使用结构框架，看来接受新事物是需要时间的。

第二，学生们的英语语篇的组织能力增强。最初，学生们会拷贝搜集到的英文原文，然后直接大段地粘贴到PPT上，作展示的时候照着读，而且往往读得非常快，观众既听不清也没时间看完PPT上密密麻麻的文字，导致展示结束了，观众一头雾水，不知所云。而有的小组过度追求简洁，PPT上只有图片和零星几个单词。有的小组追求内容全面，结果主题不明确，重点不突出。经过一次次尝试、修改，最终功夫不负有心人，到学期末时他们多数都能较好地利用结构框架按英语思维模式合理安排展示内容，做到主题明确，条理清楚，重点突出，逻辑关系清晰，语言简练，措辞一致。

笔者提供的结构框架起到了有效的示范作用，学生们开始渐渐学会通过填写框架整理组织演讲内容，区分主题和要点，明确各部分之间的逻辑关系。因此，教师的课上示范非常重要，Smith（1983）强调了提供范式的重要性，在学习的过程中首要的就是能看到事情是如何做的。同时，构思策略发挥了作用。在提纲运用、延长构思时间和目标设定这个程序中，通过PPT这种书面提纲的形式，学生们把与主题相关的零乱的素材和资料有序地组织起来。在两次修改以及一次和老师的集体讨论中，延长了构思时间，完善了书面提纲，最后在整个过程中明确构思的重点是篇章结构和语言措辞。学生在反思日记里写到：自己的分析和总结能力提高了。

第三，结构框架还有助于展示者脱稿演讲。课上示范时，笔者引导学生们利用结构框架中呈现的要点和关键信息进行脱稿口头展示，如添加动词或名词组合成完整的句子，这样就能使展示既完整流利，不至于"忘词"，还能和观众保持eye contact等互动。以表2为例，讲原因时可以根据PPT中的信息这样说：There are two reasons leading to the social problem, one is financial need (they need more money)；the other is career choices for personal fulfillment (more mothers have been taking salaried jobs outside the home).一些学生按照我的建议和引导，利用PPT进行脱稿口头展示，如果PPT做得完整有序，脱稿展示就能进行得比较顺利，反之就困难重重，丢三落四。

第四，小组档案袋的使用有效地提高了同学们的参与度和反思能力。他们在反思日记里这样写道："（展示时）语言上不要太复杂，以大家能听懂为主要目的，结构上要组织严密"，"我收获了不少的生词和漂亮句子，还有一些精彩绝伦的演讲，这对我的英语学习会有很大帮助"。

通过笔者的观察和学生的问卷以及反思日记可以看出这次行动研究的结果是令人满意的。笔者在学期末的时候做了关于本课程的教学效果的问卷调查，其中有3道题涉及到课堂展示活动，均为开放式问题，回收问卷136份，其中赞成课堂展示活动并觉得有收获的达到116人，14人不赞成，由此可见，学生们对本学期的这项活动是认可的。归纳问卷中学生们的收获如下:（1）听说能力得到提高；（2）锻炼了思维能力，提高了分析和总结能力，学会深入思考一个问题并加以理性分析；（3）对作文有帮助，理清思路；（4）对课文的学习更深入和细致了；（5）轻松地学习英语，学习到了好多课余知识，调动了学习积极性和兴趣；（6）心理素质加强了，面对很多人讲话时不再紧张了；（7）PPT制作水平提高了；（8）在小组合作的时候发现并学习别人的优点，认识和改进自己的不足。

3.4.2 不足之处

笔者本次的研究虽然基本解决了展示者的展示内容的结构和逻辑性问题，但研究仍存在着框架不完善，数据不充分，问卷的信度未加以证实等问题。下一轮行动研究中不仅要有老师的课堂观察和反思日志等质性数据，还应加入量性数据，另外学生的英语水平和认知能力等因素也应考虑在内。

4. 结语

英语和汉语思维模式的差异是制约我国学生英语语言水平提高的重要因素，思维模式的不同影响语言表达，本文尝试利用课堂展示这项活动，培养学生用英语思维模式对演讲的内容谋篇布局，最终提高课堂展示的有效性，达到有效交际的目的。在本次行动研究期间，笔者从跨校团队的专家和同行们那里得到了很多启发和灵感，不少想法和思路都是在聆听专家讲座和参与同行讨论中产生的。开展行动研究是提高教学质量的重要手段，教师只有勤思考，认真观察，积极反思，向书请教，向专家请教，借助集体的力量，才能实现课堂改善和自身发展。行动研究就是不断发现问题、解决问题、周而复始、循环往复、提高教学质量和教师自身修养的过程。

参考文献

Carey, L. et al. 1989. *Differences in writers' initial task presentations*. Tech. Rep. No.35. Carnegie Mellon University.

Ernest, C. 1960. An experimental investigation of the relative effectiveness of organizational structure in oral communication. *Southern Speech Journal* (26): 59-69.

Ferrance, E. 2000. *Action Research*. Rhode Island: Northeast and Islands Regional Educational Laboratory at Brown University.

Harry. S. Jr. & M. T. McClung. 1966. Effects of organization on the speaker's Ethos. *Speech Monographs* (33): 182-183.

Hayes, J. R. & L. Flowers. 1980. Identifying the organization of writing process. In L. Greggand & E. Steinberg (eds.). *Cognitive Process in Writing*. Hillsdale, NJ: Erlbaum.

Kellogg, R. 1987. Writing performance: Effects of cognitive strategies. *Written Communication* (4): 269-298.

Kemmis, S. & R. McTaggart. 1982. *The Action Research Planner*. Victoria: Deakin University Press.

Leki, I. 1992. *Understanding ESL Writers*. NH: Heinemann Educational Books.

Lewin, K. 1948. Action research and minority problems. In K. Lewin (ed.). *Resolving Social Conflicts: Selected Papers on Group Dynamics*. New York: Harper & Row.

Lucas. S. E. 2011.《演讲的艺术》。北京：外语教学与研究出版社。

Nelson, G. 1988. Examining the practices that shape student's writing: Two studies of college freshmen writing across disciplines. Unpublished doctoral dissertation. Pittsburgh: Carnegie Mellon University.

Sarjit, K. 2005. Suggestions for teaching public speaking and evaluating speeches. *The Internet TESL Journal*, Vol. XI, No. 7, July 2005 http://iteslj.org/

Smith, F. 1983. *Essays into Literacy*. Portsmouth, NH: Hememann.

Spivey, N. & J. King. 1987. Readers as writers composing from sources. *Reading Research Quarterly* (24): 7-26.

Wright, R. & S. Rosenberg. 1993. Knowledge of text coherence and expository writing: A developmental study. *Journal of Educational Psychology* (85): 152-158.

戴健林、莫雷，2001，谈写作构思过程的教学设计与实践，《课程·教材·教法》（1）：26–28。

范琳、朱立霞，2004，国外写作构思心理研究的进展，《外语教学》（7）：65–70。

李爱萍、王中锋，2006，Presentation在ESL课堂上的应用，《现代远距离教育》（1）：31–33。

李松涛，2005，中西思维模式差异对大学生英语写作中语篇组织的影响，《外语教学》（3）：52–55。

连淑能，2002，论中西思维方式，《外语与外语教学》（2）：40–46。

文秋芳，2011，《二语习得重点问题研究》。北京：外语教学与研究出版社。

张丽华，2004，美国课堂中口头报告的启示，《辽宁师专学报》（社会科学版）（3）：83–84。

行动研究

跨校行动研究项目中教师反思
能力变化的自我研究

冯晓霞

北京化工大学

提　要：本文首先简要介绍反思性实践的教师发展模式，回顾近年来国内外对教师自然状态下反思实践的研究以及通过干预性项目促进教师发展反思性实践能力的研究。之后笔者采用自我研究方式，结合反思性实践的有关文献，分析自己在参与"北京市高校英语教师互动发展团队建设"项目期间的 10 篇反思日志，展现在项目不同阶段，笔者反思日志在表层特征及三个维度深层特征上的发展变化：笔者写作态度与心理、反思日志的内容、教师的反思与实践，总结出笔者在项目期间反思能力发展的历程，以此证明该项目促成了教师反思能力的培养和发展。

关键词：大学英语教师；跨校项目；反思性实践；自我研究；反思日志；反思能力变化

1. 引言

　　20世纪80年代以来，教师教育与发展开始成为国内外外语教学与研究领域关注的焦点之一。该研究的兴起源于课程改革的现实需求、教师专业化运动的推进和新兴社会科学理论的影响（吴一安等，2007）。在教师发展的内涵上，Fullan 和 Hargreaves（1992）认为，教师发展应包括其知识和技能的发展、自我了解和生态改变三方面。Evans（2002）则认为教师发展最根本的是教师态度上的改变和专业表现的改善。Gabriel 和 Maggioli（2003）强调，教师专业发展是教师自愿参与的、持续不断的学习过程，目的是使教师通过学习来调整教学，以适应学生的学习需求。它也是教师自我反思和不断演变的过程。关于教师专业发展的模式和途径，他们认为传统的教师短期进修班虽然可以传递理论知识和信息，但不能有效促进教师将理论知识运用到课堂实践。

Wallace（1991）较早就质疑过传统的教师培训机制，并提出外语教师的反思性实践模式。其核心是教学实践与教师反思交替进行，教师借助理论知识与经验知识的相互作用，促成自身专业能力的发展。反思方式主要分为两种：一是教师个体对其教学行为等的反思；二是在合作环境下同事、同行的协作性反思。反思教学的具体途径有撰写教学反思日志、同行听课、作行动研究、建教学档案袋等。国内研究者（甘正东，2000；高翔、王蔷，2003）对反思教学的思辨研究曾指出："反思教学是促进外语教师自身发展的有效途径。"此后一些研究者对自然状态下高校英语教师的自我发展进行实证研究，例如王俊菊、朱耀云（2008）和程文华（2010）采用个案研究法，分别对一到两位大学英语教师的教学日志进行质性分析，得出以下结论：教师发展很大程度上取决于教师积极主动的反思意识，反思是教师学习的重要方法；教师的反思日志丰富了教师的实践知识与教学观念，促使教师获得专业发展。

除对教师自然发展的研究外，国外学者如Borko和Putnam（1996）以及Borko（2004）等以反思性实践或教师职业共同体为理论框架，先后进行了多项促进教师发展的干预性项目研究。国内的类似干预性项目也尝试以多种方式创设有利教师学习和发展的条件，促进教师发展。代表性研究有：吴宗杰、黄爱凤等（2005）的"RICH课程与教师发展"研究，探索在RICH新课程开设的实践过程中，教师们共同合作构建起校内学习共同体，产生和分享教育知识和学术成果；孟春国（2005）报告了他利用日记、交谈、小组会议和行动研究4种反思方式，协助四位乡村英语教师开展反思教学的案例；文秋芳和任庆梅（2011）阐述了在其构建的"基于课堂关键问题研究的教师—研究者合作发展共同体"中，四位一线教师如何在团队的专业引领和同伴互助下，通过行动研究、团队活动、反思日志等方式，逐渐提升其教学能力及教学研究能力，并完成四篇教学研究论文的过程。

2. 研究问题

在上述研究基础上，为延续研究者与教师互动发展的成功合作模式，促进不同高校更多教师的职业发展，2011年3月至2013年1月，文秋芳主持开展了由北京市6所院校50余位大学英语教师（其中笔者学校8位教师）参与的"北京市高校英语教师互动发展团队建设"项目。笔者作为一线教师全程参与项目，深切感受到项目期间，自己经历了从职业生活到个人生活的变化和发展，尤其是自我反思能力的发展。

2009年起，笔者与一位同事开始承担新教材试点班《新标准大学英语》的教学工作，同事提议以此为契机一起尝试做科研。因为找不到研究问题，两人商议从记教学日志开始，反思自己的教学实践，从而寻找研究问题。但当时两人都不了解自我反思的方法，直至2011年一轮教材教完，笔者也从未写过反思日志或从事任何教学科研活动。

在上述项目中，参与教师在每次大团队会议后（共12次，其中项目启动会议和结项会议均为全天，时长约7小时，其余10次会议每次3小时，会议时长共计44小时），必须按时提交反思日志。区别于自然状态下教师个体对自己教学的反思，该反思的对象和内容不再局限于教师本人。在由本校8位教师、同行40多位教师和2位专家共同组成的教师团队中：首先，在项目前期和中期，笔者得以观摩本校教师（含笔者）和其他5所院校代表教师共18人次、基于大学英语教学中不同主题和任务的教学录像，并先后在校内团队会议和跨校大团队会议中参与讨论，集体反思教师们在教学实践中面临的教学困惑和难题，并联系自己的教学实际完成反思日志；其次，在项目中期和后期，教师们针对自己教学中某个亟待解决的关键问题，制定并实施行动研究计划，之后自己总结行动研究过程，撰写科研文章，笔者得以比照自己的日常教学、科研计划和职业发展，逐渐进入深层次个人反思。

为证实该项目对一线英语教师发展的促进作用，笔者在本研究中将自己作为研究对象，采用质性的教师自我研究方式，期望能解答以下问题：在该合作项目中，笔者作为一名大学英语教师，如何逐渐形成和发展了反思能力？反思能力的发展体现在哪些方面？本研究的数据为2011年至2013年项目期间笔者的第一手资料，包括：（1）项目期间笔者完成的正式书面文件：跨校大团队会后的个人反思日志（最重要数据）、校内团队轮值会议记录；（2）笔者的其他非正式书面资料：跨校和校内会议笔记、教学随笔和日志等。

3. 理论简述

Dewey（1933）对反思较早进行了系统的介绍，提出反思是"对于任何信念或假定的知识形式，依照其依据及进一步结论，进行主动、持久、周密的思考"，认为反思是认识主体进行的主动、深入、全面、科学的思维过程。Boyd 和 Fales（1983）突出强调"自我"在反思中的地位，将反思定义为："创建和澄清过去或现在经历对于自我的意义（自我与自我、自我与世界相联系）的过程，这一过程的结果是变化的概念性视角。"

Kim（1999）把反思分为3个阶段：（1）描述性阶段（descriptive phase），反思个体对经历的事件进行描述，反思成果是事件的叙述或描述记录。在该阶段反思个体并未真正形成个人反思能力。（2）反思性阶段（reflective phase），反思个体对情境、理论、个人目标等进行反思性分析。反思成果一是形成自我意识，二是对实践过程和理论应用形成个人知识。（3）解放性阶段（emancipatory phase），反思个体对实践中的冲突、矛盾和不一致等进行批判，开始寻求改变和自我解放。反思成果一是实践中的学习和改变，二是自我批判和解放。

4. 研究发现

在整理数据的过程中，笔者回顾从决定参与到项目结束，自己在项目前期、中期和后期不同阶段的个人发展历程，笔者对项目期间10篇日志采用质性的内容分析法，先理出各篇的关键信息，再进一步归纳范畴、整理信息、分析数据，目光逐渐聚焦到日志折射出的3个维度的变化：（1）日志写作态度和感受；（2）日志内容和特点；（3）反思与实践发展。并初步认为反思能力的发展大致经历了3个阶段：（1）描述性阶段：被动反思为主，未形成反思意识和能力；（2）反思性阶段：理解和接受反思任务，初步形成反思意识和能力，并对自己的教学和职业规划等主动进行反思；（3）解放性反思初级阶段：自我反思意识和行为推动实践行动，主动寻求更多的学习机会，实现个人的职业发展。

4.1 参与动因

笔者是一名在某大学外语部工作16年的女教师，学历为翻译学硕士，讲师职称。项目启动前，笔者在所在学校的动员会后主动报名参加，主要出于以下几点原因：（1）科研需求和压力。高校教改后对外语教师评职称和上岗增加了科研要求，但由于笔者本科和硕士课程中缺乏应用语言学理论和科研方法的系统学习，科研基础相对薄弱，曾尝试动手做科研但苦于无处着手。（2）教学困惑。虽从事教学工作多年，但在不断变化的教学环境中难免遇到各种困难，在如何解决问题上有一定盲目性。（3）工作轻度倦怠。入职多年后，教学工作客观上存在的重复性让笔者时常产生工作无价值感。

4.2 日志表面特征

初步整理在项目三个阶段，笔者在每次大团队会后撰写的个人反思日志（共12次会议，10篇日志，项目热身和结题活动不要求教师撰写反思日志），从表1中可清晰看到其字数变化：项目前期的3篇日志字数分别为652、508和526，平均字数为562；中期的4篇日志平均字数为852；而后期的3篇日志平均字数则达到1322.7。三个不同阶段中笔者反思日志的字数逐渐增多，其中前5篇的字数在500到700字之间；而后5篇则均在1000字以上。

表1 日志基本数据

时间及项目阶段	日志基本数据
项目前期 2011–09至2011–12	共3次（2011–10–22，2011–12–03，2011–12–30） 3次日志字数 = 652，508，526 平均字数 = 562
项目中期 2012–02至2012–06	共4次（2012–02–28，2012–04–03，2012–04–29，2012–05–26） 4次日志字数 = 569，602，1203，1034 平均字数 = 852（较项目前期日志平均字数增加290字）
项目后期 2012–09至2013–01	共3次（2012–10–14，2012–11–17，2012–12–15） 3次日志字数 = 1310，1512，1146 平均字数 = 1322.7（较项目前期日志平均字数增加760.7字，较中期增加470.7字）

4.3 日志深层特征

4.3.1 写作态度和感受

项目前期，笔者处于"被动反思阶段、消极感受为主"。其写作态度是"要我写"，即为完成规定任务而写，不理解写日志的真正目的、方法和意义；写作时常感觉思路不畅，无内容可写，有过一小时仅敲了几行字，担心无法交差只好把字体放大的经历。

项目推进到中期，开始体验到积极的心理感受：虽然写日志时依然感觉不得法，对以往教学的检讨比重较大，但自我分析时已渐趋理性，肯定自己在项目中的发展，并开始审视外语教师职业，思考如何在项目中实现科研起步的目标：

> 从短短一年的项目中，看到了从事教学科研必备的一些品质（详细从略）……欣喜地看到，自己在这一过程中的变化：（1）开始重新理解和定义优秀外语教师的品质，并改变了原有的较为狭窄的理念……（3）开始体会到作为优秀教师，领导能力和管理能力同样不可或缺。（有感于文老师对这一项目的科学化管理。）（2012-05-26）

在项目后期，充分体会到由项目入手，在与同行同事的教学分享和科研合作中，学会对别人作客观评价、体验对自己作有效反思的乐趣，因而心理感受是：首先，不再把写日志当成任务，而是将其视为对大团队会上由专家引领、与同行同事互相学习的宝贵经历的总结和提炼，是教师个体在职业共同体的有利发展环境中，最终实现个人实践性知识生成的过程。其次，随着项目渐近尾声，笔者开始格外珍惜这次难得的集体学习经历，每次写日志时都有"言无不尽"的交流渴求，写作态度转变为"我要写"，希望能把稍纵即逝的思绪和想法留作文字，既为这次职业经历做好记录，也方便日后整理时获取新的灵感。

本阶段第2篇日志：

> ……第一次写自己科研文章的过程，实在艰难，但也许成长的过程原本如此，需用心、用脑、用力，才有机会收获艰辛付出后的甜蜜成果。看到一本名为 *The Craft of Research* 的书的介绍，提到环形的研究过程：思考—写作—修订—重新思考，以及研究的各个环节：寻找研究问题、收集资料、组织论证、起草初稿、修改润色，深感在从教师成长为研究者的过程中，需要亲手操练才能逐渐上道吧。（2012-11-17）

其中"艰难"、"艰辛付出"等字眼揭示出笔者初涉科研经历的痛苦，但从"也许成长的过程原本如此……深感在从教师成长为研究者的过程中，需要亲手操练才能逐渐上道"。可以解读出，为实现职业发展目标，笔者在调整心态，促使自己理解和接受科研的循环过程。

4.3.2　日志内容和特点

1）项目前期

在项目前期，笔者3篇日志的突出特点是字数少、语言笼统、写作套路化。例如第一次的日志："……备受启发……；我们可能在录课和评课时，略显广度有余，深度不足……"（2011-10-22）；该阶段日志内容以叙述或描述事实为主，大多是概述会议流程，类似会议记录："本次会上，首先通过文老师所作的跨校团队活动进展介绍，了解了同行院校的具体做法和关注焦点；其次在文老师指出下一阶段的活动重点后……"（2011-12-03）。日志的语言特征和内容显示，笔者的反思处于"描述性阶段"，日志内容不具备真正意义的反思，缺乏深入理解和思考。

2）项目中期

在项目中期，4篇日志的前两篇依然字数较少、内容单薄；但后两篇字数明显增多，内容也不再局限于陈述事实。依次阅读以下4篇日志的摘录和分析，可大致看出笔者在该阶段逐渐摆脱了第一阶段的被动态度和感受，开始由"描述性阶段"进入"反思性阶段"：初步形成自我反思意识和能力，逐步学习对自己和同行教师的教学、团队合作项目、自身职业发展等深层问题进行独立思考、分析和判断，形成理性的自我意识以及个人职业发展的目标和动力。

按照日志先后顺序，笔者经历的反思能力和意识的发展变化描述如下：

第一篇：初步产生反思意识。对以往自然状态教学反思的有效性进行反思，并思考应采取的举措，开始为反思后的实践行为进行规划。

> 反观自己，虽然也有着自我反思、自我纠正和自我提高的职业习惯做法，也有志于成长为一名优秀的教学从业研究者，但到目前为止，还没有找到自己的研究问题重点，更没有形成自己的独立行动研究项目方案。目前的迫切需要是……（2012-02-28）

第二篇：写作条理性增强，思考深度增加。本篇日志开始将反思内容列为课堂教学和职业发展两大部分。其一，对教学的深层思考增多：

> 在课堂教学中，无论是lead-in还是学生的课堂展示，总的目的应都是有效调动学生学习语言的积极主动性，使学生真正成为英语学习的主体；为实现此目的，老师应充分发挥其主导作用，平衡好课堂上老师讲解语言知识/单元背景知识与学生参与活动、进行语言实践之间的关

系，大致把握好每次课的教学目标、教学任务、教学手段和教学策略，并在课堂教学的动态环境中，及时作出正确决策，使课堂教学更趋合理高效。（2012-04-03）

其二，在职业发展上，开始思考如何利用跨校合作的平台，动手做科研：

> 为实现教师的自身职业发展，除充分利用好这次宝贵的跨校合作机会，从每月的大会上与文老师和同行老师的交流中吸取知识和经验外，还应借助本校团队合作的平台，反思自己的教学习惯做法和内化的教学理念，分析课堂教学的实效，找出需要解决的问题并制定具体执行计划，逐步优化自身教学；另外，在自己的感性认识较庞杂，明显缺乏聚焦和思路的条理性时，应先把思路大致梳理成几个可执行方向，再去查找相关的文献……

第三篇：日志框架清晰，思路继续拓展和加深。首先，将反思内容分为录课及讨论、行动研究计划、其他个人感悟三大块，再分列要点阐述；其次，对同行录课和科研计划的评价显示了自己对外语教学、教育的独立判断和分析能力；第三，开始深入思考自己的课堂教学和教师职业，显现出自我发展意识：

> ……参与这一项目后，深刻体会到要成为一位优秀的外语老师，实现个人职业发展，要时时处处做个有心人：第一，抓住一切宝贵的学习机会；……第三，更要扎根课堂，观察自己和同行老师的教学，试图分析课上教学行为和选择背后的理念，在自己的日常教学中，要养成随时记录教学心得并定期整理相关数据的习惯，对自己进行不断反思，从而建构自己的知识体系。（2012-04-29）

最后概述了自己萌生的科研计划："最近也在翻读一些教师发展的书籍，希望能做一些关于这方面的科研起步工作的尝试，初步计划作叙事研究，将身边合作小组的两位老师作为研究对象……"

第四篇：思考维度增加。日志包括了5部分：（1）项目中人员变更和对项目意义的认识；（2）总结项目中领会到做教学科研的必备品质；（3）项目中自己的变化和欣喜心情；（4）总结跨校职业共同体中的收获；（5）项目对自己职业生活以及个人生活的积极影响。

> ……有机会看到同行众多老师的真实课堂教学场景，这也是学习经

验、交流困惑和启发思考的最佳手段。迄今，我们已覆盖了英语专业、商业外贸和大学英语三类学生和教学模式、入学程度和专业背景各不相同的学生；不同课型含听力、阅读、演讲、听说综合课、写作课；不同教学环节如导入、词汇讲解和文章结构分析；英语教学的内容如基础知识的传授和技能的培养、四级应试技巧的讲解、人文知识和全人教育、学生批判性思维能力培养。所有这些无疑给自己的教学行为和思考带来更多启发性视角。"（2012-05-26）

3）项目后期

反思能够有效帮助教师将理论与实践结合，并发展成更具自主性和个人驱向发展的教师（Jasper，2003）。本阶段的3篇日志，除延续第二阶段日志结构清晰的特点，采用会议要点和个人感悟计划分列的模式之外，内容关注点逐渐转向科研文章写作和自身职业发展。

第一篇日志，概述会议中行动研究样文的学习、项目组两位老师提交文章的讨论要点及自己的思考后，转到自己文章写作的困难以及向文老师请教后的下一部计划；第二篇日志，因会上讨论老师提交的两篇文章时，采用对比阅读方式，日志为展现两篇文章的不同特点，也按照其结构，列表展示会上的讨论要点，并附上总结及思考。

第三篇是本项目最后一次日志，内容依次为：首先，对该阶段进行总体评价：

名师引路：作为参与教师的一员，深感在本阶段——指导一线教师论文写作的工作中，文老师采取的策略和方法具有科学合理性和循序渐进性。

其次，对做科研的困难及原因的分析："（1）科研素养和基础的制约，导致研究问题一直处于思路模糊、不聚焦状态。（2）工作和生活的平衡支点问题。"最后，是对项目后职业发展的规划：

（1）科研起步不易，切忌太功利，只图职称，今后应将其视为个人整体发展的一个重要环节，坚持长此以往，才有可能小有心得，偶有收获，使自己和学生都能学有所得。（2）1月赴美后，要利用好学习机会，找可能参与或合作的科研项目，多取经多实践。（3）工作中多拓展学习和合作的职业共同体圈子，在本单位和同行中多建立起合作关系，使学习和发展的各种途径同时也能成为人际拓展的渠道。三人行，必有我师。（4）教学科研是一项事业，需要持续的热情和不断的投入。需管理好自己的时间和生活，才能终有所为。

笔者认为，该阶段三篇日志显示出，为实现科研发展目标，笔者积极向专家请教、向同行教师学习；督促自己在思想上对科研和教学重新认识；设立项目后的个人任务；寻求职业群体的依托和合作。这些发展意识的表现和做法，可以初步证明笔者的反思已开始进入解放性阶段，但由于其反思缺乏对实践中的冲突和矛盾等的批判，因而只是解放性阶段的初期。

4.3.3　反思与实践发展

反思性实践指教师对工作持分析态度，不断分析、讨论、评价、改变和发展教学实践的过程（Coyle，2002）。该项目的目标之一是通过行动研究和集体学习培养教学研究型教师。成为教学研究型教师，首先要求教师要养成反思性实践习惯，学会对教学不断进行反思。熊川武（1999）认为，反思性教学具备三个特征：以探究和解决教学问题为基本点；以追求教学实践合理性为动力；以师生共同发展，即学生"学会学习"与教师"学会教学"为目标。

参与项目后，笔者在2011年秋接手2011级新生时，开始形成记教学日志的习惯，记录每次课上学生的课堂展示概要及问答环节中师生、生生互动情况，课后写教学重要记事及反思。项目期间，笔者尝试进行行动研究，采用多种评价方式（即教师评价、同伴评价和自我评价）提高学生课堂报告的有效性，研究历时3个学期（2011年9月—2012年12月），具体方案依次为：第一学期以教师演示和指导为主，教师详细解释课堂报告的具体要求和评价标准，引领学生学习，学生可自愿报名，教师在报告后当场作出评价并邀请学生提出建议；第二学期为全体学生参与，教师评价和同伴评价相结合，每次请四位学生担任评委并给出评价、建议和评分，四位评委和老师打分的平均分记为报告学生的部分期末口语成绩；第三学期改为教师评价和学生自评（基于自评标准并完成反思报告）相结合。

要求学生进行自我反思，是笔者有感于反思习惯的建立对教师自主学习的作用，开始思考在英语教学中引入这一学习方法，培养学生的反思学习能力。从2012年秋季学期，开始引导学生对课堂报告全过程进行反思（报告前：小组内分工合作、资料搜集整理、展示材料的准备、展示前预演及修改调整；报告中：发言人的语速、语音语调、沟通技巧、回答提问的事先准备、现场组员配合和应变；报告后：个人自我评价及后续计划）；同样也是有感于项目的专家干预机制促使自己实现前所未有的职业成长，开始采用报告前的教师干预机制，要求学生提前一周将展示的PPT发至教师邮箱，然后师生在课后进行当面沟通，教师给出意见、建议，以便学生课堂展示达到更好效果。

5. 结语和讨论

此项教师自我研究支持以往关于教师反思性实践的研究成果，认为学会反思是教师在职学习与实现持续发展的必要条件。但反思意识的培养和能力的发展，有其自然的发展阶段和规律。回顾自己反思能力的发展，可追溯到2009年就曾萌生但未能实现的反思愿望。而在此项目期间，笔者借助专家引领、与同事和同行合作的助力，通过参加跨校大团队和校内团队的定期会议，完成大团队会后的反思日志和校内会议的轮值记录、组内成员互相观课、笔者进行自己的行动研究等多种实践活动，依次经历了描述性、反思性和初步解放性三个不同阶段的发展过程，培养并发展了自己的反思能力。

笔者期望此项研究：（1）能够利于笔者回顾自己在项目中反思能力的发展轨迹，为终身职业发展打下基础；（2）使教师教育者看到一线教师解读自身第一手数据的研究和发现，给教师发展的研究增添教师自我研究的视角。但由于自我研究本身的主观性，本研究不可避免地存在较大探索性和争议性。笔者期望在以后的相关研究中可以尝试对本校参与项目的两到三位教师进行案例分析，使研究结果和发现更具可靠性；笔者也希望能以此研究为起点，与有相似经历的同行教师们共勉，不再视研究为畏途，从实际课堂教学问题或教师自我研究入手，在科研实践探索中不断学习和提高，为教师发展的理论和实践做出自己的微薄贡献。

参考文献

Borko, H. 2004. Professional development and teacher training: Mapping the terrain. *Educational Researcher* 33: 3-15.

Borko, H. & R. T. Putnam. 1996. Learning to teach. In D. C. Berliner & R. C.

Calfree (eds.). *Handbook of Educational Psychology*. New York: Simon and Schuster. 673-708.

Boyd, E. & A. Fales. 1983. Reflective learning: The key to learning from experience. *Journal of Humanistic Psychology* 23 (2)：99-117.

Coyle, D. 2002. The case for reflective model of teacher education in fundamental principles. http://webct6.is.nottingham.ac.uk/webct/entryPage.dowebct (accessed 13/09/2005) .

Dewey, J. 1933. *How We Think*. Madison, WI: University of Wisconsin Press.

Evans, L. 2002. What is teacher development? *Oxford Review of Education* 28 (1)：123-137.

Fullan, M. & A. Hargreaves. 1992. *Understanding Teacher Development*. New York: Teachers College Press.

Gabriel, H. & D. Maggioli. 2003. Professional development for language teachers. http://www.cal.org/resources/digest/0303diaz.html (accessed 30/06/2013) .

Jasper, M. A. 2003. *Beginning Reflective Practice: Foundations in Nursing and Health Care*. Cheltenham: Nelson Thornes Ltd.

Kim, H. S. 1999. Critical Reflective Inquiry for Knowledge Development of Nursing Practice. *Journal of Advanced Nursing* 29 (5): 1205-12.

Wallace, M. J. 1991. *Training Foreign Language Teachers: A Reflective Approach*. Cambridge: Cambridge University Press.

程文华，2010，教学日志在教师学习中的中介作用研究，《山东外语教学》（4）：24-29。

甘正东，2000，反思性教学：外语教师自身发展的有效途径，《外语界》（4）：12-16。

高翔、王蔷，2003，反思性教学：促进外语教师自身发展的有效途径，《外语教学》（2）：87-90。

孟春国，2005，外语教师反思与专业发展案例研究。硕士学位论文。南京：南京师范大学。

孟春国，2011，高校外语教师反思教学观念与行为研究，《外语界》（4）：44-54。

芮燕萍，2011，《大学英语教师专业发展状况实证研究》。北京：国防工业出版社。

王俊菊、朱耀云，2008，师生关系情境中的教师学习——基于叙事日志的个案研究，《外语教学与研究》（4）：287-292。

文秋芳、任庆梅，2011，大学外语教师互动发展新模式下一线教师的专业成长，《中国外语教育》（1）：22-24。

吴一安等，2007，《中国高校英语教师教育与发展研究》。北京：外语教学与研究出版社。

吴宗杰、黄爱凤等，2005，《外语课程与教师发展》。北京：人民教育出版社。

熊川武，1999，《反思性教学》。上海：华东师范大学出版社。

善用课堂提问，提高大学生英语课文理解与分析能力

——基于大学英语精读教学课堂提问的行动研究

孙　绯

北京化工大学

提　要：提问是大学英语精读课文教学中常用的教学手段之一，但很多提问仅限于课堂，课堂问题浮于表面，未触及文章的深层内涵，学生完全处于被动回答的地位，积极建构课文意义的主动性没有得到充分调动，这样的课堂问答很难实现让学生全面深入理解课文的目的。笔者分别以"课文整体意义"和"段落细节意义"的深入探究为出发点，展开历时一年的行动研究。本研究以语篇分析理论为依据、以学生问题为侧重点，在重新规划设计课堂问题的同时，也加强了课堂问题的课前、课中和课后的管理。

关键词：大学英语；精读教学；课堂提问；课堂问题设计与管理；篇章理解；行动研究

1. 引言

　　课堂提问是大学英语精读教学中经常使用到的教学手段之一。然而简单、随意、缺乏科学设计的课堂提问经常可见，一些实证研究结果也证实许多教师的问题以低水平记忆问题为主，有些教师的问题苍白无力，毫无意义（Gall，1970；Shake，1988；Swift，1988；Wood & Muth，1991；Elmore & Peterson，1996），这样流于形式的课堂问题失去了帮助学生理解教学内容的真正意义，最终导致学生缺乏课堂参与兴趣，教师提问经常遭遇"冷场"的尴尬局面。

　　有效的课堂提问可以鼓励学生思考，帮助学生理解教学内容，使学生在内化语言表述内容的过程中提高自身的认知水平（Donato & Lantolf，1990；Lantolf，2000；Swain，2000）。由此可见，大学英语精读课堂提问不应仅局

限于为学生提供语言输出机会、检验学生语言知识掌握程度，教师也应充分重视到提问的另一层意义：通过提出激发学生思考的问题，促进并深化其对阅读文章的理解，提问、思考、理解这三者在教学过程中是密不可分的，他们以动态的形式相互作用，促进学生认知水平的提高。

1.1 对过去教学中课堂提问的观察与反思

我于2002年开始承担大学英语精读教学工作。工作之初，为改变教师"满堂讲"、学生"被动听"的现象，我在课文讲解过程中加入了每篇课文后的阅读理解问题，以此检查学生课文理解的程度。随着教学经验的积累，我认识到课本问题多局限于文章细节，对课文宏观分析的问题少，于是我尝试从课文整体出发设计一些课堂问题，并以此进入课文学习。但在连续两届学生中，此环节的课堂问答屡屡碰壁，学生参与意愿不强、课堂气氛沉闷、能够正确回答问题的同学寥寥无几。无奈之下我常常只得自问自答完成文章的整体分析。这一环节几乎成了教学中的"鸡肋"，更让我困惑的是，有时即使在课文讲解后提出诸如课文主要内容、篇章结构或写作目的等问题时，学生依然不得其解。

2011年6月我采用访谈的形式调查学生不能正确回答篇章整体分析问题的原因。访谈对象为2010级的大二学生，我从所执教的42名学生中选取出英语成绩与课堂参与情况均有差异的10名同学进行面对面访谈，并对访谈内容进行录音。访谈的问题包括学生的阅读习惯、课文学习重点、对课文整体分析环节的评价、课前预习与课后复习几个方面。通过对学生访谈录音的转写，我发现造成学生不能回答篇章整体问题的原因大致可分为3个方面：（1）过分关注字词的理解影响到学生对于整篇文章大意的深刻理解（Goodman，1967）。学生在过去的学习中养成了逐字逐句阅读的习惯，他们普遍认为课文学习的重点是语言，对课文的内容关注度不高，这一习惯也体现在学生课前预习和课后复习之中。（2）教师提出的问题未能激发学生思考、不具有挑战性，学生没有感觉到课堂问题的深度和意义（文秋芳，2011）。学生的访谈反映出教师在篇章分析时，更多的问题是在考察学生快速查找答案的能力，这些问题没有起到促进学生思考课文内容的作用。（3）教师对提问过程的控制和管理也有待提高。部分受访同学表示不知道如何回答关于篇章整体的问题，在课堂问答过程中，教师并没有给予及时的方法指导，这同样导致了学生参与意愿的减退。

通过上述分析，我意识到在今后的阅读教学中要注意培养学生对于文章内容的理解，包括对文章表层内容和深层内涵的理解。课堂问题的设计和管理也应充分考虑到是否能够帮助学生达到这两个层次的理解。值得提出的是加强学生对于课文内容的理解并不意味着教学中忽视或否定语言知识的学习，语言知识是英语精读教学中的重要组成部分，在教学中本人给予了充分重视，但本次行动研究的焦点是如何通过课堂提问，促进学生积极主动地参与到课文理解之中，因此针对语言知识教学部分在本论文中就不再赘述。

1.2 课程安排及授课对象

我校大学英语精读课程是一门综合英语技能课，教学目标是培养学生的综合英语技能，主要是读、写方面的技能。该课程每学期上16周课，每周授课4学时/2次，共计64学时。自2012年起英语精读课首次选用《新标准大学英语·综合教程》（以下简称为《新标准》）为主干教材，每学期选取7个教学单元，大约每两周完成一个单元，其中每单元精讲2篇课文。

2012年9月到2013年6月期间，我的教学对象是2012级国贸、法学试点班的大一学生，两个教学班共计76名学生。进入试点班级的标准是新生入学分级考试，在满分为100分的分级考试中成绩在60分以上的学生会入选试点班。这两个班级学生的构成在每学期末会根据学生期末英语成绩排名在专业内部进行调整。较好的语言基础和竞争的压力让试点班的学生整体上具有较强的学习动机，因此，大部分同学能够积极配合老师的课堂教学，课后也能够及时完成教师布置的学习任务。

2. 行动干预第一阶段：以意义探究为基础，课文整体分析过程中问题的设计与管理（2012年9月—2013年1月）

2.1 行动设计

（1）转变学生的阅读习惯。学生自下而上的阅读习惯是多年养成的结果，转变学生阅读习惯同样也需要相当长的一个过程。在这个转变的过程中，教师需要在与学生沟通和交流中向学生介绍篇章内容对于阅读的重要性。在沟通的基础上，通过课堂问题引导学生有意识地运用自上而下阅读的方法，让学生在实践中感受到这种阅读方式对于整体掌握文章内容和结构的明显优势。

（2）提问自上而下，引导学生理解文章的主要内容和结构。很多关于篇章教学的文献都提出在篇章教学中采用宏观结构分析的方法，即通过对课文的结构分析引导学生从宏观上把握语篇的内容和作者的写作意图（Widdowson，1978；胡壮麟，1994；胡曙中，2005；鲁忠义、彭聊龄，2003）。在课文教学中，我以此为理论依据设计自上而下的课堂问题，主要从文章结构和内容两方面设问，包括篇章结构、主题思想、发展思路、写作意图等（胡壮麟，1994），值得注意的是，文章结构的分析是为了更好地帮助学生把握文章的内容。

（3）设计综合分析问题，推动学生挖掘文章深层涵义。课文宏观结构分析有助于学生了解课文的表层内容，如文章主题以及主题拓展方式，但这些问题未触及文章的深层次内涵。因此，我在篇章结构分析的基础上提出深度阅读问题，引导学生利用分散在课文各处的信息点去分析、总结、重新阐释或作出推论（Dantonio，1990；Walsh & Sattes，2009）。

（4）管理提问过程，促进学生课堂讨论的参与性。改善课堂提问过程的组织和管理让不知如何作答的同学在课堂上也能有所收获。其中包括：①创造同伴相互学习的机会。在课堂讨论中引入对子和小组讨论的形式，让学生全班作答之前首先相互学习，汇集不同思考方式（John & Johnson，1989）；②利用追问让学生反思自己的回答。答案不分对错，让学生说出自己如是回答的原因，深究他们表层观点背后的思想（Dantonio，1990；Duchkworth，1996；Walsh & Sattes，2009）；③课堂回答后留给学生反思时间，让学生有形成自己理解的时间。

（5）延伸问题至课前、课后，提高课堂讨论的效率。学生课前的预习情况和课后的复习也会影响到学生参与课堂回答的情况。课前预习可以让学生有备而来，课后复习则是对课堂学习的反思、巩固和加强。我计划采用问题引导的方式，教会学生在预习和复习中如何把握文章的内容。

2.2 方案实施

2.2.1 新生第一节课的介绍与要求

在新生第一节课中向他们介绍本课程的教学目标、教学内容、教学方法与评估手段。在第一节课中明确本学期课文学习的目标：(1)理解和识记语言能力；(2)理解文章内容能力（包括文章表层意义和深层内涵意义）；(3)文章综合分析能力。在此基础上向学生介绍课堂讨论是课文学习的重要教学方式之一，强调学生的收获很大程度上取决于他们的课堂参与度，希望学生做好充分的思想准备，能够以个人、小组和对子的形式参与到课堂讨论之中。

鉴于课堂参与、课前预习和课后复习对于课堂教学效果的直接影响，我将这些因素融入到学生平时成绩评定中，详见表1。

表1　平时成绩构成表

考核内容	分值	具体要求
课堂参与	5%	本学期参与课文讨论的发言次数不少于5次，否则平时成绩依次递减。
课前预习	5%	提交书面预习作业，每学期每人不少于3次。能按时提交且完成质量高的同学可获5分，否则依次递减。
课后复习	5%	提交书面复习作业，每人不少于3次。能按时提交且完成质量高的同学可获5分，否则依次递减。

2.2.2 关于篇章的课堂问题设计与实施

设计篇章整体问题时，我主要考虑到如下4个方面：（1）阅读前对文章的预测；（2）文章整体内容；（3）文章结构安排；（4）文章结构与内容的关系分析。在此基础上，为了保证课堂教学效果，巩固学生课堂所学，我将课堂问题延伸到课前和课后。图1为课堂问题设计与实施的具体思路。

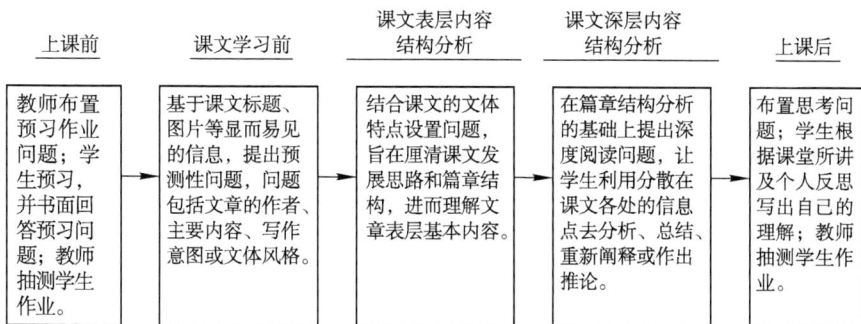

图1　课堂问题设计与实施流程图

每次课文讲解前会留给学生一些问题作为预习作业（详见表2），要求学生课前书面记录自己的回答，每篇课文学习之后，布置同学写作任务，主要是写出文章的主要内容以及学习文章后的启发。我每次会抽取每班8名同学的预习作业或复习作业认真批改，共性的问题或好的观点会在课堂上给予点评。

表2　学生预习作业问题

类别	问题
预测性问题	What predictions can you make from the title? What have you already known about the _____?
文章基本信息性问题	What is the topic under discussion? What do you know about the author from the passage? What is the author's purpose in writing this article? What is the author's attitude towards _____?
篇章结构问题	How is the passage developed? Narrative: What are the settings (problems and solutions)? Argument: What is the main argument (supporting evidence, ways of illustration and conclusion)?

2.2.3 对于文章深层意义的挖掘

课文表层内容与文章深层含义的提问并不截然分开，二者有时是交互进行的。追问就是一种很好的由表及里的方法，以学生回答为基础，利用追问要求学生把自己的回答更加具体化、深入化，如要求解释回答的内容、阐述回答原因，或是为自己的回答找到例证。

横向深入问题也是探究文章内涵意义的一种方式。横向深入问题可以从文章结构与主题发展的关系角度来设置，以《新标准》第一册 Diary of a Fresher 一课为例，根据记叙文的特点要求学生找出文中每个故事的 setting（when，who，where），problem 和 solution 之后，继而让学生思考这几篇日记的结构安排有何不同，作者如此写作的原因。文中前三篇日记作者没有给出任何 solution，通过比较和分析，学生就可以认识到："The author is helpless and at a loss during the first few days, but gradually she finds her way out of the trouble."

纵向深入问题可以通过找到文章的隐含主线来设计。同样以 Diary of a Fresher 一文为例，文中以作者每天所遇到的困难为明确的主线（explicit clue），以这根主线为依托，可以找到文章隐含（implicit clue）的主线，即作者一周内情感的发展和变化。以此为基础，我设计了一系列问题：

（1）Diary is a personal account of what happens each day and it is also an expression of one's feeling. How does the fresher feel each day as seen from her diary? Come up with some adjectives to describe her feelings.

（2）From these adjectives, can you sense the change of her feelings over the first week?

（3）What might be the very reason that brings about the change according to your understanding?

如果提出的深入问题是系列问题，需要注意这些问题贯穿文章整体，紧扣主题，问题之间做到环环相扣，具有内在的逻辑性。这些问题的回答需要运用重新阐释、对比、比较、总结、分析或推论等更高层次的认知能力。

2.2.4 提问前后的思考时间

在回答问题之前留给学生思考时间。思考时间的长短和课堂问答的形式取决于问题的复杂程度。个人独立思考后回答主要是针对相对容易或答案比较明确的问题，对子或小组讨论后回答的方式通常是针对没有唯一固定答案、回答又需要一定分析和推理过程的问题。

课堂上留给学生一定的思考和反思时间，让学生梳理课堂所讨论的内容，养成在整理其他同学回答的基础上形成自己见解的习惯。每次课文整体分析之后，我会留出3分钟左右的时间让学生整理讨论的内容，记录下自己在讨论中的所学、所思、所感。

2.3 观察与发现

本学期学生在课文篇章整体分析过程中的表现明显区别于往届学生：（1）课堂参与度明显高于过去。部分学生最初在课文整体分析时表现得有些茫然，但通过一学期的学习，他们基本都能够加入到课文的篇章分析之中；（2）学生的回答不再是原封不动地照搬课文，从他们的答案中可看到更多的解释、分析、综合等思考成分的存在；（3）课堂回答不再是师生之间的一问一答，同一问题的回答通常有多名同学的参与，不同学生为同一问题的分析提供了不同的视角，课堂中可以感受到同伴间相互学习的魅力。

为了检验本学期自上而下课文分析的教学效果，笔者分析了学生期末试卷中的阅读理解作答情况。阅读文章相当于大学英语3级水平，两篇文章10道选择题，共20分。76名学生的阅读平均分达到14分，在分析具体答题状况时我发现学生回答关于篇章主要内容和作者态度、观点题型的出错率最少，仅有10%，而这种问题是往届学生反映最难、出错率最高的问题，统计结果表明，学生关于篇章整体内容的把握大大优于往届学生，但学生就文章细节的把握与往届学生无明显区别。本届学生中文章细节问题的失误率仍比较多，其中一道细节题的失误率达到了45%。

2.4 反思

通过本阶段的行动干预，我对课堂提问有了更加辩证的认识。首先，在本阶段行动干预的最初阶段，我主要采用自上而下的方式设计课堂问题，但随着课文难度的加深，部分主题句中的关键语言点已经影响到学生的理解，这时自下而上地提问，解决学生语言理解问题就成为了必然。其次，我也意识到课堂提问不仅是一门有据可依的科学，它也是一门需要创造力和灵感的艺术。好的课堂问题，尤其是挖掘课文深层次意义的问题，需要教师真正了解阅读过程，了解学生，在对文章反复斟酌中提出。

通过本次行动干预，学生对篇章整体内容的把握程度明显提高，但学生对于课文细节内容的把握还需要进一步提高。因此在下一步行动干预中主要考虑如何让课文段落细节分析更有成效。考虑到课堂问答能够激发思考的特质，在下一步的行动干预中我将继续沿用课堂问答的形式引导学生理解和分析课文的细节。

3. 行动干预第二阶段：以意义探究为基础，段落处理过程中细节问题的设计与管理（2013 年 2 月—2013 年 7 月）

3.1 行动设计

为了解学生在阅读课文细节过程中存在的问题，在新学期伊始的第一次课上，我留出部分时间让学生针对第一篇课文写出看不懂或有疑问的问题，结合篇章微观分析的语篇衔接和连贯理论（Halliday, 1976；胡壮麟, 1994；胡曙中, 2005)，我对学生提出的问题进行分类，课后我邀请部分同学一起探讨他们读不懂文章细节的原因。通过对学生问题以及与学生访谈内容的归纳和整理，我发现学生提出的问题大致可分为语言、内容和段落结构三个层次，造成他们阅读困难的原因也具有一定的共性，详见表3。

让学生提问的尝试让我了解到学生阅读中的盲点，也让我意识到课文细节处理时更应该针对学生的困惑。课堂处理时教师首要考虑的是如何帮助学生解决困惑，以此为目的，针对课文细节的提问就不仅仅是为"理解而提问"，还应包括"为帮助找到理解困惑的方法而提问"。

在重新定义课文细节提问的内容和提问的视角之后，我需要考虑如何使课堂提问更具有效度，更有助于学生解决困惑。我尝试根据学生提出问题的类型确定相应地阅读课堂提问的方法（Nuttall，2005），尽量保证提问方法的多元化，通过不同的提问方法，力图培养学生不同的能力，详见表3。

表3　学生阅读问题分类以及课堂提问方法

学生问题的分类	产生问题的原因	课堂提问方法
针对文章语言的问题	1. 复杂的词语或语法结构； 2. 缺乏相关修辞手段的知识； 3. 不理解文章的隐含意义。	理解字面意义的问题 重组或重新阐释性问题 推理性问题
针对文章内容的问题	1. 缺乏相关文化背景知识； 2. 缺乏文章主题所涉及的相关背景知识； 3. 不认同作者提出的观点。	评价性问题 评论性问题
针对段落之间、段落内部结构的问题	1. 不理解段落之间的逻辑关系； 2. 不理解段落内部的逻辑关系； 3. 质疑文章的写作方法。	分析性问题 评论性问题

3.2　方案实施

3.2.1　学生预习作业的细化

在上学期预习作业的基础上，本学期预习作业中加入让学生列出各段阅读中的具体问题，3—4人为一小组，按照表4的要求共同填写，每个问题的后面注上提问者的名字。预习作业要求在上课前一天中午以邮件形式发给我。本学期书面预习作业的分值和评定方法与上学期基本一致，仍占总评成绩的5%。

表4　学生课前预习作业

Main idea:			
Structure	Part 1 (para. ___ ~ para.___): Part 2 (para. ___ ~ para.___): Part 3 (para. ___ ~ para.___): ...		
para. Questions	Language	Content	Structure
para. _____			
para. _____			
para. _____			
para. _____			
para. _____			

3.2.2 基于学生预习问题的课堂问题设计

　　学生的预习作业、文章各部分篇章结构和内容特点等因素会影响我对课文各部分细节处理侧重的决策，通常每篇课文的侧重主要包括3个方面：（1）理解课文语言层面；（2）理解和分析课文细节内容层面；（3）理解和分析段落内部的逻辑结构层面。文章各部分细节处理侧重的不同，决定了不同的课堂提问视角。

　　1）理解课文语言层面的细节问题设计。设计问题前教师首先需要考虑学生不能够理解课文语言的原因，另外提问时尽量能够把语言问题与课文的内容有机地结合在一起，以《新标准》第二册第四单元Making the Headline一课为例：

　　　　It isn't very often that the media lead with the same story everywhere in the world. Such an event would have to be of enormous international significance. <u>But this is exactly what occurred in September 2001 with the terrorist attack on the Twin Towers of the World Trade Center in New York.</u>

It is probably not exaggerated to say that from that moment the world was a different place.

　　画线部分是本段中学生疑问最多的句子，句中没有生词，句子结构也不复杂，学生的困惑来自于"this"的指代问题，本句的难点在于this指代的不是与它直接相连的前一句话，而是指代本段的第一句话，即主题句。因此，我设计课堂问题时首先让学生联系文章标题（Making the Headline）找到本段的主题句，在此基础上让学生判断"9·11"恐怖袭击事件与主题句的关系，在此启发和铺垫之下，最后让学生说出this在文中所指。

　　2）理解课文内容层面的细节问题设计。对课文内容不熟悉或对文中观点不认同是学生不理解课文某些细节内容的主要原因。针对此类问题，我主要从调动学生过去的知识和经验出发，设计一些互动性问题，如让学生举例、解释或评价文中内容。如上文的第四句话，有学生提出"Why was the world a different place from that moment?"为了让学生理解这句话的内容，我采取让学生列举出"9·11"之后世界发生的重大变化，以此来解决学生的疑惑。

　　每篇文章中都有部分内容可以提高学生分析问题的能力，如Making the Headline一文中后半部分提到了今后媒体发展趋势。为了保证在课文细节讲解过程中的讨论问题也能做到有主有次，我在处理文章后半部分时设计了两个综合性的问题。问题包括两个层次：第一个层次是让学生从课文中找出作者对今后媒体发展趋势的观点，保证学生对课文的理解；第二个层次是要求学生结合自己的经验对作者的观点进行评述，解释自己赞同或反对的理由。后一个问题是希望学生在分析的基础上形成自己的观点。这部分问题我会要求学生课堂上记录重要观点，课后整理自己的思路并撰写成一篇文章，以此作为课内讲解的延续。

　　3）理解段落之间、段落内部的结构层面的问题设计。文章段落之间、或文章段落内部结构问题同样也离不开对于文章内容的探究。解决学生对此的疑惑，课堂问题同样包括两个层次，其一是要学生能够找出本部分的核心思想和重要细节，其二是要学生在分析的基础上明确重要细节之间的关系，进而理解文章的段落组织结构。当然，如果作者的写作方法值得商榷，课堂问题的设计要留给学生质疑、批判的权利。

3.3 观察与分析

在学期末，我采取开放式问卷调查的方式了解两个班共计76名学生对于教师提出课堂问题和课堂讨论形式的看法，以及他们对本学期课程的评价。问卷分析结果显示，74名同学认为教师的课堂问题数量适中，课堂问题可以激发思考、帮助理解课文；课堂讨论是一种很好的形式，有助于师生之间的交流。2名同学认为课堂讨论有些浪费时间，但他们仍然对课堂问题激发思考、帮助理解课文方面表示了认同。这两名同学中的一名性格比较内向、不愿意与人交流，另一名英语基础较好，认为课文内容过于简单不值得讨论。

学生对于本学期的课堂教学方法表示了认可，学生们感受到了自身在阅读的技巧和方法以及对课文的理解程度上得到了提高：

> 这学期我掌握了一定的阅读理解技巧和方法，如快速把握段落主旨，厘清段落内部结构，这样做让我有效地提升了阅读的速度。

> 通过对作者的写作思路和写作逻辑的分析，我学到了如何更好地写作。

> 从作者的一些句子和段落中读出文章的深层含义而不只停留在单词、短语这一层面。

> 通过对课文的分析和讨论，很多在课堂外没有看懂的片段在课堂上经点拨后有种恍然大悟的感觉。

此外，学生对精读课文的学习提出了新的诠释，他们认识到阅读是扩大知识面的有效途径，也感受到在精读课文的学习过程中自己思维能力的提高。很多同学表示，通过本学期的预习作业，他们"敢于、也学会了提出问题"，在这一过程中养成了独立思考的习惯；在参与课堂讨论的过程中，学生会对课文产生"新的理解"，从课文中"感悟到很多人生的道理"。

整体来说学生对预习作业、问题引导讨论式的教学方法表示了认同，希望老师在今后的教学中继续坚持这种做法，但也对本课程教学提出了宝贵的意见和建议，如：部分学生提出课堂讨论的形式比较单一，只有提问、思考和讨论的形式，建议课堂讨论能够与多种课堂活动形式相结合；另外，由于受限于课堂时间，有时课堂上针对一个问题的讨论不够充分，希望以后的课堂上缩减次要的、细节问题的讨论时间，把这些问题的讨论置于课外，把更多的时间留给主要的、关于课文核心内容的讨论。

3.4 反思

在这学期的课文教学中，教师课堂问题的设计明显更加有层次，课堂问题由粗到细、由表及里。但不可否认的是，课堂问题的设置并不是循规蹈矩、一成不变的，它受到多种因素的影响，如教师的教学才能、教师对课文内容的理解、学生的语言水平及课堂表现等。我在试图规范课堂提问的过程中，越来越深刻地认识到灵活性在课堂问答中的重要性。

通过本学期的行动干预，我也更加深刻地认识到有效课堂提问的关键并不在于设置让学生回答的问题，更重要的是通过课堂问题教会学生解决问题的方法。课堂问题是引导学生通过思考找到解决阅读困难的途径，它更像是一座搭建起思考和理解之间的桥梁，这就是本文之初提到的提问、思考、理解之间的关系，学生只有通过思考才能做到理解，只有懂得如何思考，才能做到触类旁通、举一反三。

诚然，此次行动干预也有很多不足之处，如学生反馈中提到的课堂讨论形式单一、课堂核心问题讨论不充分的问题。这些问题将成为下一轮行动研究的起点。

4. 结语

本次教学行动研究历时两个学期，旨在通过完善精读课堂的提问环节，提高学生从整体到局部理解和分析篇章的能力。在本次行动研究中，我更加明确了大学英语精读课的教学目标，也对课堂提问有了重新的认识。精读课堂的教学目标不仅是教会学生学习语言和阅读的方法，同样重要的是让学生能够理解课文的内容，在阅读中扩大知识面；同时能够促使学生思考课文内容并形成批判性的见解。笔者对课堂提问的认识在行动研究中也得到升华，在行动研究之前课堂提问是"为问而问"，在行动研究第一阶段课堂提问是"为理解而提问"，而在行动研究第二阶段我领悟到了提问的真谛，"为教会学生理解和分析的方法而提问"。

不可否认，课堂提问只是复杂教学环节中的一小部分，有效的课堂问题不完全来自于教师的课前设计，它同时来自于课文、来自于学生、来自于课堂、来自于教师的语言能力和教学能力。学生能否回答出问题也不完全取决于教师问题设计的好坏，学生的课前预习、教师课中的组织与管理同样会决定学生的回答状况。本次行动研究试图在寻找课堂提问的规范性和灵活性之间的平衡点，但这平衡点的把握是需要时间的，需要教师在探索的过程中不断地提高自己的语言素质与教学才能。

参考文献

Dantonio, M. 1990. *How Can We Create Thinkers? Questioning Strategies That Work for Teachers*. Bloomington, IN: National Education Service.

Donato, R. & J. P. Lantolf. 1990. The dialogic origins of L2 monitoring. *Pragmatics and Language Learning* 1.

Duckworth, E. 1996. *"The Having of Wonderful Ideas" and Other Essays on Teaching and Learning*. New York: Teachers College Press.

Gall, M. D. 1970. The use of questions in teaching. *Review of Educational Research* 40.

Goodman, K. S. 1967. Reading: A psycholinguistic guessing games. *Journal of the Reading Specialist* 6.

Halliday, M. A. K. & R. Hasan. 1976/2001. *Cohesion in English*. London: Longman Group Limited/Beijing: Foreign Language Teaching and Research Press.

Lantolf, J. P. 2000. Second language learning as a mediated process. *Language Teaching* 33.

Nuttall, C. 2005. *Teaching Reading Skills in a Foreign Language*. Shanghai: Shanghai Foreign Languages Education Press.

Peterson, P. L., S. J. McCarthey & R. F. Elmore. 1996. Learning from school restructuring. *American Educational Research Journal* 33.

Shake, M. C. 1988. Teaching questioning: Is there an answer? *Reading Research and Instruction* 27.

Swain, M. 2000. The output hypothesis and beyond: Mediating acquisition through collaborative dialogue. In J. P. Lantolf (ed.). *Sociocultural Theory and Second Language Learning*. Oxford: Oxford University Press.

Swift, J. N., C. Gooding & P. R. Swift. 1988. Questions and wait. In J. T. Dillon (ed.). *Questioning and Discussion: A Multidisciplinary Study*. Norwood, NJ: Ablex.

Walsh. J. A. & B. D. Sattes. 2009. *Quality Questioning*, trans. Liu Yan. Beijing:

China Light Industry Press.

Widdowson, H. G. 1978. *Teaching Language Communication*. Oxford: Oxford University Press.

Wilen, W. W. 1991. *Questioning Skills for Teachers*. Washington, D.C.: National Education Association.

Wood, K. D. & D. K. Muth. 1991. The case for improved instruction in the middle grades. *Journal of Reading* 35.

鲁忠义、彭聃龄，2003，《英语语篇理解研究》。北京：北京语言大学出版社。

胡曙中，2005，《英语语篇语言学研究》。上海：上海外语教育出版社。

胡壮麟，1994，《语篇的衔接与连贯》。上海：上海外语教育出版社。

首都医科大学团队行动研究

在专业模式引领下实践大学英语教师
互动发展新途径
——首都医科大学团队总结

郭 晶

首都医科大学

大学英语教师，承载着高校大学英语课程教学主体的角色，肩负着教导学生如何学习，并在探索性教学过程中实现与学生、外语和教育环境最佳磨合的重任；与此同时，在大学英语教学改革进入关键时期的大背景下，一线教师更是改革的重要媒介。因此，探索这个群体的专业发展模式，无论对于提高课程教学质量，还是对于促进教师自身成长都具有十分重要的意义与价值。

2011年5月至2013年1月，我校与北京市其他五所高校共同参加了"北京市高校英语教师跨校互动发展团队项目"，在近两年的专业交流与合作学习中，由北京外国语大学中国外语教育研究中心主任文秋芳教授亲自领衔，各校分别建立了自己的校本团队，并在专业模式的引领下定期开展校本活动，定期参加校际交流，各校团队之间、各团队成员之间以及专家研究者与一线成员教师之间，逐步建立起互信、互敬、互助、互惠的情感与认知互动氛围；参与院校与教师均感到在此项目中获益全面，专业成长显著。

1. 首都医科大学团队的建立与构成

2011年3月，文秋芳教授为各参与院校负责大学英语教学的相关领导与教师做了题为"组建跨校教师合作发展团队"的主题发言，详尽介绍了组建跨校教师合作团队的意义、动因、参与人员、活动开展阶段划分、活动方式以及时间安排等。项目共有六所高校参加，北京市高校英语教师跨校互动发展团队自此正式形成（以下简称跨校团队），与此同时，各成员高校也分别形成了自己的校本教师合作团队（以下简称校本团队），并确定了团队成员与负责人。

六所高校中，首都医科大学是一所北京市重点高等院校，大学英语课程主要面向学校七年学制和本科学制（四年、五年学制）的大一至大三学生开设，并由学校应用语言学系的大学英语教研室全面负责授课工作。首都医科大学团队（以下简称首医团队）的成立遵循项目自愿报名的原则，共吸收了学系8名一线大学英语教师参加，他们不仅熟悉大学英语课堂，更希望针对各自不同的教学困惑寻求专业解答与帮助，成员教师的教龄从一年到十几年不等；职称涵盖教授、副教授、讲师与助教，其中既包括了两位教学管理层人员（学系主任与一名副主任），也有新入职教师。由团队成立不难看出，第一，学系领导对该项目的实施以及团队活动寄予厚望，并给予大力支持；第二，团队成员构成呈梯队化特点，教学年限长、教学经验相对丰富的教师可以为活动提供必要的内容输入，教学年限短或刚入职教师可以为活动提供新鲜的视角与话题；第三，团队将学系几位优秀教学中坚力量纳入其中，他们一般具有5—10年教龄，拥有一定教学成果，精力充沛，对教学问题能够进行全面深入的思考与探讨。

2. 首都医科大学团队的活动与特色

在各个团队定期参与跨校团队活动的同时，项目更加要求各校本团队注重自身建设，保证活动常规化，保证活动质量。校本团队的建设与发展是跨校团队活动能够顺利实施的重要保障，也是跨校团队发展的延伸与最终目标。

2011年9月至2012年6月，首医团队隔周周三下午（13:30—15:30）召开一次团队活动；2012年9月至2012年12月，每月召开一次团队活动。校本团队活动以每次讨论一个选定课堂关键教学问题为主。其中，较受成员教师欢迎、讨论也比较热烈的主题有"如何提高大学英语综合课词汇教学有效性"、"如何对课文进行篇章结构处理"、"如何处理课后练习"等。团队的活动方式参考跨校团队的专业模式，每次选取一段教学录像进行观摩并开展讨论。团队活动注重通过书面记录对活动内容与亮点进行整理与归档，活动鼓励教师记录课堂反思日记与讨论会反思日记，更积极鼓励成员教师参加与项目相关的专题研修班，如"行动研究研修班"、"大学英语教师互动发展团队建设研修班"。团队负责人根据团队开展活动的具体情况撰写当月活动简报，并发送研究者团队汇总与分析。

除了常规的校本团队活动之外，积极配合跨校团队的整体活动安排，召开首医团队"主题发言集体准备会"则是另一项重要的团队活动内容。项目进行过程中，首医团队共参与了四次主题发言：第一次是围绕"how to teach vocabulary effectively"的教学演示与讨论，首医团队成员共同推选了优秀青年教师任雁老师为跨校团队的教学讨论提供教学观摩录像，笔者上台进行教学录像的背景介绍与教学设计分享。第二次是行动研究初步方案的演示与讨论，首医团队延续之前词汇教学的主题，并由团队骨干成员华瑶老师进行了现场演示。第三次是行动研究论文初稿的演示与讨论，笔者基于自己参加项目期间开展的关于口头报告的行动研究为例，撰写了针对行动研究论文，跨校讨论中得到了文秋芳教授的专业点评与其他与会教师们的宝贵意见与建议。第四次是项目总结会上各团队行动研究论文评析。首医团队中的胡滨老师和华瑶老师发分别拿出自己撰写的行动研究论文初稿与其他团队成员进行现场交流，并得到与会专家的指导。

在跨校团队活动中承担主题发言任务，既是发言者个人阐释观点的机会，也是校本团队集体的责任与智慧体现。考虑到跨校团队现场讨论环节进行顺畅与否，在很大程度上受到主题发言质量与所提供材料的影响，首医团队便会格外重视每一次主题发言，团队集中召开若干碰头会，集思广益，分头准备、讨论、修改并润色演示方案，争取为跨校团队活动提供一份值得探讨的素材。以任雁老师的词汇教学观摩课为例，团队分步完成了演示材料的准备：（1）团队核心成员召开碰头会，根据教学实际困惑程度确定了教学演示主题"词汇教学"；（2）接下来的一次团队活动中确定演示教师为任雁老师，她曾代表学系参加学校教学基本功比赛，获一等奖，教学基本功扎实，团队认为她可以胜任教学录像的录制。然后确定授课文章以及授课思路与设计；（3）团队核心成员根据设计好的教学内容分工搜集素材并完成PPT课件的制作；（4）核心成员与任雁老师沟通课件具体细节并敲定授课录制的相关事宜；（5）负责人现场督导完成教学观摩课录制；（6）负责人撰写观摩课背景及设计介绍。

3. 首都医科大学团队的收获与反思

在大学外语教师互动发展新模式的理论基础上，在研究者团队的专业引领与启发下，经过近两年的校本团队建设，成员之间加深了了解，增加了互信，彼此之间形成了互助好学的情感氛围。团队活动也积极影响着教师主动反思教学、改进教学的意识。通过持续开展的专业对话，老师们知晓了如何有效地关注教学，如何科学地反思教学。对于科研，一线教师更是看到了一个能够以教促研、教研结合的研究方向，老师们发现，即使只关注自己的班级，即使只关注某一微观教学技能，只要在教学困惑处、兴趣点或兴奋点方面加强理论学习与输入，加强与同行的切磋交流，在课堂上遇到问题想办法回到课堂中解决问题，不断反思、实践、再反思、再实践，也可以撰写出有发表价值的科研论文，也可以让教学经验转化为宝贵的一手科研资源。

另一方面，校本团队的建设与发展还在继续摸索、调整与创造之中，笔者作为首医团队的负责人，更是对团队建设过程中的困难与挑战感触颇深：

第一，总体来看，跨校团队的活动效果与参与积极性明显高于校本团队。其中一个最直观的原因就是，老师们在跨校团队活动中的收获更专业也更实惠。这一方面得益于项目的灵魂人物文秋芳教授深厚的学术功底、高超的专业水准、丰富的一线经验和充分的会前准备。另一方面得益于整个项目科学系统的阶段划分与清晰规范的活动操作。与之相对，校本团队往往未能在自己的活动中挖掘出这样的灵魂角色，同时，校本团队活动缺乏一个总体的规划，即使有所规划也未能完全地规范实施。

第二，当"大"活动遇到"小"负责人时，成员参与活动的积极性往往较难保证。这里的"大"是指活动内容专业性高、周期长、涉及人员多，"小"是指负责人在团队参与成员中资历相对较浅、年纪相对较轻、职位相对较低。有资历的负责人通常可以通过自己的言行在成员中间传达可信的积极信息，这源于人们普遍的认知与朴素的生活经验。而拥有一定行政职务的负责人是否比普通教师在号召力方面更具优势也有待探讨。

第三，缺乏专业文献与书籍的阅读。团队讨论中，遇到课堂教学中的困惑，老师们往往诉诸经验，但经验毕竟有它的局限性，有时并不足以解决现实问题，另有一些教学问题其实早已在专业领域中被他人进行过探讨与研究。因此，养成专业阅读的习惯并随时借鉴专业知识仍然势在必行。

基于以上三点感受，作为一名资历尚浅却热情饱满的团队负责人，笔者也对校本团队今后的发展提出几点思考：第一，当集学识、经验、职业精神于一身的灵魂角色无法复制时，团队如何创造这样的角色？是否可以将其功能与作用分解并予以不同分工，达到相似的效果？第二，当委任资历尚浅的教师担任复杂活动的负责人时，是否可以成立一个核心组，在一定程度上分担年轻负责人的压力与责任，以便在循序渐进中培养年轻负责人的领导能力？第三，是否可以在团队活动启动前，完成对一定周期活动安排的论证与梳理，制定出总体规划，并划分好阶段？活动实施过程中是否可以建立畅通的专家咨询机制？第四，是否可以基于活动内容开发一些读书项目，提出具体可行的目标，形成传统与氛围？

最后，笔者谨代表首都医科大学团队全体成员教师向在跨校团队项目中不辞辛劳带领一线教师走向专业化发展的文秋芳教授表达最衷心的感谢与敬意！文老师的职业精神与学术造诣给我们每一个人留下了最深刻的印象，也时刻激励着青年一代。同时，还要感谢首都医科大学应用语言学系的卢风香主任对学系青年教师的大力培养与支持。教师职后发展的新模式与新途径关系到教师的职业幸福感与成就感，也关系到课程的生命力，值得各位同道继续探索、不懈进取！

行动研究

一项围绕"热词"开展口头
报告的行动研究*

郭 晶

首都医科大学

提 要：口头报告是大学英语教学中常见的课堂活动，针对口头报告实施过程中普遍存在的学生报告质量低、听众参与度低、教师指导性低的问题，笔者组织全班学生围绕"热词"开展了系统性的口头报告训练。持续两个学期的行动研究表明，围绕"热词"设计与组织口头报告的尝试有效地激发了学生报告人与听众双方的参与热情；与此同时，教师针对报告人的课前辅导以及针对听众的实时指导对提高学生的口头报告能力具有重要的意义。

关键词：热词；口头报告；大学英语教学；行动研究

1. 引言

大学英语教学中，"口头报告"（oral presentation）是一种应用广泛的课堂活动。它不仅实用性强、有利于学生语言交际能力的提高，还有助于培养学生的自主性、创造性和独立思考能力（张丽华，2004）。但根据许多教师的亲身体会，口头报告活动普遍效率低、效果差，往往达不到预期的教学效果（曹巧珍、郭浩儒，2005；张东英，2011），并已呈现"鸡肋"的趋势，越来越难以为大学英语教学服务。

笔者在自己的课堂上也曾经面临同样的问题。笔者所在院校为一所医学类综合性大学，所教授班级的学生来自学校2011级七年制（本硕连读学制）临床各个专业，共51人，经过入学后英语分级考试，学生的英语水平趋同且位于年级中等层次。按照课程设置，我校七年制学生分四个学期完成大学英语必修课程的学习：第一、二学期，每周6学时，每周2次课；第三、四学期，每周4学时，每周2次课。所用教材为《新标准大学英语·读写教程》

与《新标准大学英语·视听说教程》第一至四册。

第一学期伊始，基于听说教程第一册第一单元的主题Introduce My University，笔者曾按以往做法在课堂上开展过一次口头报告活动，分为两个步骤完成：（1）报告前，学生以小组为单位通过课下合作共同完成报告；组内选出一人作为报告人呈现本组报告，要求制作PPT。（2）报告时，全班7个小组逐一进行，教师做简单点评与总结。然而一轮下来，笔者发现这种报告方式不仅耗时较多，而且效果不佳，主要表现在报告人和听众两个方面：（1）大部分报告人全程念稿、复读幻灯片，甚至念得磕磕巴巴、含糊不清，报告人或弯腰盯着电脑屏幕，或低头抱着草稿，不但与台下的同学与老师没有眼神交流，更有的学生因过度紧张而加快语速、放低音量，另外，幻灯片的制作也存在诸多问题。（2）听众兴致不高、参与度低，他们常常听不进去、听不明白甚至昏昏欲睡，当报告完毕教师抽选台下听众就报告谈感想时，学生的沉默不语或羞涩的"I don't know."都会令笔者感到隐隐的沮丧与担忧。为什么学生在口头报告中呈现的问题具有如此高的相似性？问题的根源究竟来自学生还是教师？这些问题又可不可以经过教师对活动的重新设计转变为"teaching point"？看来改进口头报告的设计与操作势在必行。

推动笔者付诸行动采取改进措施的除了自身对教学的反思，还有两个外界的契机值得一提。首先，参与北京市高等学校外语教学跨校教师发展团队项目（以下简称"跨校团队"）定期举行的团队研讨活动，笔者与专家以及其他成员团队一起深入探讨了大学英语教学中的一系列课堂关键问题，并系统掌握了行动研究的方法。此外，笔者面向本校本科学制大三的学生已经开设了三年的英语选修课程"英语演讲的艺术"，系统掌握了英语演讲的基本理论与技巧，为具体指导学生改善口头报告积累了重要的业务知识与经验。

2011年10月起，笔者针对9月初刚刚接手的2011级七年制新生班级初步制定了为期一年（2011年10月—2012年6月）的行动研究方案。由于口头报告是一项综合的语言实践活动，涉及语音、词汇、句法、体态、展示方式、逻辑思维等多个方面，一次行动研究无法同时兼顾，因此本研究以聚焦口头报告活动的词汇运用、PPT展示与逻辑思维为主。

2. 问题分析

针对口头报告中普遍存在的报告人准备不充分，上台紧张、选题缺乏适从性、内容组织缺乏逻辑性、发音不正确、用词不地道以及听众注意力不集中、评论空洞等问题，笔者结合跨校团队关于口头报告的集中讨论以及英语演讲的相关专业知识对上述问题的根源进行了深入反思。

笔者结合以往授课经验发现，课堂效果较好的口头报告往往得益于报告人的精心准备与精彩展示。然而，学生中大多数报告人并不能做到对自己的报告进行充分准备，学生参与口头报告的积极性与主动性没有得到充分调动是笔者认为需要首先面对并着手解决的问题。

其次，大学英语课堂中的口头报告作为一种语言交流形式（speech communication）有其特定的要素，其中，报告人（speaker）、听众（listener）与报告内容（message）是任何参与口头报告的人都需要重点把握的方面（Lucas，2010），尤其是教师，更有必要在组织口头报告活动时充分考虑这些要素。对比笔者以往的做法，不难发现，除了报告结束时给予学生一些即兴的简单点评之外，笔者几乎没有采取过任何针对报告人、听众和报告内容的关注与干预措施。加强教师在口头报告中身为"组织者"的角色作用至关重要。具体而言，教师需要从以下3个方面增强对活动各个环节的设计与把握：（1）对于报告人，教师需要思考如何激发他们的准备热情？如何培养和锻炼他们以下各方面的能力：口头表达、逻辑思维、仪态仪表、信息收集与处理，PPT制作与运用。（2）对于听众，教师需要思考如何让报告本身吸引他们的注意力，如何保证他们获取新信息，如何帮助听众学习语言形式以及如何利用口头报告练习听力。（3）对于自身，教师需要思考如何给出有效的课堂点评以及如何安排好教学程序。口头报告看似是一项由学生独立完成的课堂活动，但保证活动效果的根本因素是教师对活动各个环节的设计与把握。

3. 行动研究的第一阶段：引入"热词"开展口头报告、激发学生的参与热情（2011.10—2011.12）

3.1 行动设计

提高一个班级的口头报告质量，须由易入难、循序渐进。笔者先从容易操作与改变的问题入手，即如何激发学生参与口头报告的积极性与主动性。这需要帮助学生做到：第一，意识到活动的意义与价值，觉得有用；第二，对活动内容感兴趣，觉得有趣；第三，根据自身能力可以对活动进行独立操作，觉得有信心。

基于以上三点考虑，笔者想到了生活中的"热词"（hot word）现象。热词，是指被人们所熟知的热门词汇，多来源于社会热点事件与话题，并流行于网络。年轻人非常熟悉这些流行词汇，但往往对其中一些词汇所对应的英语表达方式与背景故事知之甚少；与此同时，一些著名网站（如网易教育的"英语热词"）、知名度较高的英语学习网站（如普特英语听力网站的"新词酷词"）、英语新闻网站（如China Daily网站中的"新闻热词"）也包含专门供访客学习的热点词汇板块，用以扩大实用英语词汇量。

热词，从内容的角度来说，符合大学生擅长使用甚至热衷网络的特点，能够引发学生共鸣，报告人愿意展示，听众的兴趣得以提高。从意义的角度来看，热词常与社会热点话题相关，能够促进学生关注时事、为学生创造锻炼思辨能力（critical thinking）的机会。从易于操作的角度来讲，几个简单的单词或词组，限定了报告范围，降低了报告主题（topic）的难度，可报告的弹性较大，可以帮助部分学生克服口头报告中的畏难情绪。从教师的角度来说，热词为大家所熟知，便于检查和监督。

3.2 行动实施

在上述设计思路的指导下，笔者对口头报告活动实施了4项改革措施：（1）口头报告正式开展之前先集中向学生进行一次宣讲动员，用以提高学生对口头报告的理性认识和重视程度。（2）规定报告人以"热词"作为报告主题。（3）严格规定报告时间同时给予报告人充分的课外准备时间。（4）报告中给听众布置相应任务。表1列出了第一阶段笔者采取的具体行动。

报告展示前，笔者会预习报告人的PPT，了解报告内容，发现学生准备热词报告过程中出现的问题，以对教师点评内容做到心中有数。笔者事先预备的点评内容通常围绕"两个方面"、"三个角度"展开，"两个方面"是指学生报告人表现出色的部分和学生报告人存在问题的地方，"三个角度"是指词汇、逻辑思维与PPT制作。两个方面与三个角度的内容在学生提前发给教师的PPT中均有所体现。

以学生W准备的三个热词fancier, smuggled goods, capricious为例，学生运用美国苹果公司前CEO史蒂夫·乔布斯（Steve Jobs）作为引入，自然过渡到苹果热门产品iPhone与iPad，当谈到"苹果产品发烧友"（apple-fancier）时，学生又联想到一些年轻人为了拥有一部苹果手机宁愿选择"水货"产品（smuggled goods），发烧友的这些表现与行为让作者感到他们与乔布斯本人一样都是非常"任性的、难以捉摸的"（capricious）。

笔者看完学生W的PPT之后，发现这是一篇可以提供良好点评素材并帮助学生学习相关技巧的口头报告，首先，这篇口头报告有其独特的优点：（1）热词选择恰当并能够引发听众兴趣，2011年10月乔布斯的病逝成为当年的热点新闻事件，而这个报告展示紧随其后。（2）作者能够将三个单词有机地结合在一起融入一个事件或背景之中，构思巧妙，逻辑清晰。（3）PPT制作精致，图片使用到位。其次，这篇报告又有其可以改进的地方，其中最重要的一点体现在词汇上，报告中某些词语搭配并不是十分准确地道，例如，学生在PPT的第4页提到"fancier of the apple products"，其实fancier这个词"尤用以构成复合词"，像"a pigeon-fancier"（喜爱养鸽子的人），以此类推，用"apple-fancier"更加地道。基于这篇热词报告的特点，笔者基本明确了课上点评的基调与要点。

报告展示中，笔者首先为听众布置了记录重要信息点的任务："Please write down anything that you think is valuable and important for the future use on your own notebook. After the presentation, I will ask some of you to share with us what you have noted."据笔者观察，报告人在展示报告时，几乎所有听众都能够集中注意力动笔记录自己认为重要的信息点，区别在于个别同学草草将内容记录在课本上，而部分认真的同学会专门记录在笔记本上。

报告展示后，笔者会首先感谢三位报告人的认真准备，再抽取听众分享要点，多数听众站起来进行分享的信息是报告人PPT中展示的热词与其中文释义，少数听众会同时分享一些相关词汇。例如，2011年11月14日的热词报告中，学生H讲到了三个热词sweatshop（血汗工厂）、countdown party（跨年晚会）和grassroots election（基层选举），一位听众在笔记本上不仅记下了这三个热词，还记下了报告中提到的"urban（城镇的）"与"rural（乡村的）"这两个常用单词。趁热打铁，笔者这时还会帮助学生强化对热词的记忆，并适当补充一些常用或者更加地道的英语表达方式以扩大学生的生活词汇储备，例如，"水货"这个单词所对应的英文表达式不仅有"smuggled goods"，还有"grey products"和"parallel imports"，且它们同样具有热词的特点。

表1 第一阶段实施的行动内容

行动流程	时间地点	具体步骤	具体操作
1. 宣讲动员	2011年9月底的一次英语课上（20分钟）	a. 向学生明确介绍口头报告的目的与作用	
		b. 介绍新版口头报告的具体要求与实施细则	（1）采用"热词报告"形式。学生借助网络并根据兴趣自选3个热词作为报告内容。 （2）每次报告安排3名同学，每人规定限时3—5分钟。 （3）要求制作PPT。
2. 开展报告	第1周周一课上	a. 布置3名报告人准备热词报告	
	第1周周五之前	b. 教师提前浏览报告内容	课前将PPT拷贝在教师电脑上。
	第2周周一课上开头部分	c. 学生依次展示热词报告	要求学生将做好的PPT发至教师邮箱。
		d. 报告后邀请2—3名听众现场分享记录内容	要求听众在笔记本上记录他们认为重要的信息，特别是英语表达方式。 任何记录下来的内容均可，包括单词、短语、句子、例子等。
		e. 教师进行总结点评	针对3名报告人的现场表现点评，重点关注报告人的展示方式、语音、用词。

听众分享后，笔者会结合三名报告人的临场表现以及听众可能的需求进行一个既有备又即兴发挥的点评总结。已备点评以热词选择与报告内容为主，即兴点评以学生的展示方式（delivery）为主。仍以上述学生 W 的"苹果"热词报告为例，笔者的已备点评侧重梳理其报告的优点与可改进之处，例如，"报告人的准备非常充分"；"三个单词不仅体现热点事件更在逻辑关系上相互串联能够引发听众共鸣"；"报告人制作的 PPT 可圈可点，页面干净简洁、重点突出，并且采用了恰当的图片、图表等生动的辅助方式"等。以表现出色的报告为契机可以为其他同学提供学习借鉴的范本。与此同时，即兴点评的内容则侧重报告人的现场展示，例如，"学生 W 声音洪亮、发音标准"；"报告人做到了脱稿或半脱稿"；"与听众有良好的眼神交流（eye contact）并有合适的肢体语言"等。另外，学生 W 在其热词报告的导入部分展示了乔布斯的一张图片，这时他选择首先与现场观众进行互动，即询问全班同学"Do you know who he is?"、"What was he famous for?"，听众的现场回应十分积极。笔者运用这个环节指导学生：在恰当的时刻增加与听众的互动不仅可以让自己的表现从容自然，更能因得到观众回应而有效克服上台后的紧张情绪。

3.3 观察与反思

第一阶段的行动实施从 2011 年 10 月开始至 12 月中旬结束，共进行了 8 次，每次 3 名学生，共有 24 名学生完成了第一阶段的热词报告。笔者观察到，8 次口头报告中，全部报告人均能按时将 PPT 发至教师邮箱，这期间笔者从未提及口头报告会与平时成绩挂钩，学生依然做到了认真对待改版后的活动，由此看出，以"热词"的形式开展口头报告令学生感到新颖，受到学生欢迎，报告人准备口头报告的积极性与主动性得到有效提高。另外，由于教师在报告进行时给听众布置了相应任务且会进行抽查，因此，台下学生的注意力得到大幅度提高；又因为学生对报告内容有所记录，因此当被教师提问时，学生也基本有话可说，避免了曾经出现的沉默与尴尬局面。上过台的学生课下与我交流，普遍反映"真的站在台上与想象的完全不一样，即使课下认真准备，上去还会紧张"。笔者认为热词报告的第一阶段至少让学生意识到，克服怯场需要实战实练，经验来源于实践，英语成绩与实际运用能力之间尚存在差距。

除了活动取得的效果，在第一阶段行动中，笔者还捕捉到一些现象：首先，3 名学生 3 个热词的设计使报告人对报告的内容与组织投入较少，大部分精力放在了选词上，即使如此，学生选择的热词在笔者看来并不理想，有的偏离了热词的范畴与初衷，像"well-off family（富裕家庭）"、"go great guns（非常成功）"；有的过于娱乐性，像"zombies（僵尸粉）"；有的过于消极，像"hidden rule（潜规则）"；有的则明显是学生很难把握到位又很难在短时间内准备充分的词汇，像"financial reform（金融改革）"、"enterprise informatization（企业信息化）"。其次，学生报告热词的方式极大地受到最前面几位报告人的影响，由于前几名学生多是模仿教师授课的方式报告热词，教师也没有给予相应反馈，后面的学生便也按照相似的模式进行，笔者认为这种运用教学模式进行报告的方式不但容易令听众感觉乏味，更限制了学生思辨能力的发挥，没能体现热词报告本来的设计理念。例如：学生 Z 在报告热词"circusee（围观）"时，是这样处理的：构词+词性+中文释义+例句（见图 1 ）。

围观 ・英文：circusee ・组成：circus+see	circus 1.马戏团 2.马戏表演 3. a group of people or an event that attracts a lot of attention. 热闹场面 4. (BrE.) a round open area in a town where several streets meet. 圆形广场，环形交叉路口

图 1　学生报告热词的原始模式

反思出现上述新问题的原因，笔者认识到：在第一阶段行动方案中，由于教师没有给学生提供清楚的热词选词标准，因此学生对"热词"的定义模糊不清，这直接导致学生在查找与确定热词时没有可操作的衡量标准，只能按照直觉进行选词，选到不理想的词汇自然在所难免。同时，由于教师没有布置明确的报告任务，没有重视学生对热词报告这个新颖口头报告的理解情况，也没有及时指明教学模式不适合学生报告热词的理由，因此，学生在围绕所选热词组织报告内容时自然会感到无从下手，只得模仿教师讲授大学英语课程的方式。

4. 行动研究的第二阶段：精选"热词"改进报告内容、加强教师指导（2012.2—2012.6）

4.1 行动设计

　　针对第一阶段行动实施过程中出现的新问题，笔者决定进一步改善"热词"口头报告。表2列出了具体的改进措施。第二阶段行动方案自2012年2月开始至6月上旬结束，是学生学习大学英语课程的第二学期。笔者继续采用隔周安排3名学生进行报告的频率，但热词数量由3个改为1个。改版后的"热词报告"呈现两个特点：（1）报告要求更加明确与规范：笔者要求学生对词汇的来源（origin）、背景事件（backgrounds）、应用语境（application）进行简单介绍，倡导PPT中出现主题相关词汇（topic-related vocabulary），同时避免教学式报告模式，避免大量使用字典上的例句和字面翻译的方法，要求制作较高水平的PPT。（2）较之第一阶段只在报告后给予学生指导，第二阶段中教师参与指导的分量明显加大，笔者利用课余时间对报告人开展工作坊式的集中辅导，特别针对英语水平相对较低的学生进行重点指导。

表2　第二阶段实施的行动内容

行动步骤	时间地点	具体操作	行动目的
1.示范报告	2012年2月底开学第一次英语课上（15分钟）	a. 教师亲自为学生做热词报告演示	引导学生选择既可以引发听众兴趣又有实用价值的热词。
		b. 向学生介绍改版的"热词报告"要求	在热词的选词范围、报告模式、呈现方式以及内容组织等方面给学生较为明确的说明与指导。
2.课前辅导（工作坊）	第2周周一下午笔者办公室（隔周进行，每次1—2小时）	a. 教师阅览报告人发到邮箱的PPT初稿	集中辅导前教师对初稿的优缺点做到心中有数，以便能够提出合理建议。
		b. 教师对3名学生报告人进行集中辅导，共同探讨修改方案	面对面的交流方式既可以明确学生的报告思路与想法，又可以有效带动学生重视报告活动。

（续表）

行动步骤	时间地点	具体操作	行动目的
3.热词报告	第1周周一课上	a. 布置3名报告人准备热词报告（每人1词）	由原来的每人3词改为每人1词，减轻选择热词的工作量，有助于报告人将准备重点放在内容与语言的润色上。
	第1周周四课后	b. 将热词PPT初稿发至教师邮箱	教师可以再次检查有无典型的语言错误，同时留存修改前后的版本。
	第2周周四课后	c. 将辅导后修改好的二稿PPT发到教师邮箱	
	第3周周一课上	d. 正式进行热词报告（要求听众除了记录有用信息之外，还要回答报告人就内容要点提出的问题）	报告中进一步加强对听众的监督引导。

4.2 行动实施

　　鉴于第一阶段学生选词不热点、缺乏时效性和价值性，报告内容程式化等不足，笔者在第二学期开学的第一次英语课上亲自为学生做了一次热词报告演示。笔者围绕2011年寒假前后的热点事件选择了三个热词"Spring Festival Gala（春节联欢晚会）"、"time-travel TV series（穿越剧）"和"Whitney Houston（惠特尼·休斯顿）"，PPT以经典新闻图片和关键词汇为主要内容，关键词中英文同现。口头报告以讲述词汇背景事件概况为主，不涉及语法，完全脱稿，中间穿插向听众提问以增加互动，报告时长5分钟。报告中，笔者观察到，学生没有走神现象，关掉PPT之后大多数学生能够记住一些关键词。借助教师演示后的活跃气氛，笔者紧接着向学生介绍了改版后"热词报告"的新要求。

　　第二阶段行动方案中的另外一大改进是加入了课前教师集中辅导的环节。辅导以工作坊的形式开展，教师事先与3名报告人约好时间，由于医学生课程较多，笔者通常选择学生下课之后的时间，即周一下午4点开始。热词工作坊用中文进行，主要分为三个步骤：首先，一位报告人向笔者以及另两位报告人口头展示初稿内容；其次，另两位报告人分别谈自己听完后的感想，以表述其优点和不足为主；最后，教师提供自己的修改意见与建议。其中，教师的指导以帮助学生寻找最佳构思、梳理报告结构以及润色关键词为主要内容。

现举一例说明课前辅导中笔者如何启发学生重新构思热词报告的内容与逻辑：学生S选择的热词是一个词根"micro-"，初稿PPT中堆砌了许多网络下载的内容与图片，杂乱无章。经过沟通方知，该生希望向大家介绍的是如今层出不穷的"微事物"，根据她的设想，在初稿PPT已有内容的基础上，笔者与学生共同探讨修改方案，确定终稿的逻辑主线为：（1）以"微博"引出热词"微"；（2）给出"微"的含义；（3）列出其他热门微话题：微芯片、微小说、微电影；（4）过渡到学生的临床医学专业：列出微生物、微生物学、显微镜；（5）最后回到日常生活：列出微波炉、麦克风。Outline确定之后，笔者通常还会帮助学生纠正一些错误的语言表达方式，这则报告中有一页关于"微博特点"的内容，学生出现了两处需要修正的错误：一是混淆了"character"与"characteristic"；二是用英语进行列举时，没有使用一致的词性或句式。图2对比了修改前和修改后的不同。

Character	Characteristics
brief	conciseness
convenient	convenience
immediacy	immediacy
simple	self-broadcasting
self-broadcasting	

图2　学生热词报告修改前与修改后举例

4.3　观察与反思

这一阶段，学生的选词更加规范、更具报告价值。有的学生课后多次与我短信沟通，揣摩选择哪一个热词更为合适。附录列出了第二阶段学生报告过的全部热词，不难发现，热词的质量明显提高，并涉及生活类、科技类、医学类甚至政治类热点话题与事件，例如，"Auto show（车展）"、"linsanity（林书豪热）"、"group buying（团购）"、"Adele and Grammy Awards（阿黛尔与格莱美奖）"、"Learning-from-Lei Feng Month（学习雷锋月）"以及"the Chinese People's Political Consultative Conference（中国人民政治协商会议）"等。

第二阶段，口头报告的内容设计也更加有序与丰富，工作坊的形式深受学生欢迎，即使修改两到三遍，学生也并无怨言，不少报告人的二稿与初稿判若出自两人之手，改观喜人。笔者发现，经过教师润色的口头报告，其报告人的自信心明显增强，上台后均可以做到半脱稿甚至脱稿，虽然语音基础不尽相同，表现出的热情却都是一样。因为口头报告的内容得以充实、选题更具时效性，听众的兴趣也随之提高，时而可以在热词报告中听到笑声与掌声，大多数学生的记录非常认真。报告人或教师提问时，即使有学生答不上来，其他学生也会异口同声帮助回答，课堂气氛更加活跃。

课前集中辅导的设计更拉近了教师与学生的情感距离，这个过程中，笔者体会最为深刻的是与学生交流思想的快乐。当然，课前辅导是笔者个人采用的做法，理据尚且缺乏，除了优点之外，也会让笔者感受到一些困惑，比如，课前辅导会占用教师的部分课余时间，工作忙碌时挤出时间做到不取消不推迟需要毅力。再如，据笔者回忆，在工作坊中，倾听的学生通常反馈较为泛泛，"他的PPT做得挺好的"、"里面的图片很丰富"、"这个故事放在这里好像不太合适"时有发生，另外，遇到表现出色的报告，学生会直接给予肯定；而遇到准备不够理想的报告，学生往往选择沉默微笑，此时教师需要不断启发与鼓励。笔者认为，这个类似"同伴评价"的环节是否必要以及如何实施得更为有效仍需进一步研究与探讨。

5. 对整个行动研究的反思

围绕"热词"开展口头报告的行动研究告一段落，令笔者颇感欣慰的是，本班学生参与课堂活动的积极性普遍较高，师生关系融洽，其他环节的教学也因此开展的较为顺利，课堂上学生愿意跟着老师走。与此同时，教学反思与尝试仍需继续进行，如果在新的班级再次开展"热词报告"，笔者会进一步做出改进，例如，教师在活动伊始便需要明确热词的范围与定义：生活中那些既新颖又常用的词汇（高频词）。此外，教师可以将包含热词频道的网址尽早提供给学生，帮助他们规范寻词渠道。

通过对"热词报告"行动研究两个阶段的观察与分析，关于大学英语教学中的口头报告，笔者收获了以下4点认识：（1）大学生的口头报告仍需事先书写和润色讲稿，辅助理清思路、保证现场发挥。（2）大学生的口头报告仍然需要给定主题，某一报告主题下挖掘角度、缩小报告范围的方式更适合大一、大二学生的思维发展水平。（3）报告内容与逻辑框架依旧是口头报告有效与否的关键，内容充实、逻辑清晰的报告能够促进报告人克服紧张、获得自信。（4）教师在整个行动研究过程中，始终需要保持对教学的敏感与反思，加强对学生口头报告进行指导与引领的专业性与实操性。总的来说，有效开展口头报告的关键，在于激发学生报告人与听众两个方面的参与热情，并增强教师在报告前和报告后两个环节的干预指导。

6. 结语

此次行动研究，笔者以自己的授课班级为例，尝试围绕"热词"开展口头报告，改进了传统口头报告的内容与模式，两个行动阶段，依次渐进，发现问题、分析问题继而解决问题。两次行动方案，始终突出教师的引领作用，强调教师在口头报告前、中、后三个步骤中对学生的切实指导。两个学期，先后采取不同措施，一方面锻炼报告人的口头报告能力，另一方面加强对听众的引导与管理，帮助他们融入报告、融入点评，记住一点东西，感悟一点东西。研究实施过程中，笔者再次体会到教师在课堂教学中的主导与模范作用，只有教师积极寻求专业指导、开动脑筋、付出劳动，才可能组织好口头报告；只有教师充分发挥报告人和听众各自的积极性与主动性、明确各个环节的教学目标，学生的学习才可能真正在口头报告活动中发生，口头报告才可能实现效果好与效率高的初衷。

*本文是笔者参加"北京市英语教师跨校互动发展团队项目"的结题成果。此次行动研究从设计实施到落笔成文，离不开跨校教师发展团队项目两年来的专业支持与指导，特别向带领跨校团队和一线教师走向专业化发展的文秋芳教授表示由衷的感谢与敬意！

参考文献

Key, S. 2004. *Practical Presentation.* 北京：外语教学与研究出版社。

Lucas, S. E. 2010. *The Art of Public Speaking* (10th Ed.) 北京：外语教学与研究出版社。

曹巧珍、郭浩儒，2005，"值日生报告"行动研究，《山东外语教学》（4）。

文秋芳、任庆梅，2011，大学外语教师互动发展新模式下一线教师的专业成长，《中国外语教育》（1）。

徐锦芬、徐丽，2004，自主学习模式下大学英语教师角色探析，《高等教育研究》（5）。

张东英，2011，关于口头报告教学的行动研究，《中国外语教育》（1）。

张丽华，2004，美国课堂中Presentation的启示，《辽宁师专学报》（社会科学版）（3）。

http://www.putclub.com/html/ability/words/xincikuci/index.html3

http://www.chinadaily.com.cn/language_tips/news/news_hotwords.html

http://edu.163.com/special/en_syrc/

附录

2011级七年制英语3班课堂口头报告活动"热词"汇总

序号	Hot Word Presentation Collection (First Semester)
	热词
1	1. circusee 围观　2. food additive 食品添加剂　3. seckilling 秒杀
2	1. out-of-box thinking 创造性思维　2. hunger marketing 饥饿营销　3. hidden rule 潜规则
3	1. indoorsy 宅　2. go great guns 非常成功　3. hold the bag 背黑锅
8	1. midnight party 午夜党　2. ecotourism 生态旅游　3. trendsetter 潮人
9	1. sweatshop 血汗工厂　2. countdown party 跨年晚会　3. grassroots election 基层选举
10	1. conformist mentality 从众心理　2. mortgage slave 房奴　3. barrier to trade 贸易壁垒

（续表）

\#\#\# Hot Word Presentation Collection (First Semester)	
序号	热词
12	1. runaway bosses 跑路老板　2. capital chain rupture 资金链断裂　3. financial reform 金融改革
14	1. fancier 发烧友　2. smuggled good 水货　3. capricious 任性
15	1. hedonistic advertising 享乐主义广告　2. unapproved construction project 违章建筑　3. hush-hush affair 秘密事件
17	1. gelivable 给力　2. zombies 僵尸粉　3. cross-dressing 伪娘、异装
18	1. cheering squad 拉拉队　2. well-off family 富裕家庭　3. enterprise informatization 企业信息化
20	1. New Year film 贺岁片　2. all-star lineup 全明星阵容　3. watertight 万无一失
21	1. arch-careerist 奸雄　2. I would rather betray the world than let the world betray me. 宁我负人，毋人负我。　3. All is ready except what is crucial. 万事俱备，只欠东风。

\#\#\# Hot Word Presentation Collection (Second Semester)	
序号	热词
22	Planking 趴街
23	price gouging 哄抬价格（海南旅游）
24	combating the abduction of children using Microblog 微博打拐
25	linsanity 林书豪热（林来疯）
26	suspend ties with 与……暂停外交
27	man Friday 得力助手、左膀右臂（俚语）
28	Parkour 跑酷
29	group purchase/buying 团购
30	network verbal battle 网络骂战（韩寒与方舟子）
31	Learning-from-Lei Feng Day 学习雷锋日

（续表）

序号	热词
Hot Word Presentation Collection (Second Semester)	
32	bear's gall 熊胆
33	the Chinese People's Political Consultative Conference 中国人民政治协商会议
34	urine point 尿点（www.runpee.com）
35	*Titanic* 3D version 3D 版《泰坦尼克号》
36	merge 合并（YouTube）
37	Leap Day 闰日
38	Grammy Awards 格莱美奖（阿黛尔）
39	vibration 心灵感应（书籍《水知道答案》）
40	"Earth Hour" 地球一小时
41	chimerica 中美共同体
42	auto show 汽车展览会
43	geek 极客（美剧《生活大爆炸》）
44	micro-（microblog, micronovel）微事物
46	"Inspire a Generation" 伦敦奥运会口号
47	spoof dub 恶搞配音
48	solanum 茄属植物（网络游戏《植物大战僵尸》）
49	sustainable urbanization 可持续城镇化
50	stick parenting 棍棒教育（鹰爸、虎妈）

通过"支架理论"指导话题讨论提高学生口语表达能力的行动研究

华 瑶

首都医科大学

提 要：为提高非英语专业学生口语表达能力和口语课堂讨论效果，开展了为期两学期的行动研究，本研究旨在通过话题讨论的形式以及教师提供的"支架"锻炼并提高学生口语输出的质量。研究第一阶段从学生感兴趣的日常生活话题入手，锻炼学生基本的表达和会话能力；第二阶段从学术和社会性话题着手，重点培养学生的思维能力，提升学生口语表达的深度和广度。经过一年的不断训练，学生的口语水平有了显著的改观，能够有效地参与课堂讨论。

关键词：大学英语；支架理论；话题讨论；口语表达能力；行动研究

1. 引言

课堂话题讨论是目前英语口语教学中提高学生口语水平的重要方式，然而口语水平较差的学生说话内容少且简单，话题讨论活动效果差，时常达不到预期的教学效果，这成为影响英语口语教学效果的主要问题之一。

笔者是一所医科大学拥有五年教龄的英语教师，目前所教授的班级为11级五年制本科二年级两个班的学生，两班人数分别为32人和36人，课程所用教材为《新视野大学英语》和《大学体验英语听力教程》。笔者是在2012年2月，学生大学一年级第二学期的时候开始教授这两个班的，当时，这两个本科班的学生在入学分级考试中的英语成绩排在全年级的最后。笔者之前一直在教授本校七年制本硕连读英语程度较好的班级，所以在最开始上听说课时，也如之前一样，积极地通过教材中提到的现象和问题组织课堂小组讨论让学生互动。但是，教学过程中时常出现口语教学课堂沉闷、师生互动不起来的问题，口语教学效果不佳。在上述情况下，如何选择讨论的话题并指导学生开展话题讨论成为了笔者口语教学中面临的一个重要问题。

2011年9月笔者参加了北京市高等学校外语教学跨校教师发展团队,在文秋芳教师悉心指导下对行动研究有了深入的了解。行动研究是以解决现实问题与改善现状为目的,具有行动性、参与性、探索性、反思性和循环渐进性特征的研究,是教师提高教学实践能力并实现教师自身素质和职业能力发展的必由之路(Burns, 2011)。教师要聚焦遇到的教学问题,并不断进行反思,设计出有效的实施方案,找到有效的方式改进自己的教学(文秋芳、韩少杰,2011)(如图1)。结合行动研究理论和自身教学经验,按照行动研究的模式,笔者从2012年2月到2012年12月对这两个本科班进行了为期两学期的行动研究,利用听说课的时间,明确目标,进行相关话题讨论,并适时根据口语教学效果调整和完善讨论话题,并对学生进行有针对性的具体指导,显著提高了学生的口语表达能力。

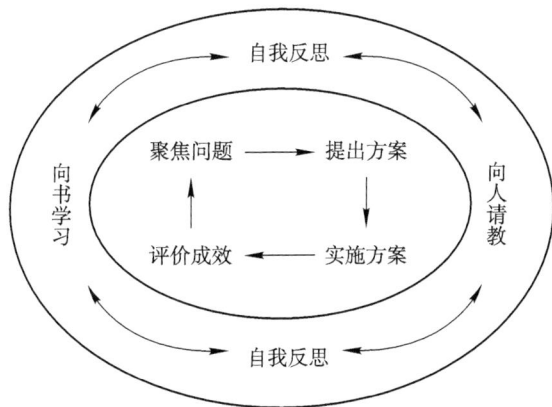

图1 行动研究模式

2. 最初的观察和反思

2.1 最初的观察

第一学期最初几节课下来后,笔者发现,当教师让大家分组讨论的时候,大家说的内容往往非常概括和笼统,基本只说一、两个简单的句子,不去进一步具体描述,句子里有效信息非常少,导致课堂气氛很快沉闷。当小组讨论结束,让每组同学分享答案的时候,大家总是推来推去,让别人来回答。

最后回答的同学常常很不好意思地小声甚至很含糊地说出几个词或者短句子，之后会思索很久，再说几个词和短句，这有时让人很难理解他们想表达的意思。这种状态让其他学生也没有兴趣听下去，同时使教师也左右为难，如果总是打断学生的发言，就会打击回答问题学生的积极性，如果等着让他们这样回答下去，就会占用很多课堂的宝贵时间，也达不到学习和交流的目的。

2.2 最初的反思

通过和学生们的交流，笔者发现学生的这种情况是如下原因导致的：第一，学生对课堂中讨论的话题兴趣不高，缺乏口语学习的积极性；第二，学生缺乏相关主题词汇和句型的支撑以及反复地运用练习，无法将问题描述得很具体和丰富。

面对学生出现的问题，笔者通过反思自己的教学发现：

首先，在对学生口语能力培养的方面，笔者课堂中只是为了讨论教材中某个话题而讨论，不能充分调动学生参与讨论互动的兴趣和积极性，因而学生也没有努力提高口语表达能力的动力。

其次，不管是在综合课堂还是在听说课上往往注重活动的形式，缺乏具体的措施以及合理的指导方案帮助学生逐步提高口语水平。

笔者通过翻阅文献了解到，皮亚杰（J. Piaget）的建构主义认为，教师应引导着教学的进行，使学生掌握、构建和内化所学的知识技能，从而使他们进行更高水平的认知活动（范琳、张其云，2003）。俄国心理学家和哲学家 Vygotsky（1978）提出"最近发展区域"（ZPD：Zone of Proximal Development），即学习者现有水平与即将取得的潜在发展水平之间的距离。基于建构主义的支架教学模式（scaffolding）用于教学实践上，就要求教师的教学目标应该稍微领先于学习者的发展，教师所搭建的支架协助，必须使学习者的发展层次逐渐地向最佳化的"最近发展区域"贴近移动。笔者在阅读 Thornbury（2005）的著作 How to Teach Speaking（《如何教口语》）时看到，书中举例指出了支架教学模式在口语教学中的应用对提高教学效果起重要的作用。然而，笔者在课堂上没有通过指导话题讨论搭建有效的"支架"，帮助学生将新旧知识进行有效结合来深化以及内化学生的知识结构，就更不能实现学生对知识的自我构建。因此，在这种情况下，如果在课堂上还按照之前的方式继续让学生互动，必然达不到很好的效果。

3. 第一阶段行动研究（2012.2—2012.6）

利用听说课的时间，从学生感兴趣的日常生活话题讨论入手进行小组讨论，帮助学生使用话题词汇和多样句式，锻炼学生基本的表达和会话能力，为之后的深入讨论打下基础。

3.1 方案设计和实施

在2012年新学期初的两周，为了集中解决学生兴趣不高，词汇句型缺乏的问题，笔者采取了如下措施：

（1）针对学生对课堂中讨论的话题兴趣不高，缺乏口语学习积极性的问题，笔者选择学生感兴趣并且关注的日常话题，并明确本学期的目标为锻炼学生们的基本表达和会话能力。一共14周的课程，每两周谈一个话题，共讨论7个话题。通过学生的反馈，笔者最后加以归纳整理，确定7个话题依次为：people（friends and relatives）, hobbies, holidays, dormitory life, shopping（selling and buying）, movies and advertisements, interpersonal communication（complaining, celebrating & suggesting）。

（2）对于学生缺乏相关主题词汇和句型支撑以致回答过于简单、信息量少的问题，教师要在学生回答内容的基础上，及时补充和扩展足够的表达方式，帮助学生拓展他们的表达形式。

第一，在小组课堂讨论前后，教师都要提供和拓展主题词汇，丰富学生的表达。比如：

教师提问	What kind of person can be your friend? Why?
教师提供的词汇	honest, romantic, patient, warm-hearted, adventurous, ...
学生回答	"My friend is a warm-hearted person. He can help me when I am in trouble."
教师反馈	"help" 和 "when you are in trouble" 还可以用 "do you a favor" "lend you a helping hand", "give you a hand", "offer help" 以及 "when you are in trouble", "when you meet difficulties", "when you confront hardship" 等等词汇来表达同样的意思。
示例	He will lend me a helping hand when I meet difficulties.

第二，根据学生给出的回答，教师要适时引导学生使用多样和复杂句型，帮助学生的表述更加具体和丰富。同时，增强学生对问题进行细节、具体描述的意识。例如：

教师提问	Do you like making friends? Why?
学生答案	I like making friends because it can give me a lot of fun. We can also learn from each other.
师生探讨	**教师**：第一句没有对 a lot of fun 进行具体的表述，大家可以想想一起做什么很开心呢？ **学生**：一起吃饭、购物、看电影等等会很开心。 **教师**：所以这里需要添加一个 when 引导的从句来说明这些情况。
师生共同修改后的方案	I like making friends because we can have a blast (have fun) when we hang out at the shopping mall or movie theatre, and the like.
总结句式	I like ... because ..., I (we/he/she/they) can ... when ...
师生继续探讨	**教师**：第二句也不是很具体，我们可以互相学什么呢？ **学生**：每个人的知识和经历都不同，可以从中学习。 **教师**：这句里面可以添加 since 引导的从句来说明这个情况。同时，我们也可参考第一句的结构，把两个问题变成一个复杂句来回答。
师生共同修改后的方案	1. Since we may come from different backgrounds and majors, we can definitely gain insights from the experiences of each other. 2. I like making friends because a friend is a kind of person from whose experiences we can gain precious insights.
总结句式	1. Since ..., I (we/he/she/they) can ... 2. I like ... because ... is a kind of person who/from whom ...

（3）针对学生缺乏反复训练的问题，教师应该给学生提供具体的练习内容，并督促学生在课下进行练习。

除了课上反复练习，每个主题讨论完，根据讨论的主题内容，给学生们提一个问题，让大家课后继续运用所学的句式和词汇来表达，并把自己的话录下来传给教师，作为平时成绩的一部分。这样，学生就能够有针对性和方向地练习。同时，教师每次都要挑出说得比较好的录音，在课堂上与大家分享。例如，课后，让大家做如下练习：

要回答的问题	How do you describe one of your friends? Share with us a story between both of you.
练习运用词汇	honest, humorous, warm-hearted, optimistic, patient, ambitious, adventurous ...
练习运用句式	... is the kind of person who ...
	Speak of/when it comes to sb., I would like to talk about ...
	Something that touched my heart/impressed me most about him/her was that ...
	I'll never forget the moment when ...
	I adore him/her, not only because ... but also because ...

3.2 第一阶段的观察和发现

这一阶段由于讨论的都是日常生活中学生感兴趣的话题，贴近学生生活，难度不高，通过笔者的具体指导，学生的自信心明显增强了。通过小组内、师生之间对于表达方式的讨论以及范例演示，笔者发现学生口语中出现的词汇和句型比之前丰富了许多，在收集的学生课后练习的录音中，笔者发现大多数学生能用到一些课上练习过的句式和词汇，内容较之前更具体和明确，在对人或事的描述中，以及日常生活的常见会话上有了进步，学生口语的基础表达能力有了提升。例如，笔者听到了这样的句子："When it comes to my friends, I would like to talk about my boyfriend. He is a very romantic person who like (likes) to use music to express his feelings. Something that impressed me most about him was that he can (could) play (the) piano very well! I will never forget the moment when he played *For Elise* for me on my birthday! I like him not only because of the beautiful music he played but also because of the happy (joy) and surprise he brings (brought to) me!"（括号里为笔者帮学生改动的语法错误。）

通过记录课堂观察笔记，笔者发现在精读课中，有时候学生们也会用到一些口语课练习和讨论过的句型和表达。例如，在讲课本中有关地震的文章时，问起学生"What do you know about earthquake?"笔者欣喜地发现学生用到了这样的句式"Earthquake is a kind of natural disaster that may cause huge damage to our life."

在课后和学生的交流中发现，学生们觉得不再像学期初那么迷茫了，感受到了自己的进步，也有了努力的方向，他们希望在目前的基础上，能运用英语去表达自己对更多事物和问题的看法。

但在这一阶段后期的教学实践中，当笔者准备循序渐进地开始尝试让学生们就教材上的社会性以及学术性等对思维有挑战性的话题进行深入讨论时发现，即便是给大家补充了相关句型和主题词汇让大家去练习，课堂讨论的效果还是下降了，又开始出现沉闷的气氛，这让大家的挫败感再次增强。通过观察和交流，笔者发现主要原因是：第一，学生对于学术性、社会性的话题背景不太了解；第二，当要学生对某种现象发表自己的观点时，他们不知从何处入手进行分析，无法进行深入讨论，因此沉默的时候居多；第三，能够开口的同学，所说内容却毫无逻辑性，想到一点就说一点，自然也无法给出完整的回答。

3.3 第一阶段的反思

通过鼓励学生不断尝试，这一阶段学生已经能够沿着教师搭建的脚手架不断地提升自己的表达能力，并对口语提升已经有了自己的目标和进一步的需求。同时，面对遇到的新问题，笔者查阅了相关的文献，文秋芳教授指出，"实践证明，没有一定语言材料的输入，学生很难讨论那些有思维深度的问题。"（文秋芳，1999a）可见，学生所说的话题难度过大，有一部分原因是缺乏相关的背景材料输入。因此，笔者的课堂讨论中还需要补充学生可以利用并从中获得提示的背景材料，帮助学生参与深度讨论。同时，对于学生思维能力的培养，文老师还指出，"在口语训练时不能忽视思维能力的培养，思维的深度和广度是学生认知能力的标记"，"大学生思维能力的培养包括三大块：逻辑思维能力、辩证逻辑思维能力和创新思维能力。逻辑思维能力包括分析与综合能力，抽象与概括能力。辩证思维能力包括多角度分析问题的能力，换位思维能力，从发展和变化的角度分析问题的能力，一分为二看问题的能力。创新思维能力包括发现问题的能力，批评能力，解决难题的能力。形式逻辑具有条理性、精确性和统一性。辩证思维具有灵活性、全面性和深刻性。创新思维具有探索性、多样性和不定性。"（文秋芳，1999b）

这让笔者意识到，在教学中确实忽略了对学生思维能力的培养，因此，除了继续帮助学生拓展词汇和相关句型外，当课堂主题开始向教材中提到的一些社会性和学术性等有难度和挑战性的主题靠拢时，教师要提供相关背景素材，还要继续搭建支架，帮助学生分析问题，找到讨论问题的切入点，帮助他们理清思路和逻辑，归纳问题的各个角度，提高学生思维的广度和深度，才能提高他们对有思维挑战性话题的表达能力，更好地参与课堂讨论。

4. 第二阶段行动研究（2012.8—2012.12）

利用听说课的时间，从综合课和听力课教材中选择社会性和学术性话题进行小组讨论，继续拓展学生的主题词汇和相关句型，重点从逻辑思维能力和辩证思维能力的方面去提升学生的思维能力，帮助学生从多角度分析问题和现象，理清回答问题的层次和逻辑性，提高学生口语表达的深度和广度。

4.1 方案设计和实施

2012年第二学期初的两周，面对课堂气氛下降的情况，笔者认为本学期主要解决如下问题：（1）学生对话题的背景知识不了解，不知如何入手分析问题；（2）学生思考问题不全面和深入；（3）学生思维没有条理性和逻辑性。除了继续沿用上个学期完善学生表达方式的方法之外，笔者具体采取了如下措施：

（1）辩证思维中多角度考虑问题的培养。面对学生不知如何入手讨论话题的问题，可以利用语音室，开放网络，课前帮助每组学生从问题的一个方面入手，收集背景知识，拿到课上共同分享和讨论。

首先，上课前一周，教师公布话题，要求学生把话题细化，想一个与话题相关的子话题。比如，第一周进行的话题是caring for our earth。教师让大家想想要保护地球，我们可以从哪些方面做起。6组学生的讨论结果如下：

主话题	学生讨论的子话题
caring for our earth	rain forests protection
	sandstorm prevention
	endangered animals protection
	slowing down global warming
	controlling disposal of plastic wastes and electric appliance
	ozone layer protection

其次，每个组要围绕所选的子话题开展话题背景资料的搜集。在课前，第一，要求学生针对子话题的背景内容和讨论话题的相关词汇进行搜索，并压缩和概括成简短的一段。第二，学生要将背景和词汇提前三天发给教师，教师要和学生课下进行讨论，去掉过难、过专业的词汇以及不相关的内容，当天再发回给学生。第三，要求每组学生在课上脱稿介绍背景信息，同时在大屏幕上展示背景和讨论话题的相关词汇，之后提出问题供大家讨论。例如，一位小组同学从网上搜集的子话题"rain forests protection"的背景内容和词汇非常多，长达一页，笔者和该组同学讨论后，保留了主要信息，将内容精简如下：

rain forests protection的背景内容	Rain forests are the earth's oldest living ecosystems. They are so amazing and beautiful. These incredible places cover only 6% of the earth's surface but yet they contain more than 1/2 of the world's plant and animal species! At present time, most of the world's rain forests are in danger of destruction by loggers, farmers and developers. They are disappearing at a rate of 100 acres a minute! We have to find ways to save them!
讨论话题的相关词汇	deforestation 森林砍伐　　afforestation 植树造林 carbon dioxide 二氧化碳　　global warming 全球变暖 sandstorm 沙尘暴　　low-carbon life 低碳生活 water and soil erosion 水土流失
问题	What can you learn from the background? Can you think of some measures to protect forests?

（2）对逻辑性思维中分析和归纳能力的培养。针对学生思考问题不全面和深入的问题，教师根据每组同学提出的问题，先引导学生分析并归纳回答问题的各个方面，再让大家参照屏幕上的英文词汇，开展小组讨论，并总结成英文。为了能调动大家回答的积极性，在分析问题的阶段，笔者和学生们的讨论都是用中文进行的。

例如，根据学生的有关"rain forests protection"的背景介绍和生词表，笔者和学生开展了如下互动：

教师	学生
森林有哪些好处呢？	"可以多吸收二氧化碳，使全球变暖减慢。" "还可以防止水土流失，阻挡沙尘暴！" "刚才背景材料里说到很多人和动物都生活在雨林区域，保护森林就是保护我们自己！"
继续提问："我们如何保护森林？"	"多种树，可以给每个种树的人奖励！" "可以多做宣传，让大家有保护树木，多植树的意识。" "得有法律保护，惩罚那些砍树人！"
追问："难道就不可以砍树了吗？"	"可以砍，但不能乱砍，得在法律允许的范围内。" "种的树要比砍的多！"

（3）对逻辑思维中形式逻辑的培养。面对学生没有条理和逻辑性的问题，教师要指导学生有效利用背景材料和相关词汇，理清层次，完整并有逻辑性地回答问题。

例如，针对学生对于"rain forest protection"问题的回答，笔者和学生进行了如下探讨：

学生对rain forest protection问题的回答	Rain forests are disappearing at a rate of 100 acres a minute. Forest protection is very important to us. We should arouse people's awareness of forests protection. Trees can absorb carbon dioxide and slow down the global warming. Trees can also stop water and soil erosion and sandstorm. We should create laws to stop people from cutting trees. If we really need to cut trees, we should plant more trees than we cut. And people should be punished if they are against the law of forest protection. People who plant more trees should be awarded by the government.
教师点评	该小组总结的信息还是很全面的，利用了背景材料和词汇，也比较具体，但是缺少了连接词，没有体现出句子和句子之间的逻辑关系，回答没有条理性。

（续表）

教师分析回答问题的思路	森林重要性（参考词汇表、背景材料）→森林面临减少的危险（参考背景材料）→我们要保护森林→保护森林的措施（参考师生分析和讨论的内容）。
修改建议	Forests are of vital importance to us. Forests can ... **Besides**, forests can also ... **Moreover**, ... **Nevertheless**, ... Rain forests are disappearing at a rate of 100 acres a minute! To protect forests, **first of all**, We should ... **Another important measure to carry out** is to ... **Thirdly**, ... Even ... **However**, ... We must also ...
课后作业	要求学生课下按照修改建议对每组的答案进行修改和调整，整理好的答案要求大家背诵，下次课检查。

4.2 第二阶段的观察和发现

这个阶段，课堂讨论的话题一般是教材中提到的一些社会和学术方面的话题，在教师的不断示范以及帮助学生分析问题的过程中，学生的思维能力有所提升，口语表达能力得到了进一步锻炼。

在课堂上，大家畅所欲言，集思广益，各种火花不断闪现，教师和学生们在交流中都感受到了乐趣，学习到了新内容，课堂气氛活跃。

为了进一步了解学生的学习效果，笔者还拿出一年前收集的学生的口语考试的录音，要求学生再回答一遍，并进行了录音，发现学生们所表达的内容已经有了一些多角度、深入性和逻辑性的变化趋势。一位学生对于 "What do you know about the differences between Chinese and western culture?" 回答的前后对比如下（语法错误已改正）：

一年前	um ... I think we use chopsticks but they use forks. Um ... And we have different holidays, like Christmas and Spring Festival. We eat different food during the holidays, we eat dumplings but they eat turkey. Umm ...

（续表）

一年后	Talking about the differences between Chinese and western culture, as far as I know, um ... They at least lie in three aspects. First of all, holidays. We Chinese people regard Spring Festival as the most important holiday for um ... family reunion um ... while Christmas is a big holiday for westerners to give gifts and um ... express love to each other. Secondly, greetings. We like to say: "Have you eaten?" When we meet each other; however, for westerners, they may just say: "how are you doing?" Thirdly, education. In China, we pay more attention to examinations. However, in western countries, um ... they um ... believe creativity is important.

4.3 第二阶段的反思

这一阶段的行动研究基本达到了笔者的预期效果，每次和学生的交流都有惊喜，看到了他们的进步，笔者更加体会到了教师搭建的"支架"以及提供的各种具体方案和措施在学生口语能力提升方面的重要作用，这让笔者颇有成就感并且对口语教学工作更有信心。当然，本阶段的话题讨论对教师也提出了更高的要求，教师也要多看资料，多学习和思考，才能在课上给学生更好的指导。

虽然本学期对思维能力的培养初见成效，但要在很大程度上提高学生的口语表达的深度和广度，只进行一个学期的社会性和学术性话题的深入讨论是远远不够的，笔者认为，下个学期可以对学生的创新思维能力进行培养，让每组的学生来选定话题，介绍背景，引导大家开展分析和讨论，鼓励学生们独立探索问题并分析问题的原因和解决方法，逐步撤离教师的"支架"，提高学生锻炼口语表达能力的自主意识。

5. 结语

本次行动研究的第一阶段，利用听说课的时间，从学生感兴趣的日常生活话题讨论入手指导学生开展小组讨论，拓展学生的词汇和句型，帮助学生使用话题词汇和多样句式，锻炼了学生基本的表达和会话能力，使学生的口语基础更扎实并提升了自信心；第二阶段，从综合课和听力课教材中选择社会性和学术性的话题指导学生开展小组讨论，重点锻炼学生的思维能力，使学生能够较好地讨论具有思维挑战性的话题并提升了口语表达的能力。

由此可见，教师运用"支架"理论，分阶段地开展话题讨论活动，并根据阶段性目标具体地指导学生的讨论内容，能够调动学生学习的积极性，是改善课堂讨论、提高学生口语表达能力的有效途径。同时，在与学生不断的讨论和互动的过程中发现问题、设计解决方案、努力反思和总结，笔者也加强了自身的组织和课堂管理的能力，并通过与学生不断的沟通和交流，使得师生之间关系融洽，保证了课堂活动的有序进行。本次行动研究不仅提高了学生的口语水平，也是笔者在职业成长道路上的一次跨越。

参考文献

Burns, A. 2011. *Doing Action Research in English Language Teaching: A Guide for Practitioners*. 北京：外语教学与研究出版社.

Thornbury, S. 2005. *How to Teach Speaking*. England: Pearson Education Limited.

Vygotsky, L. S. 1978. In M. Cole, V. John-steiner, S. Scribhner & Souberman (eds.). *Mind in Society: The Development of Higher Psychological Process*. Cambridge: Harvard University Press.

Wallance, M. J. 2000. *Action Research for Language Teachers*. 北京：人民教育出版社；外语教学与研究出版社，剑桥大学出版社.

范琳、张其云，2003，构建主义教学理论学习英语教学改革的契合，《外语与外语教学》（4）：28–32。

甘正东，2000，反思教学：外语教学自身发展的有效途径，《外语界》（4）。

王蔷，2002，《英语教师行动研究》。北京：外语教学与研究出版社。

文秋芳，1999a，《英语口语测试与教学》。上海：上海外语教育出版社。

文秋芳，1999b，口语教学与思维能力的培养，《国外外语教学》（2）。

文秋芳、韩少杰，2011，《英语教学研究方法与案例分析》。上海：上海外语教育出版社。

徐椿樑，1990，支架学习理论在专业技术教学的成效分析之研究。台北：台湾师范大学。

构建词块意识、强化词汇学习
——将词块教学引入医学英语词汇课程的行动研究

胡　滨

首都医科大学

提　要：借力北京市英语教师跨校互动发展团队项目，医学英语词汇课程进行了历时 3 个学期的行动研究，分 3 个阶段，引入词块教学法，打消我校医学生面对医学词汇时的畏难情绪，展现词块教学对医学英语词汇授课的促进作用。

关键词：词块教学；医学英语词汇；行动研究

词块以整体形式储存在大脑，根据表达的需要被迅速的提取和使用，在语言输出中起着重要的作用。词块理论为英语教学提供了一种崭新的教学理念，它帮助学生将单词系统化地串联起来，帮助在语言输出过程中省去复杂的组句过程，提高学习效率，优化教学时间。

1. 国外词块理论的研究历程

国外对词块研究起步较早。Becker（1975）于上世纪 70 年代初最早提出了预制（prefabricated）短语的概念。Lewis（1993）也强调了词块教学的重要性，并要求教育者对词块加以应用，同时他强调"语言是由语法化的词汇（grammaticalized lexis）组成，而不是由词汇化的语法（lexicalized grammar）组成"。这种语法化的词汇构成的短语，称之为词块（lexical chunks）。Lewis（1997）进一步将词块进行了更加清晰的划分，涉及的范围似乎也更广。他提出词（lexis）可以包括：单词和短语（words and polywords，如 publication, by the way），高频搭配（frequent collocations，如 commit suicide），惯用话语（institutionallized utterances，如 under no circumstances），句子框架和引语（sentence frames and heads，如 not only ... but also）。Alison（2002）

认为词块整体存储在记忆中，使用时直接提取，无需语法生成和分析。能够将词汇和短语以一种整体或词块的形式去理解和产出是语言习得的重要组成部分。在接受性和产出性语言处理过程中，词块都能极大提高学习者的语言处理效率。

2. 国内词块理论的发展现状

国内研究者从90年代才开始词块研究，特别重视二语研究习得。近几年发表的关于词块教学和词块习得的文章和专著也呈现出越来越多的趋势。马广惠等（1999）发现，学生在英语写作过程中常常找不到合适的单词表达他们想要表达的意思，学习者通常的做法是放弃表达或是换一种更简单的表达方式。黄强（2002）、丁言仁等（2001）以英语专业学生为研究对象，研究了二语习得知识水平与听力、阅读、翻译、写作能力之间的关系，发现他们之间确实存在一定的正相关性。随后，李欧等（2009）在口语教学中融入词块教学，发现学生的口语流利程度和语言表达的地道程度得到了有效提高。

鉴于词块教学的实效性，笔者试图将词块教学带入亲手开创并持续多年的医学英语词汇教学中去，并期待利用现有的北京市英语教师跨校互动发展平台，为医学英语词汇教学开展为期3个学期的实效性行动研究。

3. 医学英语词汇选修课的重要性

医学英语与公共英语的区别不仅体现在篇章结构上，还体现在大量的医学英语词汇中，从而使医学英语具有了独特的风格。例如，医学英语词汇大多来自于拉丁语和希腊语，拉丁语对科学概念、客观事实的表述非常精确。人体的很多细微的解剖结构，都是使用拉丁词汇或者希腊词汇描述的。

通过与临床医学英语教师的几次会谈发现，临床医学英语教学并不包括医学英语词汇学和构词法的教授，而是以专业阅读和写作作为常态教学模式。大量又长又陌生的医学词汇如洪水猛兽般突然降临，学生动辄畏难、甚至抵触，临床医学英语教师在推进医学阅读和写作课程时困阻重重，一筹莫展。

应各医院临床英语教师的要求，我系研究决定从2010年春季学期开设医学英语词汇选修课，先以2007级七年制学生为试点，选课人数50人，每周2学时，共9周18学时。帮助学生从构词法入手，逐步了解医学英语单词的构成及组合规律、发音规则和翻译方法，为其深入医学知识学习和学术研究扫除障碍。

4. 行动研究第一阶段（2010 年 3—5 月）

4.1 制定计划和实施

医学英语包括本族词（native words）和外来词（borrowed words）两大部分。本族词主要来源于Anglo-Saxon古英语。医学英语中很多常见词汇来源于此，例如：chest（胸）、ear（耳）、eye（眼）、foot（脚）、hand（手）等。时至今日，这些词在日常生活中的使用率仍然很高，学生掌握并不困难。在经历了漫长的发展过程后，医学英语借用了大量的外来词语，其中90%以上的解剖、外科、临床医学和检验医学均源自拉丁、希腊语（希腊语也是通过拉丁语进入英语的）（Patwell，2011：XIV）。由于拉丁语和希腊语都先后进入医学领域，而且两种语言也都形成了一套相对完整的构词体系，因此医学词汇中相当一部分的人体解剖结构名称具有双重词根，即同源的双重性。例如：

人体部分	词义	希腊词根	拉丁词根
brain	脑	encephal/o	cerebr/o
kidney	肾脏	nephr/o	ren/o
joint	关节	arthr/o	articul/o
nerve	神经	neur/o	nerv/o
arm	手臂	brachi/o	brachi/o

医学单词构词三要素为"前缀+词根+后缀"，例如：osteo（骨）+ pore（小孔）+ sis（病态）→ osteoporosis（骨质疏松）。有些词根可以单独成词，例如cranium（颅骨）、cerebrum（大脑）；有些需要以"词根+后缀"形式出现，例如biology是由bi/o（生命）+logy（学科）组成，意为"生物学"（the study of life）。更多的单词比较长，除了词根和后缀之外还有前缀，或是在

同一单词中有两、三个词根出现（即复合词）。

针对这一特点，笔者将授课重点定为医学英语单词构词法的学习，以拉丁/希腊词根和前后缀为主。具体实施办法是：

第一步：拉丁/希腊词根学习，计划用时6学时。笔者带领学生反复进行"身体部位→词根"、"词根→身体部位"的替换，以熟练掌握为最终目的。

第二步：后缀的学习，计划用时4学时。后缀具有非常特定、明确的意义，通常表示疾病名称和医疗操作名称。这一阶段学习以人体解剖学九大系统为单元，逐一将第一阶段学习过的各系统脏器名称和常见疾病名称和常见医疗操作名称相组合，形成新单词。这一阶段的学习重点在于后缀，往往以一个不变的后缀，去接续无数个身体部位，充分展示了医学单词的长度和复杂性。

第三步：前缀的学习，计划用时4学时。医学英语单词的前缀多数源自拉丁语，也有部分前缀来源于希腊语，有一部分前缀的作用相当于英语中的介词，有里外、上下、远近之分，还有些相当于英语里的形容词或者副词，表示时间的先后、长短、快慢，程度的大小。例如：

介词	希腊语	例词	拉丁语	例词
inside	endo-	endocarditis	intra-	intravenous
with	syn-, sym-	sympodia	con-, com-	constipation
above	hyper-	hyperglycemia	supra-	suprarenal

第四步：医学词汇的构成规则，计划用时2学时。派生词中的词素排列分为限定型和非限定型两种。非限定型的词根前后顺序可以变化，不影响词义；限定型单词的词根前后顺序则不能变化，否则词义也将发生变化。

第五步：考核，2学时。笔试为主，考试题目包括选择题、连线题、选词填空题和翻译题。全班50人，考试成绩如下：

成绩 （100%）	优秀 （100–90）	良好 （89–80）	及格 （79–60）	不及格 （<60）
学生人数	2	14	34	0

4.2 效果和问题

学生虽然全部通过了考试，但是优秀率很低，仅占4%。从卷面来看，连线题10道正确率最高，全班50人全部正确；选择题10道次之，42人全对；选词填空题10道题，36人全对；填空题10道，10人全对；翻译题5道，没有人全部做对。

填空题要求学生划分医学单词有效成分，并用英文释义。此部分错误主要集中在：（1）无法正确划分词根、前缀和后缀（38%）；（2）无法解释出词根、前缀和后缀的意思（62%）。翻译题出错的原因是：（1）医学单词拼写错误（49%）；（2）句型、语法错误（51%）。

4.3 反思

将学过的单词应用于句子翻译也是学生的弱项，学生反映医学词汇不仅仅难在记忆，还难在应用。某种疾病采用一种方法治疗，是先说疾病，还是先说治疗？是主动语态还是被动语态？要不要使用情态动词？要不要用形式主语？学生们在考完试后纷纷表达他们的困惑。如果教师在授课时能够采用词块教学的模式，以词块为单位，将既定的医学英语输入进学生的脑海，那么，在做句子翻译时，除了凭记忆写出正确的词组和短语外，学生需要自我创造的空间就很小了，犯错的可能性自然也就减小了很多。

5. 行动研究第二阶段（2011年3—5月）

5.1 行动方案的调整和实施

第二轮的授课对象是2008级七年制学生。选课人数同样控制在50人，每周2学时，共计9周18学时。

根据行动研究第一阶段的反思，笔者对教学方式作出如下调整：

（1）在每课进行口头训练的同时增加发音规律的讲解，重点讲解同词根下名词、形容词的不同重音音节。拉丁语单词严格遵守倒数第二音节的重音规则（Penultimate Rule），即：如果单词的倒数第二个音节含有长元音，重音就落在倒数第二音节；否则，重音移至倒数第三音节（Antipenultimate）。

（2）增加练习数目，同时在练习题型中增加单词拼写一项，以根据中/英文释义补全单词为主，涉及所有新学单词，以期强化学生的拼写能力。

（3）增加例句和医学短篇阅读，在课堂上帮助学生提炼例句和阅读中的词块，要求学生做笔记，并在下一节讲新课前考查。为了强化学生的词块概念，医学单词讲解过程中短语和例句的补充成为重点授课任务。例如：医生开药可以说成prescribe medicine 或者 make a prescription，接受体检是receive a medical check-up，静脉注射是I.V. drops 或者 to receive intravenous injection。

5.2 效果和问题

学生最感兴趣的是词块部分。其实学生从公共英语学习开始，就已经接触到很多词块了，只不过是对这个术语感到陌生而已。为了应对每节课前的词块小测，学生们上课前早早就在座位上背诵词块，并且互相传阅笔记。为了激发大家对词块的重视，笔者在每次抽查时都会挑一些语法相对简单的句子让学生翻译，学生只要记住了词块，就可以轻易写出整句。三次抽查之后，学生已经习惯了课上对词块的寻找和捕捉，而这种反复记忆和使用词块的现象，迫使学生不断复习巩固以前学过的内容，尤其是出过错的内容。

5.3 反思

笔者发现，学习任务的适量增加并没有招致七年制学生的抵触，相反，在课堂结尾小测环节中，学生们积极参与教学的各个环节，并乐在其中。课程结束后，不少学生都要求老师分享课件，并且询问相关参考书的购买情况，说明本课程已经激发了学生对医学词汇的兴趣并自愿进入深层次学习，这对他们今后临床阶段的医学英语学习创造了良好的先决条件。

6. 行动研究第三阶段（2012 年 3—5 月）

6.1 行动方案的再次调整和实施

第三轮的授课对象是2009级七年制学生。选课人数同样控制在50人，每周2学时，共计9周18学时。

本轮授课模式和第二阶段基本一致，只是有意强化了词块的练习，即：一种简单的医学翻译练习，每节课都有，时长20分钟，人人参与。具体方式如下：每节课讲完单词并且练习完毕后，将语音室切换成学生自主学习形式，下发练习一篇，包括5个句子翻译和5个翻译病句修改，涉及单词均为本节学习的单词。要求学生2—4人一组，可以互相商量，当堂完成练习，并以小组为单位提交。学生在进行该部分练习时，笔者巡视所有工作组情况，发现错误即时纠正。

6.2 效果和问题

吸取前两阶段教学的经验，及时调整教学内容和方式，本轮授课进行得很顺利，并且比前两次节约时间，成功预留出足够时间给最后的写作练习。医学翻译练习开展得比想像中顺利。学生三五成群，热烈讨论着句子翻译。笔者在巡视过程中发现：（1）学生在录入医学单词时有拼写错误。因为office办公软件有单词纠错系统，因此笔者要求在单词拼写提示错误时不许立即翻笔记或查词典，而是小组一起纠错，如果实在无法改对再翻笔记或查词典。如果纠错过程中笔者恰好在旁边，就会适当提示词根，让全组成员一起思考。（2）学生在翻译句子时词块的应用已经比较纯熟了，但是负责录入的同学在对付稍复杂句子时还是会出现语法错误，不时需要同伴的指点和示范。大多数同学都在积极查阅字典和笔记，期望自己的意见得到同伴的认可。团队协作，群策群力，促进了组内成员的共同进步。

7. 总结与体会

词块教学模式在三轮医学英语词汇教学实践中从最初的尝试摸索到反思改进再到日臻成熟，取得了良好的效果，希望可以为英语词汇教学探索出一条新路。

8. 致谢

在此笔者谨向文秋芳教授以及由文教授发起并全程指导的北京市高等学校外语教学跨校教师发展团队表示衷心感谢！感谢文教授以及所有参与教师，带领我走进行动研究，激励我认识行动研究的方式和方法，并从中体会到快乐。

参考文献

Alison, W. 2002. *Formulaic Language and the Lexicon*. Cambridge: Cambridge University Press.

Becker, J. 1975. *The Phrasal Lexicon*. Cambridge Mass: Bolton and Newman.

Lewis, M. 1993. *The Lexical Approach*. Hove, England: The Language Teaching Publications.

Lewis, M. 1997. *Implementing the Lexical Approach: Putting Theory into Practice*. Hove, England: The Language Teaching Publications.

Patwell, J. M. 2001. *Fundamentals of Medical Etymology. Dorland's Illustrated Medical Dictionary* (29th ed.). Beijing: People's Medical Publishing House/Harcourt Asia Pte Ltd.

丁言仁、戚焱，2001，背诵课文在英语学习中的作用，《外语界》（5）。

黄强，2002，高年级英语学生词汇搭配习得的实证性研究，《解放军外国语学院学报》（4）。

李欧、孙若红，2009，建构在词块之上的英语听力教学实证研究，《现代教育管理》（11）。

马广惠、文秋芳，1994，大学英语写作能力的影响因素的研究，《外语教学与研究》（4）。